中共天津市委党校、天津行政学院学术著作出版专项经费资助

十九世纪
英国功利主义教育哲学研究

The Research
on British Utilitarian Educational Philosophy
in the Nineteenth Century

李荣亮 著

天津出版传媒集团

天津人民出版社

图书在版编目（CIP）数据

十九世纪英国功利主义教育哲学研究/李荣亮著
. -- 天津:天津人民出版社,2016.9
ISBN 978－7－201－10830－8

Ⅰ.①十… Ⅱ.①李… Ⅲ.①功利主义－教育哲学－
研究－英国－19 世纪 Ⅳ.①G40－02

中国版本图书馆 CIP 数据核字(2016)第 227322 号

十九世纪英国功利主义教育哲学研究
SHIJIUSHIJI YINGGUO GONGLIZHUYI JIAOYU ZHEXUE YANJIU

出　　版	天津人民出版社	
出 版 人	黄　沛	
地　　址	天津市和平区西康路 35 号康岳大厦	
邮政编码	300051	
邮购电话	(022)23332469	
网　　址	http://www.tjrmcbs.com	
电子信箱	tjrmcbs@126.com	
责任编辑	林　雨	
装帧设计	卢炀炀	
印　　刷	高教社(天津)印务有限公司	
经　　销	新华书店	
开　　本	710×1000 毫米　1/16	
印　　张	21.5	
插　　页	2 插页	
字　　数	310 千字	
版次印次	2016 年 9 月第 1 版　2016 年 9 月第 1 次印刷	
定　　价	63.00 元	

目 录

导　论

　　当代中国处于经济社会急速发展时期,工具理性正日益膨胀并侵蚀与吞噬着价值理性,人的异化与精神家园的失落引发学界对教育理念广泛而深入的反思。在这一语境下,一些学者将"功利"一词简单地理解为"利益交换""急功近利",将功利主义等同于"利己主义""享乐主义""拜金主义""快乐主义"等等,将教育领域中出现的阻滞人的全面发展与个性自由的问题归结于功利主义教育观。功利主义教育思想无疑具有其自身局限性,但当前它所遭受的种种责难却主要源于被误读和曲解。厘清功利主义教育论的实质主张与理论流向,有助于我们澄清功利主义教育思想的时代开创性与历史限度,为反观我国教育的发展提供启示。

　　功利主义作为一种哲学思潮兴起于 18 世纪末 19 世纪初,由哲学家、经济学家杰里米·边沁提出,约翰·密尔作出系统论证。其理论内核是"最大多数人的最大幸福",即一种行为如有助于增进幸福,则为正确的;若产生与幸福相反的东西,则为错误的。构成功利主义行为对错标准的幸福不仅涉及行为的当事人,也涉及受该行为影响的每一个人。

　　功利主义教育思想是其时代主题的一种哲学凝炼。19 世纪初英国激进改革时期,教育领域面对严峻挑战:僵化刻板的学校教育体制与工业科技发展的需要之间存在深刻的矛盾,古典人文主义与科学主义之间、个人自由与社会秩序之间出现激烈的冲突。功利主义教育思想家在解决这些问题方面做出了开创性努力：关注现实、强调功利、尊重个性、倡导民主、注重实用、追求自由。他们将增进个人幸福作为教育的宗旨，主张不分种族、阶级、性别等因素，人人具有平等的教育权利，并赋予个性更广阔的发展空间。功利主义教育观所具有的崭新时代内容，大大推动了社会历史的进步。它不仅成为斯宾塞和杜威等人教育思想的主要源头，在实践中也直接促成了伦敦大学（1828 年）的成立，以及《1870 年初等教育法》的成文等。

本书以马克思主义方法论为指导，以教育哲学为视角，在吸收国内外对功利主义教育优秀研究成果的基础上，探讨了 19 世纪英国的功利主义教育。基于理论与实践、普遍与特殊的维度，分别从功利主义教育的社会背景、理论前提、理论实践层面研究功利主义教育内核的合理性和功利泛化的局限性，探寻功利教育的合理限度，为我国的教育改革提供理论支持。

从理论上看，本书主要研究功利主义教育的价值。功利主义教育使 19 世纪英国的教育从非实用性的教会教育和绅士教育转变到具有实用性的功利教育上来。功利主义教育既提倡自由，又尊重权威，以实现个人自由为最终目的，社会权威是个人价值获得的主要渠道，同时也是社会稳定的前提。功利主义教育给予人的是一种注重现实、把握现实的理论思维方式。它不但要求认识世界，而且赞同通过改革的方式去改造世界；它尊重权威又能够打破权威，主张把自由和权威控制在一个合理的限度之内，来实现自己所要追求的自由。

从实践上看，本书主要研究功利教育与社会整体发展的关系。从社会发展的角度来说，功利主义教育顺应了社会历史的发展潮流，为社会发展提供了智力支持，促进了科技进步与工业革命的历史进程，使民主政治迈向了新阶段。从个人发展的角度来说,功利主义者提倡普及教育、义务教育、中等教育、高等教育以及职业教育等,这为民众提供了更多的接受教育的机会,提高了民众的科学文化知识,激发了民众的政治权利意识,为个人自由提供了广阔的发展空间。

本书内容共分四章。

第一章阐述功利主义教育思想产生的社会背景。功利主义教育是对19世纪英国社会发展的一种理论上的反映。工业革命的完成使英国成为现代化、工业化、城市化程度高的国家,生产力的发展需要科技的支持,而科技的提升则需要教育的普及和教育质量的提升。一方面,工业革命的发展需要教育改革,从另一方面来说,工业革命也为教育改革提供了动力。在政治上,伴随着议会改革、宪章运动、反谷物法、十小时工作日运动的风起云涌,功利主义、科学主义、欧文主义、保守主义、自由主义、实证主义等社会思潮相继兴起。19世纪英国的政治是一个民主化的过程,围绕着权力与自由,辉格党与托利党、保守党与自由党、封建贵族与资产阶级、工人阶级与资产阶级等之间展开了激烈的斗争。政治运动的发展提高了人们的权利意识,争取教育权便是其要求的权利之一。17、18世纪的私人募捐和教会办学的方式不能适应社会发展的需要,这促进了公学的产生。国家逐渐干预教育并投资教育,强制实施义务教育,国家通过立法建立监督和指导机构,并通过财政拨款的方式给予教育以支持。导生制学校、见习学校、职业学校、师范学校等新事物的出现,适应和促进了教育的发展。在教育思潮上,出现了功利主义教育、古典人文教育、科学主义教育以及社会主义教育等思潮,这些教育思想的交汇融合为功利主义教育的发展提供了契机。作为19世纪英国的哲学传统,经验主义为功利主义者提供了思想资源,而英国人固有的追求自由、追求权利的特质也在他们的思想中表现出来。联想心理学传统为功利主义教育提供了心理学认识论的土壤。19世纪英国的社会变革范围之广、程度之深是前所未有的，功利主义教育就产生在这样的社会背景中。

第二章考察功利主义教育思想的理论前提，即功利主义教育何以可能的问题。本章从功利主义教育的逻辑起点、认识论基础、价值诉求、评价标准和心理学基础五个方面进行考察。在人性问题上，功利主义者强调人的主体性作用，他们认为人性是多样的，具有趋乐避苦、自私自利、非恒定性、自我完善性等特点。功利主义教育家承认人性是可变的，人具有可教性和可塑性，这种人性论成为功利主义教育的逻辑起点。经验主义是19世纪英国功利主义的哲学基础，也为功利主义教育提供了立足点。经验主义注重人的感觉经验，把感觉经验作为一切知识的最终来源，不相信先天的或天启的知识；经验主义易于打破权威，强调个人在社会中的地位，为人的自由的实现开辟了道路；经验主义在教育中强调后天的教育对人的发展和社会进步的效能，为人类接受教育提供了理论支持；经验主义注重教育的实用性、实证性和科学性，这为科学的发展提供了智力支持。幸福是功利主义教育的最高价值诉求，功利主义把幸福作为最高的善，教育为的是"最大多数人的最大幸福"，这是功利主义教育的核心价值所在。功利主义教育把功利作为评价教育好坏的标准，功利主义注重的是经验，不重视超验和先验的东西，在方法论上注重归纳，重视功利计算，边沁和詹姆斯·密尔注重功利的量的积累，约翰·密尔在注重量的同时，更加注重质的提高。联想心理学是功利主义教育的心理基础，边沁继承了哈特莱的联想心理学，詹姆斯·密尔通过物理力学形成了心理力学学说，约翰·密尔则主张心理化学学说，他们都承认联想在人类认识中所发挥的重要作用，并把联想心理学作为功利教育的心理学基础。

第三章考察功利主义教育理论的实践。本章主要从环境教育、宗教教育、国家教育、大学教育和个性教育五个方面进行论述。功利主义者由于受到爱尔维修环境决定论的影响,认为环境对人的教育影响巨大,边沁重视环境对人的教育的作用,詹姆斯·密尔主张教育万能的环境决定论,约翰·密尔则既看到了环境对人的影响,也看到了个人在教育中的自主性,他持温和的环境决定论观点。环境教育思想主要从环境决定与个人自主、先天与后天、自然环境与社会环境等角度进行考察。宗教的教育主要探讨宗教和教育之间的关系,边沁和密尔父子不信仰宗教,并把教会看作知识的敌人,反对学校之中存在的宗派主义,反对教会办学、教派之争以及宗教腐败,提倡世俗教育。约翰·密尔在批判宗教的消极作用的同时,也认可宗教的积极作用,认为宗教可以给予人类以想象,有利于形成人类的道德。国家的教育将考察国家在教育中所担当的角色,国家要在尊重人的自由的前提下对教育进行适当的干预,在普及教育、注重教育数量的同时,应更加注重教育质量的提高,实行义务教育是国家教育的责任,合理的考试制度是选拔学生的良好方式,在教育中要遵守男女平等的原则。大学教育探讨的是大学在教育中担当的角色,大学是追求真、善、美的地方,要以博雅教育和科学教育相融合的方式进行教学。他们不但对大学的教育在理论上有深刻的理解,而且也付出了自己的实践,伦敦大学的建立就是功利主义者的贡献之一。约翰·密尔在看到大众教育取得成绩的同时,也看到了教育中存在的质量问题,认为教育的普及如果不注重质量的提高、注重个性的培养就容易造成集体的平庸。他认为教育的核心和国家培养公民的一项品质就是个性。在学校、社会和国家中,个性的发展是一项非常重要的事情,从个性的历史、现状和未来的角度来看,个性不论对于个人自由还是社会进步来说都是一个永恒的主题。

第四章在分析功利主义教育历史合理性和功利泛化的局限性基础上,探讨功利教育的限度,考察其对我国教育改革的启示。功利主义教育存在着困难,最大多数人的最大幸福原则没有考虑到最少受惠者的利益,这个原则注重的是总体量的增加,没有重视分配正义问题;功利主义是一种目的论,忽视了过程和结果的统一,忽视了目的和手段的统一;功利主义教育有重视脑力劳动而忽视体力劳动的倾向,把智力看作社会发展的动力,而轻视劳动阶级的力量。以经验主义哲学为基础的功利主义囿于理论的缺陷,无法获得普遍必然的知识,无法解决自由与必然的关系。虽然功利主义教育有其缺陷,但是合理的功利教育却有其存在的价值,这需要探讨功利主义教育的限度。社会差别是功利教育产生的原因,功利教育要控制在合理的限度之内,不能功利泛化。功利教育要处理好人与自然、人与社会、人与人之间的关系,把个人价值和社会价值有机统一起来。功利主义教育对我国的教育改革有很多启示,教育改革要以现实的个人的实践为起点,要以人的自由全面发展为目标,人文与科学协调发展是理想的教育途径,教育改革是教育发展的动力。

从效果来看,功利主义教育适应了 19 世纪英国社会发展的需求,使教育从教会办学和募捐办学的状况转变到国家办学和私人办学相结合的道路上来,由崇尚绅士教育转变到重视实用教育上来,这种转变促进了资本主义经济的快速发展。功利主义提倡的教育改革,实施普及教育,扩大了教育的受众面,提倡高等教育,提高了教育的质量,因此教育从质和量上都得到了提升。

就局限性而言,功利主义教育由于过于强调教育的实用功能,而忽视了人文教育在人的发展中的作用,功利的泛化会造成人文主义的缺失。"最大多数人的最大幸福"原则并不包括全体人的幸福,作为目的论的功利主义无法把过程和结果协调起来,精英主义教育成为功利主义教育的核心。功利主义在事实与价值的关系上夸大了功利价值对事实的评判尺度。功利主义从自然主义出发,通过人的感觉经验把追求快乐、逃避痛苦的功利价值预设为评判事实的标准,但是把功利作为个人幸福和社会发展的标准会导致功利教育的泛化。

　　我们反对的是功利教育泛化,但是不反对合理限度的功利教育。合理的功利教育具有存在价值与进步意义。有差别的社会存在是功利主义教育产生的主要原因,教育要协调好个人发展、社会进步和国家稳定有序发展三者的关系。功利主义教育的研究与我国教育的发展休戚相关,探讨功利主义教育的限度对我国的教育改革具有借鉴意义,并能够丰富我国的教育改革理论。

第一章

功利主义教育思想的社会背景

　　功利主义教育的产生有其深刻的社会根源。18 世纪末至 19 世纪初是英国工业快速发展时期,工业革命的发展和科学的进步需要智力的支持,教育则是提高人智力的最主要手段。在政治上,议会改革和宪章运动等政治运动促进了工人阶级权利意识的觉醒,激发了争取自由、教育等权利的信心。在教育上,教育思潮多样化为教育思想的发展提供了可选择空间和土壤,功利主义教育、科学教育、古典人文教育以及空想社会主义教育等思潮的交流促进了教育的发展;教育改革为教育的发展提供了动力支持,公学改革、导生制、国家对教育的干预预示着教育改革的发展方向。哲学上,近代英国经验主义传统注重实际和实证,易于打破权威,追求自由,形成一种改革的风气。心理学领域取得了长足的进步,联想心理学成为主要心理学流派。经验主义和联想心理学传统为功利主义教育提供了认识论方法。

第一节　工业革命与科技进步

英国革命是一场社会革命,发生的范围广、程度深。"英国发生的革命是社会革命,因此比任何其他一种革命都更广泛,更深刻"①;法国发生的主要是政治革命,主要在政治领域,如法国大革命;德国发生的主要是哲学革命,如康德、费希特、谢林、黑格尔对哲学的贡献。英国发生的则是社会革命,包括政治、经济、哲学等方方面面,变化涉及面广。

一、工业革命迅速发展

真正的哲学是时代精神的精华。"边沁的主要著作是在法国革命时期和革命以后,同时也是英国大工业发展时期写的。"②边沁的著作反映了工业革命的发展期的社会情况,詹姆斯·密尔的主要著作写在工业革命发展的高潮期,约翰·密尔的主要作品写于工业革命中后期甚至是工业革命完成之后。他们作为功利主义的代表不但反映了当时的社会现实,同时也为社会的发展提供了理论支持,"斯密—李嘉图的'自由经济理论'和边沁的'功利主义'是英国工业化道路的指导思想"③,他们为自由市场理论作论证。约翰·密尔对智力的推崇就是工业革命的一种反映,虽然他轻视未受教育的穷人,但是在科技发展进步的年代,智力的确非常重要,他认为对于上流阶级来说"无教育的穷人比有教育的穷人更为

①　《马克思恩格斯全集》(第 1 卷),人民出版社,1995 年,第 656 页。
②　《马克思恩格斯全集》(第 3 卷),人民出版社,1995 年,第 483 页。
③　钱乘旦、许洁明著:《英国通史》,上海社会科学院出版社,2007 年,第 222 页。

可怕"[①]。这就要求,统治阶层对穷人要进行适当的教育,提高穷人的知识和修养,做到遵纪守法,这有利于保护他们的财产。教育要有一个限度,最好不要让穷人具有更多的知识,尤其是启蒙之类的思想,这些将会导致穷人具有权利意识、反抗意识,来与统治阶层作斗争。约翰·密尔在其自传中也提到了上流阶级既怕穷人有文化,又怕穷人没文化的一种矛盾心理。可见,功利主义教育是对时代的反映。

工业革命开始于 18 世纪下半叶,这场革命不仅仅意味着经济的增长,工业化、现代化的形成,还深刻地影响着英国的社会变革。工业革命不仅仅是工业领域内的革命,还涉及农业等其他很多方面。我们应用普遍联系的观点来看待工业革命,工业化是在农业革命的基础上发展起来的,两者相互影响,共同促进经济的发展。工业革命的进程导致了社会的整体变化。工业革命促进了工业生产力的发展,同时也带动了其他行业的生产力发展,促进生产方式的变化,进而带动整个社会的变革。工业革命使英国成为世界上最大的工业国。

生产工具的发展是工业革命的首要标志。工业革命首先产生在纺织业,18 世纪 60 年代,詹姆斯·哈格里夫发明了"珍妮纺纱机",一个纺织工可以同时捻动十几个纺锭,这大大地提高了纺纱的效率。1769 年,理查德·阿克莱特发明了水力纺纱机,可以使用水力进行纺纱,这既提高了纺纱速度又节省了劳动力。随后他又对纺纱机进行了一些改造,纺织业成为工业革命中受益比较早的行业。马克思认为生产力是决定社会发展的最终因素,劳动工具是生产力发展的标志,工业革命的发展符合马克思的观点。1764 年詹姆斯·瓦特发明的蒸汽机,1785 年就用于纺纱机,这

---

① [英]约翰·穆勒著:《约翰·穆勒自传》,吴良健、吴衡康译,商务印书馆,1987 年,第104 页。

标志着第一次工业革命的技术变革,蒸汽机的发明与应用,促使机械制造业的产生,"机器制造业的出现则标志着工业革命的基本完成"①。这表明机器劳动战胜了手工劳动,机器成为工业中主要的生产工具。

工业革命迅速从纺织品行业扩展到其他行业。工业革命的发展,促使生产工具的改进,机器工业的出现,人造动力的运用,还有许多新的技术。蒸汽的运用及科技发展促进了交通运输等发展,如公路、运河、铁路等。铁路改变了英国社会,1825 年,在斯托克顿和达林顿之间的第一条铁路开通。铁路、水路的发展改变了交通运输的数量和速度,改变着人们的思维方式,改变着时间和空间的概念。② 机械化工业的形成与发展表明工业革命促使英国成为一个工业国家。

工业的发展促使生产形式发生改变,旧的手工作业被工厂的大规模机械作业所替代,工厂成为新的生产组织形式。工厂化的产生可以促使一些行业进行大规模的工业生产,这会大大地提高生产力,引起社会的变革。机器是人创造的,它是人的四肢的一种延伸和拓展,能够完成人类自身所不能完成的任务。机器还可以做一些比较机械化、比较枯燥的工作,尤其是一些比较危险的工作,如采矿、采煤等行业,这从某种程度上促进了人的解放。工厂化把工业化推向了高潮,如在纺织、制钉、刀具、家具、成衣、鞋靴、车辆等行业都不同程度地实现了工厂化生产。大规模的工厂作业促使了工会的产生,工会是介于工人和资产者之间的一个调节利益的中介,可以代表工人向资产者提出利益和要求,与工厂主进行谈判,从一定程度上为工人谋得了利益,并且还可以避免暴力流血事件。

以私有制为基础的自由竞争造成了贫富差距的扩大,使穷者愈穷、富

---

① 钱乘旦、许洁明著:《英国通史》,上海社会科学院出版社,2007 年,第 217 页。
② 参见钱乘旦、许洁明著:《英国通史》,上海社会科学院出版社,2007 年,第 220 页。

者愈富。"竞争最充分地反映了流行在现代市民社会中的一切人反对一切人的战争。这个战争,这个为了活命、为了生存、为了一切而进行的战争,因而必要时也是你死我活的战争,不仅在社会各个阶级之间进行,而且也在这些阶级的各个成员之间进行。"①在资本主义社会,生产资料归资本家占有,工人没有任何生产资料,为了获得生存就必须到资本家那里工作。资本家为了获得更大的利益在同行业中展开激烈竞争,工人为了获得生存,工作竞争压力非常大,工人为了获得更多的工资、更好的工作环境与资本家进行斗争。总之,在社会的各个方面都能反映出竞争所带来的一切人反对一切人的战争。后来发展到人和机器的竞争,工人在大工业面前显得无能为力,人和物的竞争也非常激烈。机器替代了工人,一台机器可以代替十几个人进行生产,会占有很多工人的岗位,造成大量的工人失业。机器的每一次改进都会产生更大的生产力,造成更多的工人失业。这无形之中会增加就业竞争的压力,资本家会在这种状况下降低工人工资,资本主义社会的自由竞争并不是真正的、公平的自由竞争。

工业发展导致城市人口快速增加,劳资矛盾凸显。工业大都集中在大的城镇或者城市,工业需要更多的工人,并把劳动者集中到城市和工厂里面,工人只能在工厂里做工,与农业产生了分离,工人失去了生产资料,而只能出卖自己的劳动。随着工业的发展,城市工厂的增多,工人也会增多,这导致城市人口规模增大。人口在城市的集中促进有产阶级发展的同时,更能促进工人的发展:他们联合起来,形成工人阶级,为了自身的利益而努力反抗有产阶级的压迫,并形成了工人阶级的意识。

工业革命需要理论的支持和论证。在这方面,很多学者做出了贡献,他们从经济人和道德人的角度论证自由竞争、自由贸易的合理性,为资本

---

① 《马克思恩格斯全集》(第2卷),人民出版社,1995年,第359页。

主义发展、工业化提供理论支持,如斯密在《道德情操论》中考虑道德人的问题,他把同情当作道德的基础。亚当·斯密和大卫·李嘉图的经济理论在最"自由"状态下发展,重视市场在经济中的作用,由"看不见的手"即纯粹的市场经济规律控制。边沁的"最大多数人的最大幸福"原则,认为每个人追求自己的最大利益就是全社会的最大利益化,社会利益是个人利益的总和。工业化完成使英国走上自由资本主义道路,后来发展成为垄断资本主义。斯密维护的"自由竞争"是为资本主义发展的一种辩护,资本的发展需要竞争,为新兴资产阶级提供理论支持,当时英国是世界上的先进国家,自由竞争对英国有好处,所以英国不怕自由竞争。19世纪70年代后英国失去了雄霸全球的经济地位,国家开始讨论关税的问题,用来保护本国经济。

工业化导致道德人向经济人的转变。工业的发展使英国人的价值观从18世纪看重绅士风度到19世纪注重经济利益,当然这说的是主要方面,英国有从下往上看的风气,上层人士的表现从很大程度上影响着下层人的行为方式。工业革命使农业国转变为工业大国,手工业工人减少,大工业中的工人比例急剧增加,城市人口剧增,城乡人口比例变化较大,这使英国成为城市化率比较高的国家。

英国人的利益观是以个人利益为基础的,所以注重个人的权利,"但是,英国人没有普遍利益,他们不触及矛盾这一痛处就无法谈普遍利益;他们对普遍利益不抱希望,他们只有单个利益"[①]。功利主义者就认为每个人发挥个人能力,为了自己的利益实现最大化,那么社会利益、社会幸福就最大化,人人为己就是人人为社会,所以英国人持个人原子主义思想,重视自由。而黑格尔则反对自由主义的这套言论,他是国家整体主义

_____

① 《马克思恩格斯选集》(第一卷),人民出版社,1995年,第22页。

者,认为国家这个伦理高于个人,个人只有在国家这个伦理中才能实现自己,他反对自由主义个人先于国家的个人原子主义思想。恩格斯在谈到法国把国家当作人类普遍利益的形式时,把唯物主义当作绝对正确的东西来对待,所以法国的经验主义与英国的经验主义不同,法国的活动与民族的活动是统一的,所以没有矛盾,而英国的经验主义与怀疑论导致了矛盾,他们不相信普遍利益。

个人意识、个人奋斗以及对利益的追求是工业革命的动力。科学的发展提供了智力的支持,科技是生产力,而且是第一生产力,科技需要转化,需要合适的环境。18 世纪注重人的道德,贵族占统治地位,贵族的"贵"主要是指荣誉,即道德上占有先机,所以整个社会对绅士风度十分认同,道德人占据优势,这也是英国的价值是从上往下传播的一个原因。19 世纪经济快速发展,新兴资产阶级登上历史舞台,工业革命的完成,促进了资本主义快速发展,经历了从自由竞争到垄断的过程,人们对金钱的崇拜与日俱增,重视个人的利益,斯密证明商业中存在着道德的基础,就是同情心。这些都是以私有制为基础,拥有财富就拥有了一切,成功与否可以通过功利标准来衡量,因此功利主义是时代的产物。

工业革命的发展呼唤教育改革。教会办学和募捐办学已经不适应工业革命的发展。工业革命的产生需要大量的工人来操纵机器进行生产,这时资本家为了实现资本的利益更大化,提高劳动生产力,就需要对工人进行教育。现实情况是教育落后,学校不能满足教育发展的要求,这就需要国家进行干预,扩大教育规模,增加教育经费。总之,一方面,工业革命的发展需要教育改革,另一方面,工业革命也为教育改革提供了动力。

二、科学技术的快速进步

科技发展是促进工业革命产生的主要动力。英国有重视科学的传统,英国17世纪就开始重视科学研究,1662年成立了英国皇家学会,把"促进艺术与科学的繁荣"作为目的,后来涌现出一批重量级的科学家,如牛顿,他的万有引力定律、运动三定律以及发明创造奠定了科学的基础,其万有引力定律创立了天文学,对光进行分解而创立了光学,同时他还发现了力的作用而创立了力学,因此牛顿奠定了近代物理学。他把信仰与科学作了调和,认为认识规律就是认识上帝。1799年成立了英国皇家科学院,要把科学用到日常生活当中去,用科学来推动艺术、制造等行业的发展。随着科技的发展,19世纪英国的研究机构也多了起来。1831年9月,"英国科学促进会"成立,其目的是进一步加强对科学的了解,如科学原理及其应用等,并以宣传科学为己任。促进会每年还在英国的中心城镇召开年会,讨论与科学相关的科学问题,如1860年,在牛津大学举办的讨论会上赫胥黎对威尔伯纳(Wilberforce)的反驳,在这个会议上普通人员可以与科学家一样平等地参加会议,这十分有利于科学的发展和普及。丁多尔(Tyndall)于1874年在贝尔法斯特发表了有关生命可能来自于无生命的言说。1850年政府拨给英国皇家学会1000英镑,资助其进行科学研究,这时英国皇家学会成为科学家的学会。自然科学在19世纪中叶进入大学,这意味着对自然科学的重视程度的提高,同时也使自然科学得到普及和应用。1880年成立伦敦同行业公会和行会,其目的是促进技术教育的发展,1883 年英国第一所技术学院在芬斯伯里开办。① 这些为英国工业的产生与发展提供了科技支持。

英国是近代科学的主要发祥地之一。19 世纪上半叶,英国涌现出很多著名的科学家,如在生物学领域的达尔文,化学领域的道尔顿,地质学中的赖尔,电化学领域的戴维爵士,电学领域的法拉第、焦耳以及麦克斯韦等,他们对于科学的贡献从某种程度上说具有划时代的意义,科学在这个时期的英国出现了繁荣的景象。从自然科学的研究方法上看,英国的科学研究自二三十年代开始,由经验描述向理论综合转化,牛顿力学为物理学的第一次理论综合,能量守恒定律为第二次理论综合,麦克斯韦的电磁理论为第三次理论综合。② 在生物学界的两次理论综合分别为细胞学理论的建立和达尔文的进化论。

英国的科研体制落后于科研的需要。英国的主要研究分散在民间,并非仅仅集中在大学或者研究机构。"法国科学的中心是科学院,而德国科学的中心在大学之中。"③英国的科研相对于德国和法国显得比较分散,可以说是遍布于全国各地,"英国科学最显著的特点,或许是它的个人主义的精神,光辉的天才的研究成果往往是非学院出身的人物——如波义耳、卡文迪许和达尔文——完成的"④。同时政府不重视科研投资,虽然建立了皇家学会,但是其中的会员并不都是科学家,而且贵族占据领导权,其主要工作没有放到科研上。这种体制为民间科学家提供了良好的科研氛围,不会因为权威或政府的干预而埋没天才,但是导致了科研的发

① 参见[英]奥尔德里奇著:《简明英国教育史》,诸惠芳、李洪绪、尹斌茵译,人民教育出版社,1987 年,第 172 页。

② 参见周敏凯著:《十九世纪英国功利主义思想比较研究》,华东师范大学出版社,1991年,第 9 页。

③④ [英]W. C. 丹皮尔著:《科学史及其与哲学和宗教的关系》,李珩译,广西师范大学出版社,2001 年,第 247 页。

展落后于德国和法国。在这种状况下,一些有识之士开始关心科研体制对科学发展的重要性,指出英国科研体制的弊病,如查尔斯·巴伯奇的《论英国科学的衰退》,书中认为英国传统的科研体制导致科学发展的衰退。英国政府也感觉到了科研体制的弊病,开始逐渐干涉科学研究,最终形成了多元式的国家科研体制,即政府对科研只是间接的调控,只对基础和国防等项目进行投资,其他科研由市场调节。①

科技的发展改变了人们的思维方式,尤其是进化论的创立。被称为19世纪三大发现的达尔文的进化论思想,是以"物竞天择,适者生存"为基础的自然进化论,主要著作为《物种起源》,认为物种的起源是自然选择,其核心思想包括自然选择论、人类有共同的祖先论和事物的渐变理论等。达尔文进化论摧毁了终极目的论的看法,"预示着绝对人类中心论的灭亡"②,不但对科学有着重大的影响,同时也深刻地影响着人类的生物学、哲学和心理学等思想领域。进化论"动摇了宗教的神学体系或教条体系(人们常把这个体系与宗教本身混为一谈),但是,后来又使这个体系受益不浅"③。让宗教学家明白了作为圣徒的教义不能是一劳永逸的,教义也应该具有进化的思想。假如对上帝授予人类的道德持怀疑态度的话,即可从两方面寻找立足点,一是康德的"道德律令",它是至高无上、不可怀疑的,二是自然科学的解释,如边沁、约翰·密尔等功利主义者把谋求"最大多数人的最大幸福"作为这种自然科学的基础。④ 生存的竞争不但会产生在不同的种族之间,也会产生在相同种族的个体之间,所以竞

---

① 刘兵、杨舰、戴吾三主编:《科学技术史二十一讲》,清华大学出版社,2006年,第314页
② 江晓原著:《科学史十五讲》,北京大学出版社,2006年,第290页。
③ [英]W. C. 丹皮尔著:《科学史及其与哲学和宗教的关系》,李珩译,广西师范大学出版社,2001年,第299页。
④ 同上,第300~301页。

争是普遍存在的。但进化论没有解释变异的原因等问题。进化论对唯灵论哲学提出了挑战,并促进了机械论哲学的发展。达尔文的进化论思想是在无数实验的基础上提出的,其自然选择的思想是对目的论的一种否定,同时达尔文的进化论思想促进了人类科学发现精神的培养。

1803 年道尔顿提出了具有近代科学意义上的原子论。1873 年,麦克斯韦完成《电磁通论》一书,提出了光的电磁理论,预言电磁波的存在,其理论可以与牛顿的《自然哲学的数学原理》和达尔文的《物种起源》相媲美。

科学是一把双刃剑,在为人们谋得幸福的同时,也为人们带来了灾难。19 世纪科技的发展加快了工业化进程,大大地促进了英国经济的发展,使英国的经济跃居世界首位,成为首先进入现代化的国家之一,同时英国资本主义的发展也由自由阶段发展到垄断阶段,工人受到的剥削程度更加严重。同时科技促进了武器的改良,武器使用到战场上给人类带来了史无前例的痛苦,这是科技发展给人类带来的灾难。

总的来说,19 世纪的英国是自然科学稳步发展的时期,"整个 19 世纪,英国科学处于稳步发展的局面"①。科学研究发展为工业的发展开辟了新的方向。科学的发现直接或间接地影响了人类的生活,提升了人们认识自然的信心,同时影响着人类的思维方式,人们普遍相信随着科学的发展,控制自然能力的提高,就能够了解和解释整个世界,这种思维方式认为世界是可知的,这是对不可知论的有力反驳。边沁和密尔父子的教育思想具有时代的特征,他们注重实践,对实验和心理等方面的要求也十分重视,并且注重科学在知识体系中所占的比重。19 世纪教学中的古典人文主义与科学主义之争是自然科学发展在教学中的反映。

---

① 吴国盛著:《科学的历程》,湖南科学技术出版社,1997 年,第 669 页。

第二节 政治改革与政治思潮

19 世纪的英国政治斗争是一场争取自由、争取民主的政治运动。1688 年的光荣革命使英国从君主专制转变为君主立宪制,权力从君主转移到议会,实际上是由贵族执政,君王逐渐变成了虚位。到了 19 世纪,资产阶级成长起来,逐渐掌握了经济命脉,而在议会中上院主要由贵族把持,下院是由选举产生,上院的权力高于下院,在议会中还是贵族的权力大,资产阶级的经济地位与政治地位不相匹配,资产阶级要求在政治上有所作为,欲求在议会中有更多的自己人,反映到现实行动中就是要求议会改革,改变贵族在议会中一家独大的局面,这是贵族和资产阶级的斗争。另一方面,随着大工业的发展,工人阶级也逐渐成长起来,他们在资本主义社会中没有经济地位,但是工业的劳动却主要由他们来承担,他们也要求在政治上有自己的呼声,为争取自己的权利而斗争,这表现在一些运动中,如宪章运动、反谷物法、选举改革、反济贫法等,并且建立工会作为自己的行动组织进行斗争,有时候为了争取权利,把罢工作为斗争的形式之一。有时候贵族和资产阶级会站在同一个战壕,为了共同的利益来镇压工人运动,19 世纪的政治斗争主要表现在资产阶级与工人阶级之间的矛盾和贵族与资产阶级之间的矛盾两个方面。在政治改革中利益的争夺成为斗争的核心所在。

一、议会改革

1830 年英国的经济危机达到高潮,工人的失业率大大提高,大量的工厂破产,工人的工资也开始下降。经济危机不但危及工人阶级的生存,同时也影响到中产阶级的发展,经济危机导致对议会改革的要求愈来愈强烈。这次是工人阶级和中产阶级联合起来,中产阶级占有主导地位,但是有大量的工人参加,经济利益使他们团结在一起而斗争。

政治制度中存在着三方面弊病:一,议会中由贵族把持的上院高于下院,所以中产阶级没有发言权;二,选举权由于财产等限制导致人数极少;三,选举的手段比较腐败。"1831年,英国人口总共2400多万,但选民人数未及48万人,只占总人口的2%"。①工人阶级在"工业区几乎完全被削夺了选举权"②,这种状况严重阻碍了新型工业资产阶级的发展要求,也阻碍了无产阶级对利益的诉求。

改革在两个党派之间产生分歧,即托利党和辉格党之间的斗争,他们代表着保守和激进的斗争,这项改革运动始于18世纪60年代。1830—1831年,辉格党开始团结中等阶级,对选举有财产要求,但是这项法案工人阶级不满意,认为是阶级立法,工人阶级由于财产限制照样得不到选举权,"在改革斗争中,实行财产选举权还是实行普选权,这一直是中等阶级激进派和工人激进派的分水岭。"③辉格党提出的改革方案明显是代表中等阶级的利益。可见,工人阶级要想得到选举的权利,就必须要有代表自己的政党组织,并有适合自己的理论作指导。辉格党制定改革方案的目的是拉拢中等阶级,保卫自己的政治利益,但是形势的发展却形成了中下层的联合,这对辉格党不利。在斗争中工人阶级表现出了自己的智慧,改革总比不改革要好,至于自己的利益可以一步一步地来,这就是"中庸"的智慧,不会导致流血的革命,通过和平的方式解决有利于自己的利益,

---

① 关勋夏:《十九世纪英国的三次议会改革》,《历史教学》,1985年第2期。
② [英]阿·莱·莫尔顿著:《人民的英国史》,谢琏造等译,生活·读书·新知三联书店,1976年,第529页。
③ 钱乘旦、许洁明著:《英国通史》,上海社会科学院出版社,2007年,第247页。

这符合孔子和亚里士多德的"中道"思想。1832年改革法生效,第一次议会改革成功。

这场改革是中产阶级和工人的一次联合行动,"1831年的议会改革是整个资本家阶级对土地贵族的胜利"①。资产阶级获得了选举权,工人阶级虽然在运动中付出了巨大的努力,但是由于财产的限制并没有获得选举权,而被排除在外,他们对此不满,这直接导致了1836年的宪章运动。改革法的修改使选举权从身份资格(以前是贵族)转变为财产资格,使以前社会上的身份歧视转变为财产歧视,实际上这也是资本主义经济发展的必然,用现代的话来说是符合资本的逻辑。议会改革的最大意义在于,"它表明制度变革是可以进行的,而且不可阻挡,适时的变革最为明智;改革之路可以走得通,其必要的前提是:人民持久的斗争,统治者适时的让步"②。议会改革的实践也让资产阶级政客们明白改革成为获得人民支持的好方式。

19世纪是个变革频繁的时代,社会中的各个方面都在变化着,人们已经适应了变革所带来的变化,变革成了一种风气。1867年进行第二次议会改革,扩大了选举权。19世纪五六十年代工业革命已经完成,英国的工业跃居世界之首,经济达到了前所未有的高度,但是政治改革落后于经济的发展,在经济中占主要地位的资产阶级与在政治上的地位不相匹配,工人阶级基本上没有什么选举权,资产阶级和工人阶级都强烈要求有选举权。1846—1867年间,尤其是在1859年,在从贵族政治到新的资产阶级民主政治的进程中,贵族与工业资产阶级力量均等,60年代工人阶

---

① 《马克思恩格斯全集》(第22卷),人民出版社,1965年,第374页。
② 钱乘旦、许洁明著:《英国通史》,上海社会科学院出版社,2007年,第249页。

级力量的加入改变了这种态势。① 1867 年的议会改革是对第一次议会改革的继续。当时,保守党反对的是改革的步子太快,但并不从根本上反对改革,反而是自由党中的一些旧的辉格党成员不赞成工人阶级获得选举权,并极力反对改革。1864 年,贝恩斯(Baines)提出选民的财产资格从 10 英镑降到 6 英镑,作为财相的格拉德斯通在议会演讲时也指出:"每个人都确有资格进入宪法范围"②。由此可见,上层人士也有赞成普选制的,认为普选制是大势所趋。

1865 年在伦敦成立了"全国改革同盟",这个组织号召全国民众争取普选权。同年 12 月 12 日在圣马丁堂召开的二千人群众会上,群众一致通过了改革同盟提出的要求普选权的决定。③ 这促使英国的工人群众参加到政治斗争中来,壮大了要求改革的力量,改变了敌我双方的力量。1866 年 6 月 27 日,伦敦自发地组织了一次游行,要求自由,并且在随后的一段时间内英国各处发生了大规模的群众集会和游行示威活动,这是中产阶级和工人阶级结成同盟之后显示的巨大威力,种种迹象表明议会改革势在必行。

保守党在多重压力之下,决定进行议会改革,迪斯累里提出了他的制度改革法案,为的是避免社会发生革命,这是一个妥协之计。法案规定,选邑中的户主可以成为选民,农业工人和不住在选邑中的产业工人以及矿工没有选举权。迪斯累希望通过这项法案来取得工人阶级的支持,因为"在第一次议会改革之后,资产阶级的政客们发现了一个规律,即谁和

---

① 参见蒋孟引主编:《英国史》,中国社会科学出版社,1988 年,第 569 页。
② 蒋孟引主编:《英国史》,中国社会科学出版社,1988 年,第 573 页。
③ 参见周呈芳:《马克思和英国第二次议会改革运动》,中国英国史研究会编:《英国史论文集》,生活·读书·新知三联书店,1982 年,第 189 页。

改革联系在一起,谁就会获得人民的支持"①。所以政党把改革作为人民拥护的一种策略。后来格拉斯顿对这项法案进行了修改并于 8 月 15 日定为法律,

1867 年新的改革法案通过,这次改革扩大了选举权。在城市,凡是缴纳济贫税,且拥有住房者拥有选举权,房租每年达 10 英镑者也可以成为选民。在农村,每年从自己的私有土地上收入 5 英镑或者可以缴纳 12 英镑租金的佃户具有选民资格。这次的选举权只是扩大到了工人阶级的上层,但是农业工人和矿工仍然没有选举权。

英国的第二次议会改革进一步促进了民主化的进程。这次选举改革法使选民的总数大量增加,威尔士和英格兰原先有 105.7 万选民,增加了 93.8 万人,再加上爱尔兰和苏格兰大约有 240 万选民,占人口总数十分之一。选民人口增加了一倍多。

19 世纪 70 年代以后,英国雄霸全球的地位已经渐渐失去,英国由自由资本主义开始向垄断资本主义过渡,德国和美国虽然发展飞快,并在世界经济中所占的比例越来越大,但是英国的经济地位还是居于世界之首。70 年代末产生了经济危机,造成社会矛盾激化。

英国的保守党和自由党轮流执政,两党在原则上已经没有什么根本的区别。1868—1885 年,在将近二十年的时间里,他们的观点和利益逐渐趋同,资产阶级已经登上了执政的舞台,两党执政只不过是驴子和大象在玩跷跷板的游戏。这点下层工人群众也已逐渐认清,上次的改革后,他们没有得到选举权,这致使他们的不满情绪与日俱增,他们开始组建自己的组织,进行争取权利的斗争。1881 年,民主同盟成立,他们揭露帝国主义的不合理做法,出版一些具有社会主义思想的刊物,要求获得普选权及

---

① 陈晓律等著:《英帝国》,三秦出版社,2000 年,第 278 页。

平均选区。在后来的运动中要求行政人员和官员都要平等、直接、普遍地通过选举产生,并效力于人民。

在各种运动和人民的压力之下,1884—1885 年,格拉斯顿作为自由党的代表在第二次组阁时决定进行第三次议会改革。这次改革既是为了缓和社会矛盾,同时又能与保守党争夺选民,两党为了获得选票都打着改革的口号。这时人民对改革都已经习惯了,认为工人阶级作为社会的一大阶级参加选举是应该的。这次议会改革之后,成年男子基本上获得了普选权,这又使民主化进程向前推进了。但是,"十九世纪英国三次议会改革之后,相当大的一部分居民、包括城市贫民、农村无产者,以及全体妇女没有选举权"①。

总的说来,19 世纪的三次议会改革促进民主化进程的发展。单纯从选举权的角度来看,第一次议会改革使英国选民人数由占总人口的 2%增加到 3% 左右;第二次议会改革使具有选举权的人数增加到总人口的10%;第三次议会改革使成年男子基本上具有了普选权。从历史的眼光看来,普选权的增加是英国政治发展的一大历史进步。

二、宪章运动

1832 年的选举改革诱发了宪章运动,原因在于工人没有得到选举权。一方面是因为财产的限制把他们排除在外,另一方面,中产阶级获得了选举权,而不管工人是否有选举权。开始斗争的时候中产阶级和工人是站在一起的,但是工人没有获得选举权,而中产阶级获得了;中产阶级在需要无产阶级支持的时候许诺的是中产阶级在议会中得到权力后会照

---

① 关勋夏:《十九世纪英国的三次议会改革》,《历史教学》,1985 年第 2 期。

顾无产阶级的利益，但是事实上没有兑现诺言，因此工人有种被出卖的感觉。所以在宪章运动中，工人自己组织运动，不和有产阶级组织在一起。

在宪章运动中，工人组织于1838年5月提出《人民宪章》，主要有六项要求，要求普选权，即21岁以上男子应都具有选举权；实行无记名投票，反对采取贿赂、恐吓等选举手段；实行年度选举；给议员发放薪金；取消议员财产限制；设置人口数量相等的选举区。① 这几项规定实际上是为了促进民主选举，使选举的程序更合法更公正。他们的这次要求主要是针对下院的选举，而没有对上院有所要求。

宪章运动有三次高潮。第一次是在1836—1839年间，于1839年进入高潮。1838年在《人民宪章》的旗帜下，出现了很多宪章运动的组织。1839年在伦敦召开第一次全国宪章组织的代表大会，要求议会通过《人民宪章》，这时宪章派的内部在对待宪章运动失败时应采取的措施持不同意见。一派是"道义派"，另一派是"实力派"。实际上这两派的主要分歧是斗争的形式最后诉诸武力解决还是和平解决的问题。对此，"道义派"认为即使是议会不答应《人民宪章》的条件，也不能诉诸武力，认为要通过教育的手段，提高工人争取权利的意识水平，发动广大的人民群众，争取更多的人加入宪章运动，迫使议会接受《人民宪章》。而"实力派"则认为，如果请愿失败就要用武力解决问题，让实力说话，这个时期，实力派人数在比例上占大多数，实力派的真实想法并不是要采取暴力革命，而是主要通过抗议、罢工的方式去实现自己的目的。

第二次高潮发生在1842年。1840年后，请愿失败使他们懂得了组织的重要性，这段时期通过有组织的运动来进行宣传请愿，去实现自己的意愿。一是宪章派与反谷物法同盟的斗争，宪章派认为，反谷物法斗争导

---

① ［英］约翰·K.沃尔顿：《宪章运动》，祁阿红译，上海译文出版社，2003年，第1~2页。

致粮食价格下降,工厂主得利,工人工资下降,这对工人不利,同时,反谷物法没有要求普选权,工人因得不到利,而削弱了斗争的积极性。1842年夏季的罢工达到高潮,这次罢工与宪章运动合在一起,但是后来受到政府的镇压。二是宪章派与"完全选举权同盟"的斗争。完全选举权同盟是中等阶级的组织,它支持普选权又不接受《人民宪章》,还想控制领导权,最终导致完全选举权同盟妄想领导工人的打算落空,支持了大罢工的决议但没有采取行动。①

第三次高潮发生于1848年,由欧洲的革命大风暴引起。受此影响发动了大的签名请愿活动,宪章派有570万人签名,而议会统计说只有197万人,其中有很多签名都是假的。但是,这个数字也足以说明了当时宪章运动高涨的热情。在对待是否与中产阶级联合的问题上,不同的领袖持不同的态度。1849年,奥康诺打算同中产阶级合作,但哈尼不赞成;1852年,哈尼同意和工会联合,并与政界联合,但琼斯反对,后期琼斯夺得了领导权;1858年,琼斯赞成同中产阶级合作,并和斯特奇联合组成"政府改革同盟",进行第二次议会改革。琼斯赞成与中产阶级联合的做法在马克思看来是不妥的,因为马克思的学说是无产者的联合,不赞成与中产阶级联合,他认为与中产阶级的联合会导致领导权不明确,目的不明确,最主要的是会导致革命的不彻底,形成妥协的性质。"运动后期,为数不多的熟练工人已不给予支持。他们集中力量注意自己的组织。"②再加上其他各方势力为己谋私的做法,最后宪章运动落入低谷。

议会改革中参加人员涉及面比较广,有激进主义工人、十小时工作日

① 钱乘旦、许洁明著:《英国通史》,上海社会科学院出版社,2007年,第259~262页。
② [英]伊·勒·伍德沃德:《英国简史》,王世训译,上海外语教育出版社,1990年,第158页。

的参与者以及反济贫法运动中的主要参与者。每个参加宪章运动的成员其目的都是为了取得自己所要的权利,通过宪章运动这个渠道来实现,这是为什么在宪章运动中参加的人员比较复杂的原因。

宪章运动共经历了约二十年,表面看来没有什么成绩,但是用历史的眼光来看,在《人民宪章》中提到的六项要求后来基本都实现了,只有第六项每年选举一次这一项没有实现,从这个角度来说宪章运动是胜利了。不成功的主要原因在于它作为一项改革运动没有足够的社会基础,没有和中产阶级结成联盟,又没有联合工会,因此不能结成强大的联盟,没有广泛的群众基础,进而形成强大的社会力量去推动社会改革。1832 年的议会改革之所以成功是因为工人阶级和中产阶级结成联盟给议会施加压力,取得了改革成功,使中产阶级具有了选举权,这次则不然。"宪章运动中之所以出现许多问题,是由于它寻求合乎宪法的鼓动方式,接受既定的常规,力图将这一方式用至极致,以迫使统治者违反这些常规从而失去其合法性。"①宪章运动走的不是暴力斗争路线,而是想通过合法的手段,在宪法允许的范围内取得自己的权益,这是从道德的方面来斗争,当然也有赞成通过暴力来争取权利、进行改革的。宪章运动在宪法的框架内进行斗争,这限制了宪章运动的斗争方式只能是非暴力的,同时也可以避免国家对宪章运动参与者的迫害,并可以让世人明白运动取得的成果是合法的。这也符合英国人注重实际、注重经验,走和平、渐进改革之路的特点。我们要辩证地看待问题,宪章运动最成功的方面就是独立行动,它开创了工人阶级独立进行政治斗争的先例,为以后的斗争提供了宝贵经验,这就是说工人阶级作为一支独立的力量登上了历史舞台。宪章运动的主力是手工工人,他们代表的是手工业者,而工厂工人是先进生产力的代表,他

---

① ［英］约翰·K.沃尔顿:《宪章运动》,祁阿红译,上海译文出版社,2003 年,第96 页。

们在运动中反对的不是资本主义制度,而只是反对剥削,工厂工人要比手工工人先进,可见资本主义制度代替封建主义制度是社会的发展,代表着历史的必然。

工人阶级和群众在宪章运动中得到了锻炼和提高,报纸、演讲、小册子、开会等方式为人们提供了良好的学习机会,他们在运动中学习和成长,受到教育,其素质得到了普遍提高,权利意识得到了加强,这为以后的政治斗争提供了基础。

爱德蒙·伯克1790年发表了《法国革命感想录》,抨击法国大革命,认为习惯与守成是社会的基本规范,放弃传统将会导致社会整体崩溃。这是保守主义的开山之作,伯克被称为保守主义之父。他的观点适合托利党的执政。1891年辉格党分成两派,少数人站在福克斯和格雷这一边,支持法国大革命同情英国人民的议会改革要求。保守派对民众改革的要求进行镇压,哪里有压迫哪里就有反抗,在民众的极力要求下,1832年进行了议会改革,1867年进行了选举改革,可见一味的保守也不行,不符合历史发展的潮流,必须保守思想与激进思想同时存在,才能保持社会的长足进步,改革是硬道理,约翰·密尔的思想就是对保守主义思想的扬弃,赞成习惯与守成的同时,更加注重创新性、人的个性。他认为智力是人类发展的主要动力。"等经济发展到一定程度时,社会与政治制度就会承受巨大的压力,这个时候,新的变革就会出现,到下一个时代,就出现了英国的'改革时代'。"①经济的发展会由量变发展到质变,为了适应经济的发展,这时就会发生变革,这是生产关系要符合生产力发展规律的一种体现,19世纪的英国就是如此。

19世纪英国的政治斗争导致社会变革,这是一个民主化的过程。辉

---

① 钱乘旦、许洁明著:《英国通史》,上海社会科学院出版社,2007年,第231页。

格党与托利党的斗争、保守党与自由党的斗争、工人阶级与资产阶级的斗争、贵族与资产阶级的斗争等,都充分体现了这一点。他们为了权力或权利而斗争,为了自由而努力。各种改革,比如议会改革、教育改革等就是斗争的体现。在这个进程中逐渐形成了和平、渐进、妥协的政治发展道路。政治运动的过程就是各种势力博弈的一个过程,不同的利益集团在博弈中为了自己的利益而努力进行斗争。在斗争实践中,工人阶级的阶级意识开始觉醒,学会争取权利和自由。教育改革、经济改革与政治改革成为促进社会发展提供了根本动力。

三、政治思潮

英国人有着追求自由的传统,有时候把自由和权利联系在一起。自由就是人追求的最高境界,历史上就有贵族向国王要求自由,与国王进行斗争的先例。1215 年的《大宪章》为追求自由奠定了基础。近代自由主义的鼻祖是洛克,他以自然权利为基础开创了近代自由主义的先河,其主要思想是以个人自由、个人主义为核心,分权而治和有限政府是对国家政治的要求,并赞成信仰自由与宗教宽容。每个自由主义者都会涉及对个人自由的限度、国家干涉的限度进行论述,只不过分析的角度不同。在密尔的《论自由》中,就有对个人与权威的关系进行的系统讨论,"在整个自由资本主义时期, 功利自由主义占统治地位"①,功利自由主义为自由资本主义提供了理论支持。自由主义强调个人与社会的关系,即群己关系,总体上认为个人的权利优先于国家,优先于社会,正如首相威廉·皮特所

---

① 熊家学:《对立位移趋同——西方自由主义与保守主义关系的演变》,《湖南师范大学社会科学学报》,1997 年第 4 期。

说,我的屋子"风能进,雨能进,国王不能进",这是强调个人权利与个人自由的写照,是英国宪政的体现,本质在于财产私有制。前期的自由主义者(如洛克)更加注重的是个人自由,"洛克的理论始于自然的平等但却以实质的不平等告终"①。密尔就已经在注重个人自由的同时也注重平等,这是应对贫富差距扩大等问题而提出的应对策略。总之,自由主义不但在思想上要求自由,而且也要求在行动上的自由,是有限度的自由,认为自由是获得真理、促进社会发展的必要前提。他们在教育上注重个人和权威的互动,主张发挥个性在社会发展中的作用。

英国人的骨子里不但具有追求自由的性格,同时保守的性格也深入骨髓。人类具有保守的倾向,倾向于已经习惯的、熟悉的事物,对未知的事物具有怀疑和困惑,而不愿意改变。保守主义注重现实、注重经验,维护传统的价值,反对过度的个人自由,保守主义重视传统价值,重视社会秩序、社会稳定,担心过度强调个人权利会导致传统价值的迷失,担心社会因价值迷失而失序。伯克说:"我所说的自由,仅指与秩序联系在一起的那种自由。这种自由不仅与秩序和美德共存,而且与秩序和美德共亡。"保守主义重视传统价值,反对社会变革太快,从而造成社会动荡、价值迷失,但是并不否认社会变革和社会进步。"'保守主义'的出现归因于法国大革命"②,以埃得蒙·伯克为代表的保守主义攻击法国大革命,他于1790年完成了《法国革命感想录》,认为法国大革命破坏了社会的秩序,容易造成暴政的统治方式。"1789—1914年是保守主义思想和实践的全盛时期。"③保守主义在对待教育问题上,认为传统价值是我们存在

---

① 黄伟合著:《英国近代自由主义研究:从洛克、边沁到密尔》,北京大学出版社,2005年,第116页。

② [英]休·塞西尔著:《保守主义》,杜汝楫译,商务印书馆,1986年,第24页。

③ 李俊:《分歧与一致:自由主义与保守主义的流变及启迪》,《学术论坛》,2009年第5期。

的根本价值所在,要学习和传承好古人留给我们的历史文化遗产,为我所用,人与人之间由于社会条件的不同等因素,不可能达到一种平等的状态,承认人与人之间的等级差别性。他们是古典人文主义教育的主要坚持者。

我们可以通过比较的方法来更好地认识自由主义和保守主义思想。在对待自由与权威的问题上,自由主义更加注重自由,而保守主义更加注重权威,他们认为权威是保持传统价值、社会有序发展的条件。自由主义认为人生而平等,注重人的权利的平等,而保守主义则承认人与人之间的不平等。自由主义在经济上坚持自由放任,认为管理得最少的政府就是最好的政府,坚持自由贸易原则,政治上强调个人权利,认为个人权利优先于国家,这与黑格尔强调国家优先于个人的国家整体主义是相对的;自由主义强调个人主义原则,保守主义强调集体主义原则,认为集体要优先于个人。自由主义主张资本主义私有制,主张分权思想,坚持思想、出版、言论自由,认为政教应该分离,反对教权高于政权。自由主义和保守主义者都反对暴政,他们大都是经验主义、实用主义者,注重现实。自由主义和保守主义在初期具有对立的性质,但是随着资本主义的快速发展,尤其是19世纪80年代后,为了维护两者的共同利益,对付共同的对手——民族主义和社会主义运动,它们之间的分歧越来越小,趋同的趋势越来越明显。

英国的空想社会主义者的代表罗伯特·欧文,与法国的圣西门和傅立叶并称为19世纪三大空想社会主义者。欧文出身贫困,但天资聪明,通过努力成为工厂主。欧文的主要代表作是《致拉纳克郡报告》。他批判资本主义私有制是造成贫困的主要原因,"目前,私有财产是贫困的唯一根源,由于贫困而在全世界引起各种无法计算的罪行和灾难。它在原则上是那样不合乎正义,如同它在实践上不合乎理性一样"[1]。贫困引起了很多贫民的灾难,这属于整个人类,在资本主义社会,私有制是这种现象的根源,私有制造成了剥削,使贫者愈加贫困,富有者更加富有,这导致社会贫富扩大,在这样的世界里,公平正直无从谈起。由于现存的制度是建立在私有制基础之上,广大无产者没有权利可言,所以这种制度是违反自然、违反人性的。为了改变这种社会现实,欧文建立了"劳动公社",希望通过生产劳动实践来改变社会现实,实现人人平等的和谐社会,生产资料公有制是"劳动公社"的基础,按需分配是主要的分配原则,在这个公社中要求人人平等,宗教、婚姻、信仰自由,人与人之间要以礼相待。欧文在英国的新拉纳克、美国的印第安纳州等地方建立了"新和谐公社"试验田,得到了人们的赞扬。虽然最终这些试验都失败了,但是其理想得到了人们的肯定。从欧文的思想中我们可以看出,他所要解决的主要问题就是政治和经济的不平等问题。

空想社会主义家往往会看到资本主义社会的矛盾和冲突,强烈要求改变这个不合理的现象,但是他们把希望不是建立在改变社会的根本制度上,而是建立在人们的善良意志之上,这样就会导致一种空想的社会主义。列宁在谈合作社问题时认为,空想社会主义失败的原因是因为空想社会主义者"没有估计到阶级斗争、工人阶级夺取政权,推翻剥削者的阶级统治这样的根本问题,而幻想用社会主义来和平改造现代社会"[2]。空想社会主义虽然是空想,但是其中包含很多深邃的思想,如对未来社会的构想,对民主、平等的追求,教育与劳动相结合等思想。这些理论为马克思主义学说的形成和建立提供了丰富的理论资源。

---

① ［英］《欧文选集》(第2卷),商务印书馆,2011年,第13页。
② 《列宁选集》(第4卷),人民出版社,1972年,第686页。

从总体上看,19世纪英国的主要政治思想就是自由主义、保守主义以及以空想社会主义为代表的结社运动思想。它们的共同特点是赞成社会变革,希望通过变革促进社会发展,人类进步。它们在主张上表现出不同的思想,如自由主义希望保持人的个性、以个人的权利为核心;保守主义主张保持传统价值的核心地位,认为这是社会发展进步的主要基础,这两者都是在保持资本主义私有制前提下的一种变革;而空想社会主义则要求在改变资本主义私有制基础上实现社会的变革。不论从相同方面还是相异方面来看,19世纪的英国变革成为社会的主题,教育改革是其中的一项。

第三节　教育改革与教育思潮

科技的进步、工业革命的爆发、政治上的变革、人口的增加等因素促进了教育上的变革。17、18世纪的私人募捐和教会办学的方式已不能适应社会发展的需要。"19世纪的英国,教育的发展远落后于社会政治经济发展的需要。"[①]此时,国家逐渐开始干预教育并投资教育,这促进了公学、强制性义务教育的产生,国家通过立法建立监督和指导机构,并通过财政拨款的方式给予教育以支持。导生制学校、见习学校、职业学校、师范学校等都是新出现的事物,适应和促进了教育的发展。17、18世纪重视人文的绅士教育,19世纪开始重视自然科学教育,并把它作为大学的主要课程。这点可以看出教育的转变,教育由私人捐款和教会办学到国家干预、公学与私学并存,由注重人文教育到注重科学教育。在教育思潮上,出现了功利主义教育、古典人文教育、科学教育以及社会主义教育等

---

① 徐辉、郑继伟著:《英国教育史》,吉林人民出版社,1993年,第247页。

思潮(由于本书论述的主题是 19 世纪英国功利主义教育,所以功利主义教育思潮在本节中不予论述)。种种迹象表明,19 世纪英国是一个教育大发展、大繁荣、大转变的时代。

从阶级分析的观点看,无产阶级作为政治力量登上了历史的舞台,要求接受文化教育。统治阶级为了维护自身的统治,维护自己的利益也要求变革不适应社会发展的教育状况,社会的稳定与发展具有辩证的关系,只有社会稳定才能使人民生活幸福,才利于统治,只有社会发展才能让人民感觉统治者的统治是正确的。在多方因素合力的作用下教育必然发生变革。

一、公学改革

17、18 世纪的教学方式不能满足社会发展的需求。"17、18 世纪英国学校教育从整体上看仍然沿袭旧制,如国家采取放任政策、教会渗透学校、学制双轨、通行初等慈善教育等。"①时代的发展呼唤教育改革,19 世纪英国改革最明显的就是公学改革。

公学是培养具有良好的"公学人"品格的学校,在社会中的声誉较高。学生一般在十三岁左右进入公学,在公学中,高年级的学生可以差使低年级的学生,学生之间采取竞争的方式获得级别不同的特权待遇。学校的纪律依靠棍棒来维持,且校风学风不是很好。在课程方面重视古典学科,对实用科目并不注重。这与英国重视绅士教育的传统相关,绅士教育重视的是荣誉和绅士风度,并不太重视现实中的实际应用技术,重视人的性格而忽视人的技能教育。

---

① 吴式颖、任钟印编:《外国教育史教程》,人民教育出版社,1999 年,第 221 页。

公学培养的是上层文化，这种状况不适应工业和科技发展，遭到很多有识之士的批评。1809 年《爱丁堡评论》发表文章认为公学的目的是培养对社会、对未来有用的人，攻击公学的弊病在于重视希腊文和拉丁文等古典学科，而忽视了实用学科，从而培养的不是对社会发展有用的人才。

阿诺德对公学进行了改革，他于 1824—1828 年主持拉格比公学。阿诺德的改革强调古典学科对道德价值的培养作用，其改革是基于"要根绝社会罪恶和改正社会道德风气的决心"[1]。实际上，教育就是要培养基督教绅士，他认为培养的人如果没有健全的宗教和道德理想，再加上绅士的风度，那么即使得到了智力上的成就也毫无价值。[2] 助教可以监督牧师的教学和学校的食宿。阿诺德注重教师能力的发挥，培养教师的团结精神，并且建立了级长制，使师生关系更加互助互信。在课程设置上，他把希腊语、拉丁语、哲学、历史、政治学等结合在一起进行教学，并且注重学生的体育运动和游戏，这样的教学使课程焕发了新的活力。阿诺德虽然看重科学知识的价值，但是由于他重视的是绅士道德的培养，认为科学并不能促进人的性格培养，所以没有把科学知识放进学校的课程里。阿诺德对古典学科的改革影响到对其他公学的改革。

克莱伦敦委员会对公学也进行了改革。该委员会 1864 年发表了调查报告，认为虽然进行了公学改革，但是效果并不令人满意。该委员会认为以下问题需要解决因董事机构的绝对权威和控制、课程的范围过于狭窄、机构不完全和教学不完善而导致产生大量具有懒散习惯、精神空虚和性情粗野的人等问题。委员会建议教学和管理改革，要求明确董事会的

---

① ［英］奥尔德里奇著：《简明英国教育史》，诸惠芳、李洪绪、尹斌茧译，人民教育出版社，1987 年，第 111 页。

② 参见徐辉、郑继伟著：《英国教育史》，吉林人民出版社，1993 年，第 155 页。

权利与责任,扩大学科教学,增加数学、算数等科目。委员会肯定了公学的功绩,认为公学"在塑造英国绅士的性格方面发挥了最大的作用"①。该学会促进了公学的发展,政府于 1868 年出台了《公学法》。总之,19 世纪英国的公学得到了很大的发展。

二、导生制

导生制是为了解决师资力量匮乏而创造的一种教育方法。"19 世纪上半期,初等教育主要由宗教团体和慈善机关办理,教育质量低劣,学校和入学人数严重不足。"②在这种状况下,导生制教学方法成为改变此现状的一种好方法。

19 世纪初,工业革命促使经济的快速发展,人口快速增长,城市化进程加快,这时主要的办学方式是慈善办学,还有一种叫主日学校的教育方式。这些传统的教育不能适应社会发展的需要,师资极其匮乏,在这种情况下出现了一种叫导生制的教学方式。19 世纪最初三十年,这种教学方式主要应用于初等教育以及部分中等教育。导生制是由约瑟夫·兰喀斯特和安德鲁·贝尔首倡,主要面向贫困家庭的子弟,认为一名教师在导生和助教的帮助下就可以管理近一千名学生,导生和助教选拔自优秀的学生,帮助老师进行管理和教学,这既可以解决师资紧缺的状况,同时又能使学生学会竞争与合作,从而锻炼他们的学习能力。在家庭中也有很多互助教学的方式,詹姆斯·密尔在家庭中就是运用这种方式,他让作为家中长子的约翰·密尔在掌握了知识之后,再去教他的弟弟妹妹,可见,互

---

① 王承绪主编:《英国教育》,吉林教育出版社,2000 年,第 159 页。
② 吴式颖、任钟印编:《外国教育史教程》,人民教育出版社,1999 年,第 379 页。

助式教学在19世纪初期的家庭中已有所运用。导生制学校还采用了沙盘教学法、纸板教学法等教学方式，同时还制定了奖惩措施，鼓励相互竞争。导生制在当时受到很多人的批评，他们认为导生的水平不能胜任教师资格。但是，导生制"仍然是十九世纪初初等教育史上最重要的成果"[1]。导生制对贫困家庭子女的普及教育起到了重要的作用，在三四十年代之后，国家干预教育，开始了正规的师范教学，导生制逐渐失去了往日的风采。

埃奇沃斯开始相信卢梭的教育方式，并用卢梭的教育方式教育他与第一位妻子所生的男孩，但是没有取得良好的效果。于是，他对儿童采取观察记录法来寻找适合儿童教育的方法，并于1798年与他的女儿玛利亚合作写成了《实用教育论》，他们自称本书的写成完全依靠实验和经验。在教学方法上，他认为游戏和玩具是较好的教学方式，要根据儿童的心理发展来制作适合教学的玩具，要注重玩具的实用性，这种玩具要做到既能发展儿童的感官系统，又不会让儿童受到伤害，同时还能让儿童在游戏中获得童年的乐趣，其中最重要的是能引起儿童的兴趣，这能够使教学不枯燥，而是趣味横生、充满活力。游戏能够激发学生的学习兴趣，埃奇沃斯认为，兴趣是儿童学习的起点，他反对死记硬背式的教学方法，"主张应在理解事物及词义的基础上学习词汇"[2]。埃奇沃斯父女在学生的培养目标上注重对学生能力的培养，把培养学生的优秀品格和良好的行为习惯作为主要目标，对于学习的知识不能只是储存在学生的大脑里，要注重对学生对所学知识实际运用能力的培养。埃奇沃斯的教育思想中也有不足

---

① ［英］奥尔德里奇著：《简明英国教育史》，诸惠芳、李洪绪、尹斌茜译，人民教育出版社，1987年，第77页。

② 徐辉、郑继伟著：《英国教育史》，吉林人民出版社，1993年，第200页。

之处,他忽视了记忆在学习中的重要性,同时由于过分重视实际运用的经验和实践,而忽视了人的想象力,并且蔑视童话和神话。埃奇沃斯父女认为老师要具有足够的知识和正确的教学方法,要设身处地为学生着想,要按照学生的思维和行动去了解学生,去传授学生知识,要培养学生的独立性,学生能做的老师就不要代做,在教学过程中要注重使用教学模具,不要过早地传授学生不愿意也没有能力学习的知识。埃奇沃斯父女的教育思想体现了英国人注重经验、务实的风格,其教育思想推动了儿童教育的发展。

三、空想社会主义教育思潮

罗伯特·欧文主张空想社会主义教育思想。欧文主张环境决定论的性格形成学说,他认为教育就是培养人的性格,反对人的意志自由论的性格形成学说,认为在人的性格形成过程中社会环境和自然环境起决定作用,遗传因素对人的性格形成也具有很大的影响,"人的性格不是由他自己形成的,而是外力为他形成的"①。人犯错的原因不在于人自身的主观因素,而在于制度等外界因素。"就目前表现出罪恶的种种性格而论,过错显然不在于个人,问题在于培育个人的制度有缺点。消除那种容易使人性产生罪恶的环境,罪恶就不会产生。"②

基于性格决定论思想,欧文认为只要改变人的生活和学习环境就能改变人的性格,所以欧文在现实生活中努力进行教育实验和社会改革的实践活动,于1816年成立了"性格形成学院",专门进行教育实验。在这

---

① 《欧文选集》(第3卷),商务印书馆,2011年,导言第7页。
② 《欧文选集》(第1卷),商务印书馆,2011年,第37页。

个学院里,2 岁儿童就可以进幼儿园,学生的学习都有专门的教室,可以学习舞蹈和音乐。为了促进学生心灵的发展和陶冶情操,老师还会带领孩子们到大自然中去体验生活,培养孩子们学习的兴趣。教学目标主要是培养人的性格,教学内容包括音乐、阅读、书写、歌唱、舞蹈等,教学过程灵活多样,并且要求教师对待学生要仁慈、和蔼、坦诚。欧文的环境决定论思想强调了环境对人的作用,并没有看到人对环境的反作用。

欧文主张劳动应当与教育相结合,共同促进人的全面发展。在资本主义社会由于机械大工业的发展,人的工作被机器替代,流水线作业使工人从事机械性工作,人变成了机器,这是对人性的摧残,为了改变人的性格,他建立"新和谐公社",希望通过建立这块试验田来改造人的性格,使人在德、智、体方面得到全面的发展,认为在未来社会的人类生活中教育和生产是最重要的两件事,并且最好的方式是把生产劳动和教育相结合。

四、古典人文教育思潮

随着工业、科技的发展,人们感觉到现代科目的作用越来越重要。社会的发展要求教育内容等方面的改革,应培养适应社会发展的人,而牛津和剑桥等学校仍然坚持以古典人文教育为主,这遭到很多人的批评,认为古典教育不具有实用性,纽曼和阿诺德对此进行了反驳,以此来维护古典人文教育。阿诺德在担任拉格比公学的校长期间对教学进行了改革,认为培养目标是培养基督教绅士,他说:"我想要培养的是基督教绅士这样的人"[1]。阿诺德是个基督教徒,这在很大程度上影响了他的价值观,所

---

[1] J. J. Findley(ed.), *Arnold of Rugby: His School Life and Contributions To Education* [M], Cambridge: At the University Press, 1925. p. 52.

以他很重视基督教教育,宗教问题是英国教育中无法回避的一个重要方面。在课程方面,每周约有 28 个课时中的 17 个课时是古典课程,阿诺德把古典课程作为对人的智力的一种训练,能够养成人的美好心灵,虽然古代的科技没有现代的发达,但是古代的政治和道德思想是不过时的,能给我们以启迪。在教学过程方面,老师要模仿希腊时期的教学风格,他要求对希腊文和拉丁文的学习重点在于掌握,而不是死记硬背,要学会欣赏古典语言之美。

纽曼从小就受到良好的教育,1845 年皈依罗马天主教,1878 年当选牛津大学三一学院名誉院士。他在牛津大学二十多年。他的教育思想主要集中在《大学的理想》中,主要讨论了大学教育、大学职能、自由教育、知识等问题。大学的职能是传授知识,"一方面,大学的目的是理智的而非道德的;另一方面,它是以传播和推广知识而非增扩知识为目的"①,在大学的功能是教学还是科研的问题上,他认为两者的职能是相互冲突,不可并存。纽曼在《大学的理想》中认为大学的功能主要是教学,为学生传授知识。纽曼认为能上大学的学生有条件限制,所以并非所有的学生都可以进入大学,只有能够具有积极主动学习能力的学生才能够进入大学学习,在学习中要处理好博与专的关系。纽曼的理想中大约有牛津大学的影子,强调"密切师生关系为特征的导师制和寄宿制"②。在知识论方面,纽曼在《大学的理想》探求了知识的范围、种类、价值等问题。他认为知识的范围比较广泛,而且种类繁多,有关于神(上帝)的知识、关于人类的知识、关于实用的知识以及关于人的理智的知识等,并建议看待知识要用整体的眼光看,知识是一个体系,各种不同的知识之间相互具有联系。

①　转引自徐辉、郑继伟著:《英国教育史》,吉林人民出版社,1993 年,第 227 页。
②　徐辉、郑继伟著:《英国教育史》,吉林人民出版社,1993 年,第 234 页。

纽曼肯定了知识的价值,认为没有知识就不会存在文化。知识,尤其是神学知识,能够促进人的美德的发展,启迪人的心灵。他肯定知识的整体性,也对自然科学和神学作了区分,认为两者之间并不冲突,可以相互借鉴和吸收。自由教育是纽曼教育思想的一个重要方面,他认为:"自由教育仅仅是理智的训练"①,以培养人的良好的心灵为主要目的,自由是与"奴役"相对立的,要正确处理自由教育与专业教育两者之间的关系。在纽曼看来,培养具有高尚心灵的绅士主要依靠自由教育,专业教育无法做到。在大学应该传授的知识范围上,要传授一切知识,包括自然科学、神学等,这与他把知识看成一个整体的思想是一致的。纽曼认为知识本身就是目的,人们为了知识而努力,并非为了其他目的,这一点就是自由教育的精髓所在。这种观点在功利主义者看来会忽视教育的社会实用性,导致教育与社会脱节。而纽曼则认为自由教育本身就具有实用性,它可以培养人的良好理智和心灵,其本身就是一种财富,能够促进社会的发展。

五、科学教育思潮

赫胥黎和斯宾塞坚持科学教育思想。科技时代发展需要科学教育,19 世纪下半叶英国的经济发展落后于美、德等国家,很多学者认为部分原因在于教育不重视科学,尤其是不重视自然科学,直到 1869 年牛津和剑桥大学才确定了科学教育在课程中的地位。而英国的传统就是古典人文教育,这时便出现了古典人文教育和科学教育之争,科学教育的主要代

---

① John Henry Newman, *The Idea of a University*[M]. Yale University Press, New Haven & London, 1965. p. 90.

表是赫胥黎和斯宾塞,他们批评古典人文教育,赞成科学教育和强调科学知识的价值。

赫胥黎的主要思想体现在其著作《科学与教育》中。首先,他批评古典人文主义教育思想,认为它不实用,且不能适应社会发展的潮流。在学校,学生都是对希腊文和拉丁文死记硬背,而对其他知识知之甚少,学生缺乏进入社会所必备的知识,因此他呼吁教育制度进行改革,让学生学习并掌握原理,进行实际运用。其次,提倡自由教育观。他反对等同于古典人文主义教育的自由教育观,认为自由教育需要处理好人与自然的关系,主要包括体育、智育、德育方面的知识教育,他希望通过教育培养出全面发展的人,能够适应自然和社会的有用人才。再次,重视科技教育。赫胥黎认为工业的发展主要依靠的是科学教育,并且科学教育可以促进人的心智的发展,科学教育与古典人文教育不能顾此失彼,认为"单纯的科学教育确实与单纯的人文教育一样,将会造成理智的扭曲"①。他也看到了技术教育在工业发展中的作用,建议大力发展技术教育。他强调大学的科研职能,这一点不同于纽曼强调大学主要职能是教学的观点,赫胥黎要求老师精通任教的科目,反对"填鸭式"教学,要求老师对教学有热情,能够了解自己的职责,这才能教出合格的学生。

斯宾塞的教育思想主要集中在《教育论》中,他同赫胥黎一样,批判古典人文主义教育,认为"装饰主义"的教育传统不能增加生产活动的知识,绅士教育中看不中用,并未考虑到人的心智发展。他认为出现这种情况的主要原因在于,传统的教育注重的是荣誉和尊敬等方面的知识,而没有考虑到什么知识最有价值。赫胥黎认为科学的知识最有价值,他说:

---

① 〔英〕赫胥黎著:《科学与教育》,单中惠、平波译,人民教育出版社,1990年,第76页。

"什么知识最有价值？一直的答案就是科学"①。判断知识的重要性主要看对人的完满生活所做贡献的大小，对美好生活贡献大的知识就比较重要，反之则小，他把知识分为五类：①直接保全自己的活动，②从获得生活必需品而间接保全自己的活动，③目的在抚养教育子女的活动，④与维持正常社会政治关系有关的活动，⑤在生活的闲暇时间满足爱好和感情的各种活动。② 这些活动的基础在于科学，科学教育从价值的角度和心智训练的角度来看都优于古典人文教育。他重视经验在教育中的作用，认为实验和观察要优于对书本的死记硬背。斯宾塞对知识论的讨论主要涉及对人的价值方面的讨论，而关于科学知识对社会进步所起到的促进作用却涉及的很少。在教育史上，斯宾塞的贡献主要在于认识方面而不是实践方面。

功利主义教育思想是 19 世纪英国的主要教育思想之一，有人把它视为 19 世纪英国的两大教育思潮之一，"英国最主要的教育思潮是功利主义和科学主义"③。因为功利主义教育思想是本书所要介绍的主要内容，故在此不再赘述。

19 世纪英国开始国家干预教育政策。"19 世纪上半叶，英国的民办学校主要由教会控制"④，1833 年国家首次拨款 2 万英镑，这标志着英国政府开始干预教育。这是一个分水岭，从初等教育来说，是英国从民办大众教育向民办公助教育的一个转变。1870 年国家通过了《初等教育法》（*Elementary Education Act*），国家从立法的角度确定了初等教育制度，这标志着公立学校与民间办学并行的双轨制教学阶段的开始。中等教育主

---

① ［英］斯宾塞著：《教育论》，胡毅译，人民教育出版社，1962 年，第 43 页。
② 同上，第 7 ~ 8 页。
③ 张斌贤主编：《外国教育思想史》，高等教育出版社，2007 年，第 260 页。
④ 王承绪主编：《英国教育》，吉林教育出版社，2000 年，第 129 页。

要是公学改革。高等教育主要是城市学院兴起、新的大学的建立和大学的改革,1828 年伦敦大学的建立是件具有标志性的大事。职业技术教育和师范教育在这个时期也得到了快速发展。

19 世纪英国的大部分教育思想家拥有教育实践经验,其理论的可行性和可接受性程度较高。自然科学已经进入大学的课堂,自然科学的发展以及自然科学对社会的发展所起到的巨大作用,促使人们的思维方式逐渐发生转变,人们开始愈来愈重视科技。心理学和自然科学的试验方式运用到教学研究中去,促使教育重视学生心理的发展和学生的实验动手能力。从教学内容上看,经历了 19 世纪初期以教会的宗教教育和古典教育为主转变为 19 世纪中后期的古典教育与科学教育并存。从教学方法上看,由以灌输方式为主向自由教育、师生互动等多种方式发展。从教育思想家自身的经历来看,大都有办学的实践,其理论来自于实践。再加上经济、政治的因素,最终导致的是由绅士教育向实用性教育转变,由教会办学和私人捐助向私学和公学双轨制转变。国家开始干涉和参与教育。这段时期教育思潮多样化促进了教育思想的进步,教育改革成为不可阻挡的历史潮流。

第四节 经验主义传统

英国近代具有经验主义的哲学传统,并且具有非常高的历史地位。"英国之所以在人类哲学近代史上占有重要地位,从根本上讲,正在于英国近代经验论的发展,正在于英国哲坛上相继涌现了培根、霍布斯、洛克、休谟、约·斯·穆勒、斯宾塞这样一批经验主义哲学大师"①,恩格斯认为

---

① [英]索利著:《英国哲学史》,段德智译,山东人民出版社,1996 年,序言。

英国经验主义的原因是不相信消除矛盾而求助于经验,"英国人的民族特性在本质上和德国人、法国人的都不相同;不相信自己能消除对立因而完全听从经验,这是英国人的民族性所固有的特点"①。19世纪英国的经验主义具有经验式理性主义思维方式,主要有以下特点:第一,崇尚经验,注重实证;第二,富有怀疑精神,不轻易接受未经经验证实的理论或方法;第三,讲求实效;第四,注重审慎的实验,反对剧烈的变革。② "由于自然科学的进步和法国实证主义的兴起,19世纪中叶经验主义观点又在英国思想界占有主要地位。这种观点以休谟和哈特莱的学说为基础,在约·斯·穆勒的《逻辑》中达到巅峰。"③功利主义者受传统和时代的双重影响,继承并发展了英国的经验主义思想。

英国的经验主义是近代哲学中的一支奇葩,其思想影响了英国人看待世界的思维方式。"英国人讲求事实时,他的方法是以严肃的态度,集中注意力,冷静的观察,精密的分析,要见微知著——培根便是如此。这种态度,来自英国人的实用主义,因为他们不相信抽象的真理,便是说,真理是由现实启露出来的。"④罗素也是典型的英国学者,因为罗素先生具有英国学者的鲜明实用、自由和调和的特质。⑤ 英国人坚守传统、尊重权威、维护声誉、强调自律,注重调和、讲求实用、实际和经验,反对迷信和盲从,英国功利主义教育和科学教育是经验主义传统的一种体现。

英国人的特质与英国的经验主义的文化传统休戚相关。英国文艺复

---

① 《马克思恩格斯全集》(第1卷),人民出版社,1995年,第661页。
② 参见顾明远主编:《民族文化传统与教育现代化》,北京师范大学出版社,1998年,第197页。
③ [英]梯利著:《西方哲学史》,葛力译,商务印书馆,1995年,第564页。
④ 阎宗临著:《欧洲文化史论》,广西师范大学出版社,2007年,第55~56页。
⑤ 参见杨端六:《和罗素先生的谈话》,载沈益洪:《罗素谈中国》,浙江文艺出版社,2001年,第371~372页。

兴后接踵而来的是启蒙运动,人们开始相信理性的力量,开始注重科学、反对神学和迷信,并充满了探求大自然奥秘的兴趣和对知识的追求,促使人们注重它的现实作用、实用价值。因而经验主义是这种需求的结果。17、18世纪在西方哲学史上被称为"理性的时代"或"启蒙的时代",英国光荣革命是近代启蒙运动的开始,这种精神主张反对宗教权威,高扬理性和科学,这是用科学反对神学、用理性来反对神性的一次运动,这次运动提高了人的主体地位。

英国在古代哲学方面不如中国、希腊、印度,但是在近代哲学史上英国的经验主义哲学却是大放异彩。被称为"近代意义上的第一位经验主义者F. 培根"①,被马克思誉为"英国唯物主义和整个现代实验科学的真正始祖"(《神圣家族》),他有"经验主义哲学之父"之称。他提出了"知识就是力量"的口号,认为人类有能力通过科学认识大自然。"培根的目标是要建立或恢复人类对自然的统治"②,一切知识都来源于感觉经验,蔑视旧的归纳方法,发明了新的归纳法,注重观察和实验,是"近代归纳法的创始人"③。霍布斯也坚持经验主义的知识论,认为知识来源于感觉,"蔑视书本知识"④,有的学者认为"霍布斯是近代经验论的开创者"⑤,在认识论上是英国经验主义的奠基人,由此可见霍布斯对经验主义的贡献之大,他是彻底的唯名论者,认为名称只涉及个体,强调推理和论证在知识体系建立中的作用。

---

① 叶秀山、王树人总主编,周晓亮主编:《西方哲学史》(第四卷),江苏人民出版社,2004年,绪论第3页。

② [英]索利著:《英国哲学史》,段德智译,山东人民出版社,1996年,第25页。

③ [英]罗素著:《西方哲学史》(下),马元德译,商务印书馆,1981年,第61页。

④ [英]安东尼·肯尼:《牛津西方哲学史》(第3卷),杨平译,吉林出版集团有限责任公司,2010年,第45页。

⑤ 同上,第53页。

可以肯定地说,培根和霍布斯两人开启了经验主义的先河,形成了与欧洲大陆理性主义不同的经验主义路径,后来又涌现出洛克、贝克莱、休谟、约翰·密尔和斯宾塞等一大批经验主义哲学大家。他们是英国近代哲学界的主要代表,甚至影响着英国哲学界的进程,19 世纪的英国深受这种哲学背景的影响,如约翰·密尔就注重经验逻辑的探究工作。

19 世纪的英国教育重视科学,提高科学在教育中的地位,相信人是理性的动物、是个未完成物,具有可教性,可通过教育使人成为人。功利主义教育注重经验和实际的特点受到市场经济自利作用的影响,也是经验主义注重感觉、注重实际的产物,在教育理念上崇尚经验,在教育方法上采用实验与实证相结合的方式,重视教育效果的同时也不轻视教育过程。经验主义认为人的知识来源于感觉,这促使功利主义者相信人的肉体感受性在教育中起着重要的作用,他们从经验主义文化中汲取营养。

在 19 世纪的教育创新中,注重实验思想的教育家有很多。例如,约瑟夫兰喀斯特父女和安德鲁·贝尔、欧文等都注重教育的实验性。19 世纪的改革注重调查,如纽卡斯尔委员会、汤顿学校调查委员会等,这些委员会都是在调查研究的基础上进行教育改革,是以实际经验为基础,调查研究后,通过分析来调整教育政策,使教育适应社会的发展。

功利主义者从经验主义思想的传统中汲取营养,并且传承的也是经验主义的传统,同时也受到实证主义的一些影响,英国人固有的追求自由、追求权利的特质在他们的教育思想中表现得尤为明显。

第五节　联想主义心理学传统

联想主义心理学起源于英国 17 世纪的经验主义心理学。"联想主义心理学(associationism psychology)是用联想解释心理现象的一种心理学学说。"①"联想主义心理学是用观念和精神要素的联想来说明人的心理现象的一种心理学思潮。"②联想主义心理学实际上就是把联想的思维方式运用到心理学之中。英国经验主义哲学家培根、霍布斯、洛克、休谟等都对联想问题有所涉及。远的可以追溯到古希腊的亚里士多德,近代以来哲学从古代的本体论向认识论方向发展,即由讨论世界的本源是什么到讨论知识是如何产生的,经验主义心理学为近代认识论提供了心理学依据。从 17 世纪到 19 世纪中期发展并形成了一种学说,经验主义心理学是近代英国心理学的主要理论形态,这个时代由于科学的发展,对联想心理的研究已经带有时代的自然科学特征,当然其经验主义倾向仍然比较浓,主要代表人物有培根、霍布斯、洛克、贝克莱、休谟、哈特莱等,他们的心理学成为功利主义联想心理学的主要理论来源。

他们主要以机械决定论为基础,用力学的理论来探讨人类社会、自然和思维领域的因果关系图式。这种方式是用力学的规律来解释人的心理现象的产生和发展机制,把心理现象归结为机械运动,这给神学目的论以沉重的打击。

经验主义心理学主张一切知识都来源于感觉经验,进行研究方法创新。如培根的归纳法就是其中之一,培根反驳蒙田的怀疑论以及经院哲学,通过对经验和归纳的考察、探究去挑战权威中可疑的知识。他提出"四假相理论"和新的归纳法就是为了寻找确定的知识,为知识寻找确切的根据,期望用可靠的感觉经验来反对宗教神学。他重视科学的历史,希望通过理解一个门类的完整的自然历史来为知识寻求基础。这是一种心理学史的研究方法,培根的研究促进了实验心理学的发展。

① 车文博主编:《西方心理学思想史》,湖南教育出版社,2007 年,第 105 页。
② 杨鑫辉主编:《心理学通史》(第 3 卷),山东教育出版社,2000 年,第 313 页。

　　霍布斯是联想心理学的先驱。他以机械唯物主义的经验论为哲学基础,通过联想来解释人的心理活动,认为人的一切知识都来源于感觉经验,感觉和经验是人的心理活动基础,人并不具有什么天赋观念,人在活动中受到外物的刺激会在感官神经上形成震动,进而形成的知识会因时间的不同和强弱的不同而相互联想,这构成了人的心理活动。受经验主义机械论的影响,他认为人就像一架机器,忽视了感性认识和理性认识的区别和联系,把人的思维看作是感觉材料的简单相加,并没看到两者之间质的飞跃。他把人性作为社会学的核心和出发点,认为人的本性是自利,人与人之间是人吃人的关系,社会的冲突来自人类的自私自利,人类为了生存、为了和平建立了契约。他的人性论实际上是对资本主义初期原始积累的残酷现象的一种描述,把这段时期的人性看作是人类的普遍本性,这是反历史主义的观点。人性是具体的,但是不能把事物的特殊性看作是事物的普遍性。霍布斯的心理学思想具有反对灵魂说的特点,他用机械论和联想原则来解释人的心理活动,重视人性问题,其思想为欧洲心理学的发展做出了贡献。

　　洛克主要讨论了经验主义知识论的本质问题。他认为一切知识都来源于经验,其主要心理学著作集中在《人类理解论》和《教育漫画》中。白板说是洛克在哲学和心理学中的一个主要观点,通过推测,他认为婴儿刚出生时心灵如一张白纸没有任何观念。他不赞成天赋观念,认为观念是通过感官而进入人的思想之中,感觉和反省是人的观念的主要来源,并区分了第一性和第二性的质,认为第一性的质是物体固有的,与物体不可分割,而第二性的质是依附于第一性的质,非物质本身所有,但具有能够引起我们心中感觉的能力。洛克区分了简单观念和复杂观念,简单观念是单纯、清晰不可分的,复杂观念是简单观念的复合。"我们底一些观念相互之间有一种自然的联合……除了这种联合以外,还有另一种联合,完全是由机会和习惯而来的。"①洛克非常重视习惯的作用,认为习惯可以使观念联合起来,形成更多的知识。

作为经验主义大师的培根和洛克都重视观察、实验和搜集材料的作用,认为这些方式是探求知识的主要方法。洛克以唯物主义经验论为出发点,对联想的概念、种类以及性质进行了界定,同时还涉及主客体心理活动中的互动问题。这一研究脉络与笛卡尔的唯理论不同,经验主义是从经验的方式进行心理研究,开辟了欧洲心理学发展的新阶段。

洛克的经验主义思想影响到了教育思想。他认为教育不能改变人的天性,但是可以改变人的性格;习惯培养是教育的重要方面;环境能改变人的一些性格,所以要重视受教育者的生存环境;人的学习是一个循序渐进的过程。他的很多教育观点对后人的影响很大,因此洛克是一位伟大的教育家。

贝克莱哲学的核心概念是"存在即是被感知"。他对联想和心理作了主观唯心主义的改造,认为心理属于精神世界的范畴,否认心理的客观来源,混淆了物与观念的异同,"一些观念的集合又可以构成一块石、一棵树、一本书和其他相似的可感觉的东西"②。贝克莱通过论证得出"物是观念的集合",而不是独立于人的意志的客观存在,他通过攻击洛克第二性的质来同时否定洛克的两种性质都是主观的,"它们只是在心中存在的,并不能在别的地方存在"③,这就把事物的属性看成纯主观的,"大、小、快、慢我们都公认为是在人心以外存在的,因为它们完全是相对的,是跟着感觉器官的组织或位置变化的"④,所以,贝克莱通过物体大小和运

---

① [英]洛克著:《人类理解论》,关文运译,商务印书馆,1983 年,第 376 页。
② [英]贝克莱著:《人类知识原理》,关文运译,商务印书馆,1973 年,第 20 页。
③ 同上,第 24 页。
④ 同上,第 24～25 页。

动快慢说明空间和时间都是相对的,没有什么客观标准。对于"存在就是被感知",有人会怀疑说,假如有一些物体存在于你看不到或者说人类未发现的地方,那么就不存在了吗?贝克莱似乎应该是这样回答的,即使我看不见,还有其他人看得见,即使大家都看不见,还有上帝会看得见。他通过批评洛克的事物的两种质来建立他的实体学说,他认为真实的世界是经验的和观念的世界,物质世界是由此衍生出来的。这些论述提出的目的是为人类提供一种精神的信仰,但是会导致一种唯我论的哲学,对此,贝克莱用上帝的感知来反驳对其唯我论的怀疑。在《新觉新论》中,贝克莱论述了他的空间知觉理论,认为人的触觉和视觉之间存在着密切的联系,这种理论对人类的学习和教育以及后来的联想心理学的发展都起到了启示的作用。贝克莱成为感觉心理学的先驱。

18世纪中后期科学发展与宗教信仰的矛盾突出。休谟把调和科学与宗教信仰之间的关系作为哲学的一个主题,他对外部世界的存在持中立态度,其哲学特点是不可知论和怀疑论。《人性论》被心理学界界定为有关人性的科学,其哲学被称作"人的科学"(the science of man),这门科学要以观察和经验为基础,实际上就是把这门学问建立在经验的基础上,研究的对象是知觉,知觉是人认识的最初来源,包括观念和印象,两者之间因刺激心灵的程度不同而会有所区别,程度强烈生动的是知觉,较不生动的知觉是观念,它们是一一对应或相似的,"观念与印象似乎永远是互相对应的"[1],简单印象引起简单观念,简单观念组成复杂观念,复杂的观念和印象是由简单观念或印象复合而成。最终,休谟把人的所有观念归结为简单印象,他的人性科学就是建立在此基础之上,哲学考察的是经验的东西,超出经验的范围就不是哲学研究的对象了。这是在为神学留下

---

① [英]休谟著:《人性论》,关之运译,商务印书馆,1980年,第14页。

地盘,此观点和康德的观点有相似之处。

休谟的联想学说通过印象与观念的关系进行讨论。人类本性的普遍的原则就是联想律,主要包括三个原则:相似率(resemblance)、时空接近率(contiguity in time or place)、因果率(cause and effect)。休谟把因果关系建立在习惯性联想之上,因果关系实际上是一种经验推理,两者之间存在空间接近、时间续接(即前后相继)和某种必然的联系,人们看见一事件的发生就会联系到另一事件的发生。他这里所说的习惯是人们在经验中多次的重复出现而形成的,这种习惯完全建立在经验基础之上,不是纯粹抽象的推理知识。

休谟的因果关系不同于康德。休谟的因果关系是经验的,而康德的因果关系是先验的。休谟的心理学也不同于贝克莱,在贝克莱那里总有一个上帝来感觉人类无法经验到的东西,并作为经验的动因,这是贝克莱对经验主义的补充,但是"联想主义在休谟手中已经变成一种分解与描述经验的手段"[1],不需要上帝来对经验进行统一。休谟的心理学是一种主观经验论的心理学,其思想促进了近代联想主义的发展,直接影响了实证主义等一些西方心理学理论的发展。

大卫·哈特莱创建了以生物学为基础的现代联想主义心理学,故而他被称为"现代联想主义(associationism)的创立者"[2]。布朗发展了联想主义心理学,论述了联想的副律,詹姆斯·密尔和约翰·密尔分别用物理学和化学的方式对联想主义心理学进行了系统的改造和描述,培根使英国的联想主义心理学达到高峰。这段时期的联想主义心理学与自然科学

---

① [英]G. 墨菲、J. 科瓦奇著:《近代心理学历史导引》(上册),林方、王景和译,商务印书馆,2009 年,第 57 页。

② [英]瓦伊尼(Winey, W.)著:《心理学史:观念与背景》,郭本禹等译,世界图书出版公司北京公司,2008 年,第 143 页。

联系紧密,并把感觉和经验作为知识的来源,由于受 18 世纪法国机械唯物论的影响,这段时期的联想主义心理学同时也具有较多机械论的倾向。

哈特莱于 1749 年出版了著作《论人的观念》,期望为联想寻找生理的基础。作为牧师的哈特莱建立了生理心理学,这也标志着联想主义心理学理论的形成。他对快乐和痛苦的种类进行了区分,认为精神的快乐要高于纯粹感觉的快乐,受到牛顿神经纤维震动传递学说和洛克的观念联合说影响,发展了牛顿知识获得的手段,即大脑通过神经的震动传输获得知识。哈特莱认为感官的震动会带给人一段时间的震动,不会因为外部震动的消失而完全消失,而会留下一些小的震动,这就是记忆,以后的回忆可以通过其他的震动来激活。哈特莱在心理学上持一种不彻底的身心平行论的态度,这不同于他哲学上认为一切知识来源于感觉经验的思想。他认为身体的震动原则与人的心灵中的观念具有相似性,虽然相似,但是又不能明确定位两者之间的关系,所以是不彻底的身心平行论。他用联想原则来解释人的心理活动和行为,它是一种具有能动的、积极的力量的联想,适用范围比较广,可以用来阐述思想和观念的形成,还可以解释人的意志和情绪的变化。总的说来,哈特莱在前人的基础之上,对联想的性质、种类、作用等方面进行了总结,形成了一套系统的联想心理学理论体系。这个体系不但为现代联想心理学奠定了基础,也为后人留下了宝贵的心理学知识。哈特莱和洛克都赞成婴儿的生活中没有联想,婴儿开始时具有初级的感性能力,随着年龄的增大,获得知识的增多,人会通过感性的经验建立自己的联想序列机制。

哈特莱的联想主义心理学对功利主义者,如边沁、詹姆斯·密尔和约翰·密尔都产生了很大的影响。关于功利主义对联想主义心理学的继承与发展将在本书第二章中论述。

总的来说,19 世纪英国的社会变革主要包括如下几个方面。在经济方面,主要是工业革命的完成使英国成为现代化、工业化、城市化的国家;在政治方面,主要有议会改革、宪章运动、反谷物法、十小时工作日运动等,其中还有多次工人罢工,总的倾向是走向自由、民主的路程;在社会思潮方面,有功利主义、科学主义、欧文主义、保守主义、自由主义、实证主义等,为人的思想提供了不同的话语体系;在科技方面,涌现出像达尔文、道尔顿、法拉第、焦耳等优秀的科学家,为社会的发展提供了科技支持;在哲学方面,主要是出现了经验主义;在贸易方面,出现了自由贸易到征收关税;在教育方面,主要有教育改革和功利主义、科学主义和古典人文主义思潮,为教育的发展提供了理论依据。联想主义心理学传统为功利主义教育提供了心理学认识论。19世纪英国的社会变革范围之广、程度之深是前所未有的,功利主义教育就产生在这样的社会背景中。

第二章

功利主义教育思想的理论前提

在讨论了功利主义教育产生的社会背景之后,我们接下来讨论功利主义教育的理论前提。功利主义教育产生的社会背景主要指功利主义教育产生的大的社会环境,而功利主义教育的理论前提则主要指功利主义教育自身的理论前提,目的是探寻功利主义教育的基础性理论,本章主要从五个方面进行论述:人性论是功利主义教育的逻辑起点;经验主义是功利主义教育的哲学基础;幸福是功利主义教育的价值诉求目标;功利原则是评价功利主义教育的尺度;联想主义心理学是功利主义教育认识的心理学依据。

第一节　人性论

关于人性问题的研究古已有之。传统哲学认为有一种人性的本质,"它是由一个或更多的性质组成,它们决定了什么是人以及是什么将人与其他动物区别开来"①。对人的本质的不同理解导致我们去追求不同的生活。有的哲学家从理性的角度探讨人性,有的从善恶的角度讨论问题,这是本质主义方式的讨论。反本质主义者则认为人类的特性是由社会环境塑造而成的,不承认人类具有固定的特性。可以说对于人性没有一个统一的定义,但是对人性的不同理解却是把握人生和社会的一把重要的钥匙,也是把握教育的一把重要的钥匙。

一、人性是教育的逻辑起点

教育要从现实的人性出发。"现实人性说明了教育从何处出发,是教育最直接的逻辑起点……原初或现实人性的缺陷说明了教育的必要性,人性可改造的变易性说明了教育的可能性。"②

对于人性与教育的问题,古今中外在教育的理论中大都对人性的善恶有一个基本的假设。比如中国的孟子主张性善,荀子主张性恶。在西方,霍布斯认为在自然状态下人与人之间的关系是像狼一样人吃人的关系,主张人性本恶;洛克则认为自然状态是和平的,人性本善,不赞成霍布斯的观点;卢梭赞成自然主义的教育观,认为人性本善;孟德斯鸠则持人性本恶的观点。不同的人性观会导致对教育观念的不同理解,性本善论者认为教育是人性的回归,性本恶论者认为教育是改造人性;人性无善无恶论者认为教育是向理想人性引导,人有善有恶论者认为教育的目的是抑恶扬善。从教育方法上来说,性善论强调诱导,性恶论主张强学。③ 马

---

① 〔英〕尼古拉斯·布宁、余纪元编著:《西方哲学英汉对照词典》,人民出版社,2001年,第448页。

② 陈超群著:《中国教育哲学史》(第1卷),山东教育出版社,2000年,第6～7页。

③ 参见陈超群著:《中国教育哲学史》(第1卷),山东教育出版社,2000年,第6～7页。

克思则是通过人的生产活动实践来分析人的人性,他认为:"人的本质不是单个人所固有的抽象物,在其现实性上,它是一切社会关系的总和"①。黑格尔和马克思对人性的看法是不同的,他通过辩证的分析之后认为人性是恶的,教育要通过家庭、市民社会和国家三个伦理实体来实现。不同的人性观会导致对教育的不同理解。

在边沁看来,一切与人类相关的现象,包括政治、经济、宗教、道德等,都是植根于人的本性,即人性。作为社会现象的教育也是如此。边沁对苦乐非常敏感,这与他自身的生活经历密切相关。他童年时期多病,并且成长缓慢,身高比较矮小,在这段时期他的心情是比较抑郁的,到了成年以后身体渐渐变得强壮高大。但是他童年时期病痛的折磨形成了他对苦乐等感觉的敏感性且影响了他的性格。在约翰·密尔的思想中,人性论是了解社会现象的一把钥匙,也是了解其教育的关键点。约翰·密尔认为:"所有的社会现象都是人性现象,它们完全是由于外部环境作用于人类大众而产生;所以,如果与人类思想、感情和行为相关的现象都受到固有的规律支配的话,那么社会现象当然也会服从于固有规律,它们都是追随先行物而来。"②约翰·密尔通过人性观来建立人性道德学说,作为人类社会现象的教育也不例外,要受到外部环境的影响,乃至是决定性的作用。

二、功利主义人性的特点

功利主义的人性特点具有多样性,主要有以下几点:趋乐避苦、自私自利、可变性、自我完善性,对于功利主义的人性无法用几句话概括,但是

---

① 《马克思恩格斯选集》(第1卷),人民出版社,1995,第60页。

② John Stuart Mill, A System of Logic Ratiocinative and Inductive, J. M. Robson(eds.), Collected Works of John Stuart Mill(Vol. 8), University of Toronto Press, 1974, p. 877.

我们可以通过论述来解读其主要思想。

（一）人性"趋乐避苦"

边沁的人性论是建立在自然基础之上的，认为人性具有趋乐避苦的特性。人性在不同的条件下会受到不同的约束，主要有自然约束力、政治约束力、道德的或俗众的约束力以及宗教约束力四种。前三种约束力是属于现世的，在现实世界中人能够感受到痛苦和快乐；宗教约束力是属于非现实性的，属于未来世界的痛苦和快乐是无法知道的。自然约束力是其他三种约束力的基础，同时自然约束力可以独立起作用，其他三种则不可以，可以说边沁所谈的人性具有非常明显的自然人性论倾向。①

边沁把人性论从自然界到人类社会进行的类推，有把人性降低到动物的本能之嫌。古代的伊壁鸠鲁快乐主义是一种趋乐避苦的思想，他把个人的苦与乐当作幸福的评判标准，近代的爱尔维修则注重人的肉体感受性。边沁从自然的角度来看待人的苦与乐，认为人类是由快乐和痛苦来主宰，"自然把人类置于两位主公——快乐和痛苦——的主宰之下。只有它们才指示我们应当干什么，决定我们将要干什么。是非标准、因果联系，俱由其定夺。"②自然界有自然界的本性规律和运行规律，人世间必然会有人性的规律，社会也有其运行规律，趋乐避苦是自然人性的本质。边沁把追求感官的快乐作为人的本性，苦与乐既是道德的本源，同时又是衡量道德的标准，通过功利原则可以衡量。这样，边沁就把他的功利原理建立在苦乐标准之上，并且把功利原理作为道德与立法理论的基石，在《道德与立法原理导论》中指出："功利原理是本书的基石"③。

---

① ［英］边沁著：《道德与立法原理导论》，时殷弘译，商务印书馆，2012 年，第 83 ~ 85 页。
② 同上，2012 年，第 58 页。
③ 同上，第 58 页。

约翰·密尔也认为人性中有趋乐避苦的倾向，人性中有对高级快乐的追求，这就是精神的快乐。他在《功利主义》中指出："宁可做一个不满足的人，也不做一头满足的猪；宁愿成为不满足的苏格拉底，也不愿成为一个满足的白痴"①。约翰·密尔认为人具有追求更高需求的倾向，人的快乐有低级和高级之分，同时人具有自我发展的能力。约翰·密尔是一个精英主义者，重视智力在社会发展中的作用，这种思想导致他把体力劳动和脑力劳动对立起来，认为人的精神享受要高于物质享受，脑力劳动要高于体力劳动。这种思想割裂了体力劳动和脑力劳动的辩证关系，不利于人的全面发展。这从某种程度上说明快乐是有层次的。"承认某种快乐比其他快乐更有价值、更值得追求这一事实，也是与功利原理相一致的。"②约翰·密尔在谈论伊壁鸠鲁派的功利原理时，承认伊壁鸠鲁派的功利原理并不是完美无缺的，并区分了满足和幸福两个概念，认为人有更高一级的官能，会追求更高一级的幸福，满足与幸福不是等同的概念。在趋乐避苦的问题上，约翰·密尔继承和发展了边沁的理论。在边沁那里注重苦和乐在量上的区别，到了约翰·密尔这里不但注重苦和乐的量，而且区分了不同质的苦与乐，甚至是更加注重质的不同。

（二）人性自私自利

在关于人性的善恶，或者说是人性的高尚与自私的问题上，边沁坚持"人性卑劣的部分远远多于高尚的部分"③。每个人自己的幸福是其追求的目的，他们首先想到的是自己的利益，在这种状态下，必须要为道德立法才能保持人与人之间更好的交往，人性如果都是高尚的，或者说人性高

---

① ［英］约翰·斯图亚特·穆勒著：《功利主义》，叶建新译，九州出版社，2007 年，第 25 页。
② 同上，第 21 页。
③ ［英］边沁著：《政府片论》，沈叔平等译，商务印书馆，1995 年，第 20 页。

尚的部分多于卑劣的部分,那么就可以通过教育和引导,而不需要立法的努力就可以获得社会的稳定和进步。但是作为坚定社会改革家的边沁为了促进立法改革必然会持人性恶的观点,这也是以私有制为基础的资本主义的本质体现,是人与人之间利益交往的一种体现,在利益面前一切都是虚妄的,只有通过立法才能解决人们之间的纷争。与此相对,约翰·密尔则是肯定人性的多样性,把自由作为人性追求的主要内容之一,并没有说人性善恶的比例问题。在边沁看来,人性的主要方面是自私的,倾向于损人利己,并且在私利与公共利益冲突时,人不可能自愿服从公共利益,要依靠法律制裁和威胁才能促使私利和公共利益的调节。① 那么具体应该如何调节私利和公利的关系呢? 他找到了"仁慈"这个纯社会动机以及"名誉"与"和睦"这两个半社会动机。人性自私主要有以下几种特征:第一,人性倾向于抬高自己,贬低他人,"绝大多数人为了间接地抬高自己,总是倾向于贬低邻人的品行"②。人性自私或者说人性是恶的,那么在人性之中为了自己的利益就会在与他人的交往之中去贬低别人,或者是为了物质的利益,或者是为了精神利益,如荣誉、虚荣等。第二,"人是计算利弊得失的"③。这道出了人的自私有一个特点,不论是什么人,他在做事或者是考虑问题的时候总是要考虑自己的得失,包括物质和精神的考虑,尤其是人的感情也需要功利计算;第三,在人的本性中具有偏见。当一个人对他人有偏见时也会迫使他人对这个人有意见,即从情感上对这个人不好,这种偏见会导致对这个人的评价不公平,边沁认为这种偏见是一种诬蔑。④ 第四,"人人都有自己的价钱"⑤。这是边沁在谈论犯罪的

---

① 参见[英]边沁著:《道德与立法原理导论》,时殷弘译,商务印书馆,2012 年,第 19 页
② [英]边沁著:《道德与立法原理导论》,时殷弘译,商务印书馆,2012 年,第 186 页注释 g。
③ 同上,第 235 页。
④ 参见[英]边沁著:《道德与立法原理导论》,时殷弘译,商务印书馆,2012 年,第 290 页。
⑤ [英]边沁著:《道德与立法原理导论》,时殷弘译,商务印书馆,2012 年,第 227 页注释 f。

代价时谈到的人性问题,一般说来个人会出卖自己的德行,不会出卖自己的性命,他从人的生命是有价格的角度来讨论问题,通过功利原理可以为人的犯罪定一个价格,为的是谋取自己的利益。詹姆斯·密尔"基于心理享乐主义的信念,认为人的本性是自私的"①,他继承了边沁对人性的看法,认为人性具有享乐的倾向,所以从本性上来说是自私的。

约翰·密尔亦认为人性具有急功近利的弱点,需要通过教育和改变环境来改造自身。"出于人性的弱点,人常常会就近选择眼前的利好,尽管他们清楚其实价值反而次之。"②按照功利主义的观点,人性是自私的,人在追求自己的利益时,尽管知道眼前利益和长远利益的关系,但是人性的弱点会导致人们往往选择的是眼前的利益,而忽视了长远的利益,在教育和政治统治等领域这种现象是比较常见的。既然承认人性是自私的,同时又证明了人具有可教性,以及自我完善性,那么我们就可以通过教育和改变我们自身生活环境的方式来改造我们自身,提高人的修养,从而形成良好的社会环境和良好的人际关系。人性自私的弱点也为法律约束人的行为提供了人性依据,在教育和环境影响没有作用的情况下,要用法律的强制手段来约束人的行为。约翰·密尔虽然认为人性中具有急功近利的特点,但是他不相信人的普遍自私性,"就我自己来说,既不相信普遍的自私,我不难承认甚至现在共产主义在人类精华中就会是可行的,在其他人中也可能变成可行的。"③他虽然不相信人性普遍自私,但还是认为人性有自私的性质。约翰·密尔认为在自己的国家里,工人阶级被排除在直接参加政府管理之外。议会对工人阶级的态度,虽然已经做出了牺牲,

---

① Burston. W. H. , *James Mill on Education*, Cambridge University Press, 1969, p. 14.
② [英]约翰·斯图亚特·穆勒著:《功利主义》,叶建新译,九州出版社,2007年,第25页。
③ [英]J. S. 密尔著:《代议制政府》,汪瑄译,商务印书馆,2010年,第44~45页。

但还是站在雇主的立场上考虑问题,这对弱势阶级是不公平的。约翰·密尔的人性观与边沁的人性观是一脉相承的,只是他不相信人的普遍自私性而已。

总之,功利主义者都会承认自私自利是人的本性,这为功利主义原则的施行提供人性基础。

（三）人性非恒定

边沁认为人性是可变的,这为道德立法提供了理论基础。"无论在原则上还是在实践中,无论思想行为方式是对是错,最罕见的人类品质是首尾一贯,始终如一。人的天性就是如此。"①边沁从多角度来分析人性,认为人性从理论到实践都证明是易变的,所以现实中不会存在绝对好的人性,也不会存在绝对坏的人性,在实际行为中人性不能保持恒定,所以需要通过为道德立法,以及教育等方式保持人性的好的一面,去除其坏的一面,"人性中幸好没有像同情本原那种亘古的厌恶本原"②。

约翰·密尔的人性具有恒定性吗？对此,约翰·格雷认为:"当他继续追随人性具有一致性这一信念时(在此,从未放弃认为使人类行为具有可理解性并且能够解释之的路径在于将其置于某些类似于法律性质的原则之下)他就已经不再坚持人性的恒定性这一启蒙时期的信仰了。尽管他也断言一种性格学说(以性格结构的规律性为对象的研究)终有一日能够确定人类的意识规律。"③人性不具有恒定性,所以要用立法来对人类的行为进行限制,否则容易出问题。所以密尔在逻辑学中追求一种精神的逻辑,想探寻人的认识规律,把握自由与必然的联系,在他发现无法

① ［英］边沁著:《道德与立法原理导论》,时殷弘译,商务印书馆,2012 年,第 61 页。
② 同上,第 110 页。
③ ［英］约翰·格雷、G. W. 史密斯著:《密尔论自由》,樊凡、董存胜译,吉林人民出版社,2011 年,第 81 页。

获得人的性格的恒定规律时,他寻求的是通过教育的方式提高人的素质,同时设计良好的法律,让人们遵守法律,这样可以实现社会的良好秩序。

从人性的角度来说,边沁认为不可能存在一种生来就使人感觉到讨厌的人,有些人生来就得到很多人的同情。由于同情的原因,同情者易和被同情的人产生通感,同情者同情被同情者所同情的东西,厌恶被同情者所厌恶的事物。由此我们可以得知,边沁所说的人性虽然具有自然的倾向,但是他并不完全归结为自然存在着一类人,"生来就天然是一个令人厌恶的对象"①,招人讨厌是由于后天的影响所导致,人性具有条件性。"然而同情是一个模棱两可的字眼。从某种意义上讲,同情和人道差不多同义。这种同情是一种道德优点,往往体现在慈善家的身上——这些人以心地宽厚而不以知识渊博著称。从另一种意义上讲,同情差不多等于对人性的洞察。"②把同情看作是与人道同义,这是从道德角度来谈同情,从另一个角度来说可以从人的智力和想象力等方面来谈同情,这种同情是对人性的一种洞察。边沁首先是从人道的角度来看待道德,他以慈悲为怀,憎恶残酷,从某种意义上说,边沁是一位人道主义者。

人性中天然就具有信奉功利原理的倾向。"人类身心的天然素质,决定人们在一生的绝大多数场合一般都信奉这个原理而无此意识。"③这个原理指的是功利原理,人们在实际的生活中,运用功利原理不一定是为规范自己的行为,大多数情况下功利原理被看作是对自己和他人的行为进行评判的标准。在信奉功利原理的虔诚度上,边沁走的是中庸路线,即认为不信奉的不多,绝对信奉的也不多,而基本上信奉的占大多数。

---

① [英]边沁著:《道德与立法原理导论》,时殷弘译,商务印书馆,2012年,第110页。
② [英]边沁著:《政府片论》,沈叔平等译,商务印书馆,1995年,第18页。
③ [英]边沁著:《道德与立法原理导论》,时殷弘译,商务印书馆,2012年,第61页。

在谈论自己的创造或创作时,边沁认为人性具有懦弱的一面。"由于人性的懦弱使得一切计划实行起来便难以保全,构思越宏大就越是如此"①,这是边沁自己写《道德与立法原理导论》,谈论自己的人性问题时,认为人性是懦弱的,所以在实际的行动中并不总是完全按照开始的想法去做,懦弱和寻求完美的行动会导致行动的拖延,《导论》就是如此。

（四）人性具有自我完善能力

约翰·密尔反对把人性看作是一架机器的机械论观点,认为人性像一棵树,具有自我发展的能力。"人性不是一架机器,不能按照一个模型铸造出来,又开动它毫厘不爽地去做替它规定好了的工作;它毋宁像一棵树,需要生长并且从各方面发展起来,需要按照那使它成为活东西的内在力量的趋向生长和发展起来。"②密尔把人性看作树,实际上否定了"人是机器"的观点。"人是机器"的人性观点认为人在发展过程中,在事物面前是被动的接受,而不具有主观能动性;"人是机器"的观点承认人在现实中无所作为,只能做机械性的动作,这种人性观预设了人会服从于习惯和习俗,不会有创造性。在《代议制政府》中,约翰·密尔强调个人性格的积极性要优于性格的消极性,因此他认为人只有能够自我决定自己,并且拥有自己的权利,才能发挥人的积极性和创造性,在资本主义高度发展的时代,人们由对肉体感受性的崇拜到对利益的膜拜,能创造出更多的价值才为人们所崇拜。如果人性像机器一样,不断地重复着一样的行动就不会促进个人和社会价值的增加,无益于人类的进步。在社会秩序稳定与发展改革两者之间要保持平衡,约翰·密尔更倾向于后者。密尔把人性比作树,其生长的要素要按照它的内在力量生长和发展,强调的也是自

---

① ［英］边沁著:《道德与立法原理导论》,时殷弘译,商务印书馆,2012 年,第 54 页。
② ［英］约翰·密尔著:《论自由》,许宝骙译,商务印书馆,2012 年,第 70 页。

主性。通过上面的论述,我们可以看出,约翰·密尔所追寻的教育目标是具有自主性的人。

约翰·密尔认为人之为人的关键在于,人是活动的主体,可以进行自主选择、自我完善,并且可以超越自己。在人的主体性问题上,约翰·密尔看到了人性在人的自我完善中的作用,"密尔把人性视为自我发展的主体"①。同时,"密尔的人性论把人之为人就在于能够进行选择的主张和每个人都是一个开放性的不断超越的个体的主张有机地结合了起来"②。人区别于动物的主要一点在于,人具有自我完善性,而动物的进化则依靠的是本能,人性的自我完善性使人具有了进行选择的欲望,从而发展了作为主体的人的自主性,而这种选择也使人进步。人之为人的道理就是使人从自然人到社会人,或者说是道德人的一个形成过程。自主选择是人自由的基础,格雷认为,"自主选择是他在《论自由》中讨论的核心论据"③。

积极的人性要强于消极的人性,它能为人类谋取更多的幸福。约翰·密尔认为:"一个富有精力的人性也永比一个无精神无感觉的人性可以做出较多的好事"④。人可以运用自身具有的理解力去把握人类生活中的很多问题。欲望和冲动是中性的,本身不具有好坏之分,其运用的好坏在于良心的强弱。欲望的强弱与良心的强弱没有必然的联系,如果欲望和情感强烈并且多样,说明他的人性原料较多。精力强的人可以做好事亦可做坏事,但是精力强的人比精力弱的人可以做出更多的好事,这是无疑的。密尔的这种思想是与资本主义在快速发展阶段要求人有奋斗精

---

①② 黄伟合著:《英国近代自由主义研究:从洛克、边沁到密尔》,北京大学出版社,2005年,第112页。

③ [英]约翰·格雷、G. W. 史密斯著:《密尔论自由》,樊凡、董存胜译,吉林人民出版社,2011年,第81页。

④ [英]约翰·密尔著:《论自由》,许宝骙译,商务印书馆,2012年,第70页。

神相关的,只有精力强、欲望和情感较为强烈的人才能创造更多的财富。

现代人性的危险在于,由于权威的压制导致的个人选择过少,控制过多。"现在威胁着人性的危险并不是个人的冲动和择取失于过多,而是失于不足。"①在古代社会中,欲望和冲动的力量超过了当时社会的控制,有时自动性和个人性过多了,导致社会的失序,不利于社会的控制与进步;在现在,社会战胜了个性,人性的危险使个人的冲动减少,失去了择取的机会,在这种状态下社会过于稳定,但是不利于社会的进步;在资本主义快速发展时期,受习俗和权威压抑的更多,受到敌意和可怕的检查更多。总的趋势是,个人性和自动性从古到今越来越受到压抑,越来越少,到资本主义快速发展时期几乎使人失去了自动性和个人性,而服从于权威和习俗,这使人性受到压制,这种状态与资本主义快速发展时期的个人奋斗不能契合。

人性具有自我提升的能力。"人性的基本的不确定性构成了人的类特征,与《论自由》最为自然的统一。如果这一人性概念确实归于密尔,那么就容易理解为什么密尔视进步为才能的提升和自主思考与行为能力的提升,而非任何类型的人的大规模生产。"②在密尔的《论自由》中,人性是由时间和地点等多种因素构成的,这样的观点就存在着把人性看作不是一成不变的,而是随着时间和地点的变化而改变;人本质上是未被决定的,所以说人的本质不具有普遍有效性;人性的基本不确定性是人的类特征,从而就解决了人的可教育性问题,社会的进步为人性的发展提供了良好的基础;人与动物的区别在于人有审慎选择的能力,将未被决定性带入

①　[英]约翰·密尔著:《论自由》,许宝骙译,商务印书馆,2012 年,第 71 页。
②　[英]约翰·格雷、G. W. 史密斯著:《密尔论自由》,樊凡、董存胜译,吉林人民出版社,2011年,第 94 ~ 95 页。

人类的思考和行为。

人的道德提高会导致人性水平的提高,因而人性是发展的。约翰·密尔认为共产主义"原先的原则要求具有较高的公平标准,因而适合于比现在高得多的人性道德状况"①。人性道德具有可改变性,约翰·密尔在谈论社会主义和共产主义时,认为私有制的取消需要人性道德具有更高的层次,在当时的社会不可能取消私有制,只有通过社会改良的措施,在私有制的范围内逐渐改变社会成员的生活水平。

综上所述,人性的可改变性为政府立法提供了干涉个人权利的理论依据,人性具有自我完善性,为个人的自由寻找到了理论支点。

人性多样化是功利主义者所持的观点,在边沁那里,人性的主要特点是自私性。但是功利主义发展到约翰·密尔的时候,情况发生了改变,对于约翰·密尔的人性是多元还是一元的,西方学者有很多讨论。作为多元伦理主义者以赛亚·伯林认为:"密尔不承认有固定不变的人性,不承认有终极的真理和对善的单一描述。"②由于人类追求的善的不同,所以无法给出一个固定的标准进行评判,如果强行推行单一的善的制度,会践踏"每一个人所偏好的价值"。所以,这种人性观是约翰·密尔坚持个性多元化的基础,他把约翰·密尔看作多元伦理主义者。约翰·格雷赞同伯林的这个观点。但是伯林的学生雷姆·邓肯与他的观点不同,认为在约翰·密尔的思想中,"人们可以为道德问题给出正确的答案"③。

人性的多样化是思想和道德进步的主要动力。"共产主义计划是否会同意人性多种形式的发展,多种多样的差异……会成为思想和道德进

---

① ［英］约翰·穆勒著:《政治经济学原理》(上),赵荣潜等译,商务印书馆,2005年,第239页。

②③ ［美］W. 斯坦福:《密尔百年研究概览》,李小科译,《世界哲学》,2005年第4期。

步的主要动力。"①在人性问题上,约翰·密尔借对共产主义的评论表达了对人性的多样化的看法,认为人性的多样化以及思想和才能的多样性不但是人类乐趣的一大部分,而且是思想、道德进步的主要动力,可见,约翰·密尔坚持的并不是一成不变的人性论思想,而是希望通过人性的多样性和差异性表达人的思想的多样性,为人类的创造性提供理论基础,促进人类社会的发展。

人类的性格是多种多样的,不具有普遍性,但是人的性格形成具有普遍性规律。"人类没有一种普遍的性格,但是存在着性格形成的普遍规律"。② 在约翰·密尔那里,人的性格并不是普遍同一的,而是多种多样,正是这种多样性,才造成了人类生活的多姿多彩,人类才有多种多样的个性,可以用多种不同的思想进行交流,为人类社会的进步提供智力支持。

约翰·密尔在确定高级快乐的同时又认为人性具有无限多样性,这两者之间是矛盾的。因为高级快乐如果有等级,人性的多样性会不能确定哪个快乐是最高级的,多样性的人性会使人对不同的快乐感受不同,所以无法确定哪种快乐的等级高一点,故而矛盾。如何解决这个矛盾是约翰·密尔人性假设的一个难题。"他对人性多样性的确信是否与他的高级快乐观相冲突呢? 我无从了解……密尔决意主张已然尝到自由的好处和自由的愉悦的人不会再将此与其他利益交易:作为一个经验问题,他所持有的信念是,自由的条件在这方面是不可撤销的。"③所以说,约翰·密尔认为只要看到自由对个人乃至人类具有好处,那么就会把自由看作是

①　[英]约翰·穆勒著:《政治经济学原理》(上),赵荣潜等译,商务印书馆,2005 年,第238 页。

②　John Stuart Mill, A System of Logic Ratiocinative and Inductive, J. M. Robson(eds.) , *Collected Works of John Stuart Mill*(Vol. 8) , University of Toronto Press, 1974, p. 864.

③　[英]约翰·格雷、G. W. 史密斯著:《密尔论自由》,樊凡、董存胜译,吉林人民出版社,2011 年,第 98 页。

最好的,这就可以解决两者之间的矛盾。密尔的自由理论与人性观的根据有关,他在逻辑学体系中希望建立一种性格规律学。

尊重知识,尊重有知识的人才是人性中固有的特征之一。"与此丝毫不相矛盾的是,他们会尊重有才智有知识的人,并愿意在任何问题上听从那些他们认为熟悉问题的人的意见。这种尊重是深深植根于人性中的,但他们将自己判断谁值得这种尊重。"①作为持精英主义观的约翰·密尔从根本上重视人的脑力劳动,轻视人的体力劳动,把人的才智看作社会进步的主要标志,因此在他的人性观中尊重知识是不可避免的。从他尊重知识和尊重人才的思想中可以推出应尊重教育,因为教育是传授知识、培养人才的主要途径。

自由是人性中最高尚的特征之一。"如果教育教导人们、或社会制度要求他们以摈弃对本身行为的节制换取一定程度的舒适或富裕,或者为了得到平等而放弃自由,则这样的教育或社会制度将夺去人性最高尚特性之一"②。人生而自由平等,英国有追求自由平等的传统,在约翰·密尔看来,自由是人性中最高尚的特征之一,不能因为教育或者社会制度的原因而放弃掉人性中的自由。如若放弃自由则是教育中最大的失败。密尔所谈的人性论是在资本主义私有制和个人竞争条件下的,所以他不赞成消除私有制,而是希望通过改良的方式使每个社会成员获得好处,基于人具有自私性这一点,所以独立的人都应受到法律的保护。

---

① [英]约翰·穆勒著:《政治经济学原理》(下),胡企林等译,商务印书馆,2005 年,第331 页。

② [英]约翰·穆勒著:《政治经济学原理》(上),赵荣潜等译,商务印书馆,2005 年,第237 页。

三、研究方法

在对人性的研究方法上,边沁注重对现象的分析,不注重对事物的观察。他的思想大都是以三段论的形式来讨论的,由于重分析少观察,所以思想的"前提是软弱无力的,然而他的推理却极丰富"①。因此,他能够把法律当成一个逻辑严密的、系统的整体来看待,并且形成了自己的一套法律理论。

对于问题的研究,边沁认为必须要研究"是什么"的问题,他认为要了解"最大多数人的幸福"要包括的内容是什么,那么就"必须对人性作普遍的深入的研究,尤其要对自己民族的性格有充分的认识"②。对于如何研究,他采取的是抽象与具体相结合的方式,以痛苦和快乐为标准,通过分析的方法进行层层的解剖,"必须尽可能用具体的细节来取代抽象概念"③,去对人性的特征进行区分和描述,这被称为是一种还原分析的方法。对民族性格的研究一方面要注重从环境的方面来探讨,另一方面也要研究这个民族的历史。虽然边沁不像其他法学家和道德学家那样非常注重历史传统,但是他并没有完全否定传统在人性及人的性格形成中的作用。

约翰·密尔认为归纳与演绎是人性科学的主要研究方法。"演绎推理的逻辑方法应该成为人性科学研究的主要方法"。④ 作为经验主义者

---

①　[英]边沁著:《政府片论》,沈叔平等译,商务印书馆,1995 年,第 22 页。
②　同上,第 45 页。
③　[英]边沁著:《道德与立法原理导论》,时殷弘译,商务印书馆,2012 年,第 9 页。
④　周敏凯著:《十九世纪英国功利主义思想比较研究》,华东师范大学出版社,1991 年,第
43 页。

的约翰·密尔,把他的人性论建立在观察和实验的基础之上,去发现关于人性的科学,但是"密尔未能提出任何可能的性格规律"[1],他所追寻的并不是人类性格的普遍规律,而是形成人的性格的规律。人性与人类生存的社会环境密不可分,人生活的社会环境塑造了人性。从能否提出人的性格规律上来说,约翰·密尔是失败的,但是从探究人的性格形成的规律这点来说,他的探寻具有很大的意义,性格形成的规律可以为人的可教性提供基础,人虽然不能完全把握性格形成的人性规律,但是可以把握其大体的方向,使之顺着人类预想的目标前行。

作为约翰·密尔自由理论基础的人性是否是完全经验的?约翰·格雷在《密尔论自由》中对人性的假设是这样描述的:"人类可以被理解成经常对自我生活方式和内在经验模式的修正的存在,并且据此人性本身就是在任何给定的时间和地点构成的。"[2]这说明在格雷看来,密尔的人性在不同的时间和地点是不相同的,密尔的人性具有多样性,并且是可改变的。从这个意义上来说,人与动物的区别就在于人类具有"反思和审慎选择的能力"。在关于密尔的人性是开放性的还是本质主义的问题上,格雷认为,密尔的人性有本质或本性,但是并没有说什么是一般的人性,"密尔除了人有本质或本性的主张之外,并没有说存在任何一般的人性"[3]。这就不具有人性的本质主义,可是,密尔的人性中也有一种似是而非的本质主义,"人性的无穷可变性本身就可由蕴藏于反思性思想中的力量来解释"[4]。

总之,功利主义的人性论论证了人是一个未完成物,必须接受教育才

---

① [英]约翰·格雷、G. W. 史密斯著:《密尔论自由》,樊凡、董存胜译,吉林人民出版社,2011年,第93页。

②③④ 同上,第94页。

能把人发展成为理性的人,人具有可教性,教育使人成为真正的人。

四、功利主义人性与教育

边沁认为人性不具有恒定性,是随着人生长的环境而发展变化。人在未成年的时候进行的教育属于私人教育学的任务,"教导每个人以什么方式在日常生活中指导自己的行为,是私人伦理学的专门任务,教导人们以什么方式来指导那些在幼年时期由他们来负责其幸福的人的行为,则是私人教育学的任务"①。到了成年踏入社会之后进行的教育则不属于私人教育学的任务,应当属于社会或者公共教育的问题,在私人教育中,不需要通过立法来解决人性的可变性。人性的可变性、可完善性为人类社会发展中道德和智育的发展提供了智力支持,同时人性的多样化为人在教育中要针对不同的学生采取不同的教育措施,即因材施教,提供了人性论的支持。

总的来说,约翰·密尔承认人性的多样化、人性的可变性、人性的可完善性,这些都证明了人是一个未完成物,具有可教性,应重视教育的作用,证明了教育使人成为人的道理。这为教育的存在提供了必要前提。人性的自私性说明在教育过程中既需要引导的方式,同时还不可避免地要通过立法来进行限制,因为人性善的观点赞同引导使人向善,但是人性自私或者人性恶的观点则不能完全依靠引导,需要的是对人进行一种强制,法律则是一种好的方式。人性具有功利的倾向性,说明在教育中要把握好功利原则。在边沁看来,不仅神志清晰、神经正常的人倾向于功利原理,甚至不清醒、不正常的人也不会否认功利原理,因此功利原则是现实

---

① [英]边沁著:《道德与立法原理导论》,时殷弘译,商务印书馆,2012年,第312页。

中评价的最好原则,在教育中也不例外。教育要符合人道主义道德,不能过度惩罚学生,要通过教育的方式来培育学生,实际上,边沁的思想就是中国哲学中的"极高明而道中庸"。

人性的多样性对现代教育有很大的启发性。人性的多样性性质要求不能用一种模式对待教育,对待不同的学生应运用不同的教育方法去培养其个性,人性的自我完善能力或者说自我发展的能力要求在教育中强调人的主动性和积极性,而不能过于进行灌输式的教育,灌输式的教育方式会抹杀人的首创性和个性,从而会阻碍个人自由和社会进步。人性问题可以解决社会、政治、经济等一切问题,教育问题自然也包含其中,功利主义把人性问题作为功利主义教育的逻辑起点。

第二节 经验主义

经验主义是 19 世纪英国功利主义的哲学基础,也是功利主义教育的哲学基础,本节首先探讨经验主义的主要含义,接下来讨论功利主义是否是一种经验主义,最后讨论经验主义哲学与功利主义教育的关系。

一、经验主义概论

经验主义是西方哲学中一个历史悠久的学派。词典中对经验主义的定义是:"对知识和实在的一种哲学研究方式。它的中心论点是:一切知识或一切有关世界的有意义的论述,都与感觉经验(包括'内在反省'或

'内省')相关,而且可能的感觉经验的范围就是可能的知识的范围。"①经验主义实际上就是认识世界的一种方式,把知识的范围限定在经验(包括直接经验和间接经验)的范围之内,不相信先验的东西,不承认人的天赋观念。"在哲学中,经验一般是指我们通过感官所知觉到的东西(感觉经验),指我们从他人那里学到的东西,或凡是从外部源泉或内部反省而来的东西"②。经验论认为,人的所有知识都是从外部而来,或者是直接的感官刺激,或者是间接的内部反省。黑格尔认为:"经验主义力求从经验中,从外在和内心的当前经验中去把握真理,以代替纯从思想本身去寻求真理。"③当然,经验主义者对知识的获得途径的看法也不尽相同,如约翰·密尔就把观察和推理都看作真理的来源,"发现真理无非两个途径:观察和推理"④。他并不只是注重归纳,对演绎也非常重视。

经验主义和理性主义是欧洲哲学的两大传统。这两者在认识论上是截然不同的,而且无法折中调和。理性主义者认为知识是先验的,并非是从经验中获得的,知识独立于经验或者说是先于经验。理性主义者相信人具有天赋的观念,相信通过理性就可以获得普遍有效性的知识,人可以通过理性自身去发现真理。这种知识是不证自明的,它出于一种人类特有的本能。理性主义者由于相信知识的确定性,所以他们推崇权威的存在,强调人的主观能动性,认为经验是错误的来源。理性主义后来被经验主义批评为一种独断论,理性主义者重视演绎在知识发展中的作用,而忽视了知识积累的作用。在 17 世纪,笛卡尔的知识体系里几乎就没有经验

---

① [英]尼古拉斯·布宁、余纪元编著:《西方哲学英汉对照词典》,人民出版社,2001 年,第 298 页。
② 同上,第 349 页。
③ [德]黑格尔著:《小逻辑》,贺麟译,商务印书馆,2011 年,第 110 页。
④ [英]约翰·密尔著:《密尔论大学》,孙传钊、王晨译,商务印书馆,2013 年,第 46 页。

存在的位置,体现在教育中则强调形式的训练和理智的培养。经验主义认为人的知识是从感觉经验中得来的,不相信天赋观念,推崇特殊性和具体性,重视归纳在知识形成中的作用。人类通过经验能够增加知识,但是无法证明普遍知识的确定性,这种思想不相信绝对权威的存在,容易挑战和打破权威,认为知识并非是不证自明的,需要通过实际的证明才能够相信。经验主义者相信人的理性能够自主选择,能够解释一些现象,但是不能自己创造和发明知识。由此可以看出,经验主义者会相信外部的环境对人的影响,重视环境在教育中的作用(如爱尔维修认为教育万能),强调人的后天努力和个人奋斗精神,重视个人主义。这种思想在某种程度上符合英国 19 世纪工业和商业快速发展时期的需要。这也是作为经验主义的功利主义在 19 世纪英国能够占据主要地位的因素之一。经验主义者并不是不相信理性的作用,而是在知识的来源上不相信天赋的知识。

总之,经验主义把感官经验看作认识的来源,归纳是认识的方法,认为只有亲眼所见、亲身经历到的才是真的,"凡我们认为应有效的知识,我们必须亲眼看到,亲身经历到"[①],把认识的范围限定在经验范围之内,不相信有什么天赋或者不证自明的知识的存在。

二、作为经验主义的功利主义

19 世纪的英国功利主义者的哲学基础便是经验主义。边沁是一位经验主义者,认为人的知识来自于感觉经验;约翰·密尔认为边沁对人性

---

① [德]黑格尔著:《小逻辑》,贺麟译,商务印书馆,2011 年,第 112 页。

的了解非常有限,并且完全来自于经验,是一个没有什么经验的经验主义者。① 边沁把感觉作为一切观念的来源:"我们的所有观念,都源自于感觉,其中包括快乐和痛苦的感觉。因而,它们源自于可感知的客体对我们感官的作用。"②边沁在他的《道德与立法原理导论》中认为,功利和幸福所定义的快乐和痛苦都是以人的感觉为基础,从其他的作品中也可以看出,他的认识论中具有自然主义倾向,如人具有避苦趋乐的思想。边沁实际上把人的感觉经验作为人类知识的主要来源,他毫无疑问是一个经验主义者。詹姆斯·密尔是以感觉的联想为主要特点的经验主义者,他"试图以'联想'解释意识事实的理论所遵循的路线,其中,'联想'是以感觉为终极因素的,而这些'感觉'又被假定为它们本身是无需解释的"③,他把感觉作为联想的基础,而联想又是人类认识的主要方法,所以他最终还是把感觉经验看作人类知识的最终来源。边沁的经验主义带有明显的自然主义倾向,约翰·密尔则改造了经验主义,他接受了经验主义的主体思想和功利主义的伦理学,并且把实证主义和经验主义通过联想心理学结合起来。他的经验主义是一种理性的经验主义,"功利主义理论从苦乐感受出发,以功利为核心概念,其真正的哲学基础是经验主义,其基本立足点是经验——苦乐是人们的一种经验感受,是经验直观的产物"④。他们并不否认理性的作用,"在边沁看来,所有理性的行为都是与功利原则一致的行为"⑤。在这三位功利主义大师中,约翰·密尔在经验主义上的造

---

① 参见[英]安东尼·肯尼:《牛津西方哲学史》(第4卷),梁展译,吉林出版集团有限责任公司,2010年,第6页。

② [英]边沁著:《道德与立法原理导论》,时殷弘译,商务印书馆,2012年,第255页脚注 i。

③ [英]索利著:《英国哲学史》,段德智译,山东人民出版社,1996年,第235页。

④ 郝清杰著:《马克思主义功利观及其当代价值》,安徽人民出版社,2010年,第21页。

⑤ [英]列奥·施特劳斯·约瑟夫·克罗波西主编:《政治哲学史》,李洪润等译,河北人民出版社,1993年,第833页。

诣最深。

约翰·密尔对经验主义进行了改造。"密尔将其《逻辑体系》视为一本有关从经验推导所有知识的教科书。他因此是经验主义的倡导者,尽管他并不喜欢这个术语。实际上,在某个重要方面,他是最坚决的经验主义者之一。他超越了他的先驱者们,认为一切科学,甚至连数学也来自经验。简言之,几何学定理和数学的第一原理均是建立在感觉证据上的观察和经验结果,尽管所有的表象都相反。"①因而,约翰·密尔的逻辑学被很多人称为经验逻辑。

约翰·密尔坚决地站在经验主义的立场上去看待问题,并且认为边沁学派也是经验主义者。他在《论边泌和柯勒律治》中讨论了理性主义者和经验主义者之间对立和相互之间的斗争,一派认为"所有知识都由经验概括所构成……没有先验的知识,没有内在的心灵之光可认知的、建立在直觉依据之上的真理"②。这派理论归于亚里士多德,后经洛克进行论述和发展;另一派则认为:"感觉和内心活动的自我意识,不仅是知识的不二源泉,而且是知识的惟一材料"③,这两派就是经验主义和理性主义。理性主义攻击经验主义没有对事实进行解释和说明,而只是简单地列举事实,而无法形成原则和规律,而经验主义者则认为理性主义者把想象看成真理的标准。作为经验主义者的约翰·密尔最终还是把真理的来源建立在经验上,并以此总结了理性主义和经验主义之间的区别,"在这一长久交锋的问题上,真理在洛克和边沁学派的一边。物自体的本质和法则,

① [英]安东尼·肯尼:《牛津西方哲学史》(第4卷),梁展译,吉林出版集团有限责任公司,2010年,第163页。

② [英]约翰·穆勒著:《论边沁和柯勒律治》,白利兵译,上海人民出版社,2009年,第69~70页。

③ 同上,第70页。

或者作为经验对象的现象的隐因,对我们来说是人类官能绝对无法进入的。我们没有理由相信,除了经验以及通过经验的类比从经验推出的事物之外,还有任何事物能够成为知识的对象。也不相信为了说明经验,有任何人类心灵中的理念、情感和力量来要求经验的源泉指向别处"①。他在《自传》中认为自己的《逻辑学体系》提供了迫切需要的理论,"全部知识来自经验,一切道德和智慧的特质主要通过联想的途径去获得……那种认为外在真理可以不用观察和经验,单用直觉和意识就能认识的观念,我相信,在这些时间里,给予骗人理论和不良制度以巨大的知识上的支持"②,这里他又重申了知识来源于经验的观点,并且批判了单靠直觉和意识就能获得观念的观点。

在对直觉哲学学派和经验联想学派进行了比较之后,约翰·密尔坚持经验联想的观点。直觉哲学学派"固执地主张直觉真理,把直觉看作大自然和神的声音,它的权威远远超过我们的理性"③,这种倾向是把自然或者神看作权威,并认为人性是天生的,并且大部分不可改变,"这种倾向是合理研究重大社会问题的一个主要障碍和阻止人类进步的一个最大绊脚石"④,直觉形而上学是这种倾向的根源,这种思想安于现存状态,不希望改变,恐惧改革所带来的后果。与直觉哲学学派相对,约翰·密尔则坚持感觉经验在知识的获得中的优先地位,反对或者是拒绝理性主义者把直觉得来的知识看成权威,并用它来解释因果关系和解决现实中的道德等生活问题。

---

① ［英］约翰·穆勒著:《论边沁和柯勒律治》,白利兵译,上海人民出版社,2009 年,第 73 ~ 74 页。

② ［英］约翰·穆勒著:《约翰·穆勒自传》,吴良健、吴衡康译,商务印书馆,1987 年,第 133 页。

③④　同上,第 158 页。

　　有人会怀疑约翰·密尔是一位理性主义者,因为他在一些著作中承认直觉或者是推理在认识中的作用。如在《妇女的屈从地位》中,他就认可妇女的直观洞察力要高于男性,而且敏感性也比男性高。但是事实上,最终他还是否定了直觉对于形成普遍知识的作用,"从来没有人凭直觉去了解一个关于自然的科学定律,也不能凭直觉得出关于责任或谨慎明智的一般规则。这是对经验进行缓慢而又仔细的积累和比较的结果"[1],密尔不承认未经考察的人的直觉所获得的知识的可靠性,他在《自传》和《逻辑学体系》中强烈地坚持感觉经验是所有知识的来源的观点一直没有改变,他的整个逻辑学体系为的就是证明经验在知识获得中的基础作用。说约翰·密尔是一位理性主义者还因为他在早期教育中受到柏拉图的影响,这使他重视理性在人的思维中的作用,但是最终认识论的基础还是感觉经验。《逻辑推理和归纳系统》试图把逻辑的、科学的方法和经验主义的确定性达成一致。密尔超越了一个哲学家和认识论者,已经成为一个改革家,他渴望和一直期望提高人类社会的文化知识水平。

　　约翰·密尔的知识论是以经验主义为基础,通过心理联想去形成知识。"休谟和穆勒的观念联合论(Associationism)又是经验主义的另一形式。他们同取经验主义立场,承认一切知识均从经验而生,知识的根本原则亦非先天所赋与。他们以观念的联合来解释这些原则的成因"[2]。穆勒是一位经验主义者,虽然在他的思想中承认本能在人的发展中的作用,他把观察和推理看作追求真理的方法,但他受到孔德实证主义的影响更大,并不相信人的天赋观念,不信仰宗教,对上帝的存在也持存疑的态度。

---

　　① [英]约翰·斯图尔特·穆勒著:《妇女的屈从地位》,汪溪译,商务印书馆,1996年,第309页。
　　② 吴俊升著:《教育哲学大纲》,福建教育出版社,2011年,第110页。

功利主义者希望从物质和精神上来提高人们的生活水平,他们都赞成科学在人类发展中的作用。以约翰·密尔为例,在他的著作中,科学的概念既有理论的成分,又有实践的含义,从理论的角度来说,可以提高人的智力水平去发现真理。从实践的方面来说,强调科学对于促进社会进步和人类发展的作用,因为科学可以促进工业、农业等方面的发展。约翰·密尔从事实和价值两方面对科学作出了区分,"科学的命题是断言一个事实:一种存在,一种共存,一种继任,或者是一种相似。现在讲的命题并不是断言某物是什么,而是禁止或建议应该做什么。它们自身构成一类"①。目的本身是对目标的追求,其定义属于艺术,每门艺术都有第一原理,这门原理需要一种对价值的诉求,这属于价值领域,但是如果把各门艺术的目的和手段联系起来进行分析和推理,则需要运用科学,这方面的知识属于科学领域,需要对事实进行判断。② 道德或伦理的方法是艺术的方法,他认为行为和知识都有第一原则,"促进幸福是目的论的终极原则"③。科学的主题就是研究"任何事实本身"或"外部自然界中的物体",通过事物的前后相继出现的现象而发现规律,我们可以运用普遍规律来指导实践。④ 科学不但能够发现真理和规律来解释世界中存在的事情,而且可以预测将要发生的事情。"现象已经被统摄到规律之下,这些规律包括理解这种现象的所有原因,无论是在一个很大的或仅在一个微不足道的程度,无论是在全部或只在某些情况下,还把那些原因与各自产

---

① John Stuart Mill, A System of Logic Ratiocinative and Inductive, J. M. Robson(eds.), Collected Works of John Stuart Mill(Vol. 8), University of Toronto Press, 1974, p. 949.

② 参见[英]约翰·斯图尔特·密尔著:《精神科学的逻辑》,李涤非译,浙江大学出版社,2009年,第143页。

③ John Stuart Mill, A System of Logic Ratiocinative and Inductive, J. M. Robson(eds.), Collected Works of John Stuart Mill(Vol. 8), University of Toronto Press, 1974, p. 951.

④ 参见 John Stuart Mill, A System of Logic Ratiocinative and Inductive, J. M. Robson(eds.), Collected Works of John Stuart Mill(Vol. 8), University of Toronto Press, 1974, p. 844。

生的实际效果相对应"①，人类可以通过这些规律来对将要发生的现象进行预测，如天文学、潮汐学等。虽然我们对人类个体的行为和社会发展的规律不能进行精确的概括，但是我们可以进行一种近似的概括，它"对于任何一个个体的断言具有或然性，但对于大众的特性或集体的行为却是确定的"②，因此近似的概括对人类的生活是有用的，"普遍规律是近似真理的基础，框定了后者的特有界限，而且应该能帮助我们在对具体经验进行预测时，为新的环境状况推导出其他的近似真理"③。总之，科学以研究事实本身为对象，并形成普遍的规律去形成近似的真理，从而能够指导人们预测未来将要发生的事。

　　科学不同于艺术，"科学处理的是事实，艺术处理的是箴言；科学是真理的集合，艺术是规则的主体或是行为的指南；科学语言是指，是这一个或者不是这一个，发生或者未发生的；艺术语言做或者是免于做这件事；科学需要现象的认定，并努力去发现它的规律；艺术是假设自身为目的，并寻找各种手段来实现它"④。实际上科学和艺术的不同在于研究的对象和目的不同，科学研究的是一种事实，是对事实的判断，以正确与错误为结论，以寻找真理为目的；而艺术则研究的是一种价值，属于价值判断，以美丑为标准，它可以指导人的行为。所以两者属于不同的领域，但是它们在一定的范围内可以相互借鉴，艺术可以引导人们探寻科学的领域范围，而科学寻找的规律又可以为艺术提供智力支持，科学与艺术的统一实

---

　　① John Stuart Mill, A System of Logic Ratiocinative and Inductive, J. M. Robson(eds.), *Collected Works of John Stuart Mill*(Vol. 8), University of Toronto Press, 1974, pp. 845 – 846.

　　② John Stuart Mill, A System of Logic Ratiocinative and Inductive, J. M. Robson(eds.), *Collected Works of John Stuart Mill*(Vol. 8), University of Toronto Press, 1974, pp. 847.

　　③ [英]约翰·斯图尔特·密尔著：《精神科学的逻辑》，李涤非译，浙江大学出版社，2009年，第20页。

　　④ John Stuart Mill, Essays on Economics and Society, J. M. Robson(eds.), *Collected Works of John Stuart Mill* (Vol. 4), University of Toronto Press,1967, p. 312.

际上寻求的是事实与价值的统一。

约翰·密尔认为:"演绎推理虽然是科学所必要的逻辑方法,但并不是获得新的真理和知识的方法。"①传统三段论中的演绎逻辑把大前提看作具有普遍必然性和不证自明的知识,是先天的,这是一种演绎主义的方式。但是,密尔认为这种方式得出的结论已经包含在了大前提之中,没有获得新的知识,而且在他看来大前提是一个全称命题,不具有普遍必然性,而且也不是自明的真理,它"通常只不过是在种类上确定而在数量上不确定的特殊集合体"②,全称命题是由特称命题汇集而成,没有超出它的经验的性质,因此三段论的推理仍然没有超出从特殊到特殊的推理,所以"演绎是归纳的继续,是整个推理过程的第二阶段"③,这样他就把演绎也纳入归纳当中。

理性演绎从属于经验归纳法。一切的非直观的知识都源于归纳。"一切推理和证明,一切真理的发现,都是由归纳法和对归纳法的解释所构成的。人们的一切非直观的知识都起源于归纳。只有归纳法才使人们能从已知推论出未知,由已经观察过的事实推论出未观察过的事实,从而推动知识和科学的进步。"④约翰·密尔的科学归纳法成为他所追求的目标,他的这种归纳推理能够从已知事物的属性而推断出一类事物的属性,其目的在于发现自然事物的齐一性,并把它作为一般的公理来看待。但是他的归纳理论有一个重要的弱点就在于它是基于对自然的齐一性的假

---

① 刘放桐等编著:《新编现代西方哲学》,人民出版社,2000年,第18页。

② John Stuart Mill, A System of Logic Ratiocinative and Inductive, J. M. Robson(eds.), *Collected Works of John Stuart Mill*(Vol. 7), University of Toronto Press, 1974, p. 284.

③ 刘放桐等编著:《新编现代西方哲学》,人民出版社,2000年,第18页。

④ 同上,第19页。

设之上,"自然的过程的齐一性的命题是归纳的基本原则或一般公理"①,
"自然过程的齐一性原则显然是所有归纳中的最终大前提"②。那么,我
们可以从两个方面来看待自然的齐一性,"或者这种规律从过去的经验中
观察到的规律反映了现象背后的真实形而上学秩序,并以某种方式产生
它们;或者这种规律可以合理地(但不一定)在未来重新出现"③,如果把
自然的齐一性看作经验之后的东西,那么它就不是感觉经验所内在固有
的规律,这不符合经验主义的主张;如果自然的齐一性是一种假设性的第
一原理,那么它就会优先于科学知识而先前地存在。总之,自然的齐一性
既是约翰·密尔归纳逻辑的前提,也是其中的主要弱点。这种归纳法没
有通过辩证法进行论证,而是把它归结为自然的齐一性或者是自然规律,
同时他也没有把因果律看作事物本身的规律,而是认为是人的心理联想
的作用,这会否定事物之间联系的因果必然性,容易导致不可知论。

　　毫无疑问,约翰·密尔是试图建立以经验为基础的科学的归纳逻辑,
他是一位经验主义者。密尔对知识来自于经验的看法毫不怀疑,"不止是
物理学原则,还有算术和逻辑原则,包括非矛盾原则本身都无外乎是对经
验确定无疑的概括"④,他"是第一位严肃对待形式逻辑的英国经验主义
者"⑤,"一个彻底的经验主义者"⑥。

---

① John Stuart Mill, A System of Logic Ratiocinative and Inductive, J. M. Robson(eds.), *Collected Works of John Stuart Mill*(Vol. 7), University of Toronto Press, 1974, p. 307.

② John Stuart Mill, A System of Logic Ratiocinative and Inductive, J. M. Robson(eds.), *Collected Works of John Stuart Mill*(Vol. 7), University of Toronto Press, 1974, p. 308.

③ Francis W. Garforth, *John Stuart Mill's Theory of Education*, Martin Robison & company. Ltd, 1979, pp. 34 - 35.

④ [英]安东尼·肯尼:《牛津西方哲学史》(第4卷),梁展译,吉林出版集团有限责任公司,2010年,第112页。

⑤ 同上,第109页。

⑥ 同上,第112页。

　　总之,19 世纪英国的功利主义者把感觉经验作为认识的来源,认识的范围仅限于经验界,不相信天赋的或不证自明的知识,认为实证的知识才具有确定性,把归纳作为认识的方法,这四点足以证明功利主义是经验主义。

三、经验主义与教育

　　经验主义认为知识来自于感觉经验,需要后天的培养才能够形成知识,不相信天赋观念和自明真理的存在,因而非常注重教育的作用。理性主义认为人的知识已经蕴含在心灵之中,人们可以通过教育激发人的理性,让人的理性自我发展并形成知识,如柏拉图的“回忆说”就是理性主义知识论的代表之一。经验主义则认为人的头脑中没有什么天赋观念,一切知识都来源于经验,为受教育者提供接受经验的环境是非常必要的,洛克的“白板说”就认为人的心灵如一张白板,所有知识的获得都是从外部的事物中得来,由经验中得来。

　　19 世纪英国功利主义者受爱尔维修环境决定论和教育万能论的影响,也非常重视环境和教育的作用。边沁自认为受到爱尔维修的影响,教育受环境和气候的影响非常大,在《道德与立法原理导论》中,他认为在改变人的教育外部环境的因素中,“首推那些总称为气候的环境”,“教育的影响以比较明显或不够明显的方式被外在事件改变”①,这实际上是在强调环境和教育的作用。詹姆斯·密尔认为教育能改变人,教育是万能的,教育对人的培育具有决定性的作用。约翰·密尔看到了受教育者在接受教育时具有自主性的特点,而持一种温和的环境决定论,在《论精神

---

① 　[英]边沁著:《道德与立法原理导论》,时殷弘译,商务印书馆,2012 年,第 116 页。

科学的逻辑》中,他认为人们很难形成普遍的性格,但是可以通过对形成人的性格的环境来研究人类性格形成的普遍规律,从而为更好的教育提供借鉴和支持。作为经验主义的功利主义者重视教育的功效,重视后天培养对人的作用,强调人的可教性,从而为教育提供了哲学依据。

经验主义由于要求一切都要寻求经验的证明才能相信,所以在教育中经验主义具有反对权威、寻求自由的作用。教育万能过于夸大了教育在人的成长中的作用,但是对于人类的迷信和一些盲目的信仰具有十分积极的意义。经验主义使人们相信人的才能并不是天生就有的,而是通过人的后天努力获得,这容易提高人类自身的自信心,对培养人类积极向上的精神有很好的作用。

杜威说:"诉诸经验,标志着突破权威"[1]。一切信仰和权威都需要从经验中寻找根据,没有什么先天的权威的存在,经验主义强调个人自由要优先于社会权威,寻求在自由和权威之间保持一个张力,人类凭借经验来反对权威开创了一种自由主义精神,提升了个体的地位。

由于在实际的教育过程中,教育的好与坏是并存的,经验主义承认教育的不完美性,因此把教育的方法和课程的改进作为一种促进教育发展的手段。在教学手段上,理性主义认为人的感觉是不可靠的,是错误的来源。经验主义则认为感觉是我们知识来源的唯一渠道,只有我们能够感觉到的或者是能够证实的才是真实的,因此经验主义在教学中提倡实践教学法,讲求互动式的直观教学,强调人的动手能力,而不是纯粹的理智思维。在课程方面,经验主义会把所教知识的范围主要限定在经验之内,而排斥非经验或不实用的教材,经验主义相信科学,所以会把科学纳入课程之中,这无形之中促进了科学的传播和发展,为工业发展提供了动力。

---

① [英]约翰·杜威著:《民主主义与教育》,王承绪译,人民教育出版社,1990年,第282页。

功利主义者注重教育的实证性。约翰·密尔受孔德实证主义和洛克的经验主义的影响,认为教育在以博雅教育为基础的教学中,要重视科学的作用,这是为了适应社会发展的需要,尤其是资本主义工业和商业发展的需求。科学要以观察和实验为基础,而不能单纯以概念为基础进行纯粹的逻辑演绎,教育的实用性是一个主要的检验标准。

经验主义者赞成教育改革,强调教育要适应社会现实的需要,把改革作为促进教育发展的一种手段。边沁和密尔父子赞成教育改革,他们都反对宗派式教学,提倡大学教育改革,边沁和詹姆斯·密尔还赞成导生制教育,他们把教育看作改造人性的工具,目的是为了个人的发展和社会的进步,因此把教育看作人类社会进步的阶梯。

总之,经验主义注重人的感觉经验,并把感觉经验作为一切知识的最终来源,不相信先天的或天启的知识。经验主义者易于打破权威,强调个人在社会中的地位,为人的自由的实现开辟了道路。经验主义在教育中强调后天的教育对人的发展和社会进步的效能,为人类接受教育提供了理论支持。经验主义注重教育的实用性、实证性和科学性,这为科学的发展提供了智力支持。经验主义注重教育改革在社会发展中的作用,强调环境对人的影响。经验主义教育为我们今天的教育提供了很多启示。我们应从现实出发,用历史的、辩证的眼光来看待功利主义教育。

第三节　幸福观

亚里士多德主张幸福是"一个人最深刻地实现其本性的生活状态,是一个人生活的完满目的",认为一个人"活得好与行得好即等于幸福"①。黑格尔则坚持"幸福是满足的总和"②。作为满足的总和,幸福是超越了冲动的个别性或多样性的普遍形式,所以追求幸福必然以普遍性为对象,并且这一普遍性只能为思维所把握。幸福的普遍性又以对各种特殊物的满足为前提,其对象是特殊的、具体的。因此,幸福是特殊与普遍、内容与形式的统一。其内容是特殊的,形式是普遍的。功利主义者认为,幸福是一种人类(个人或者社会)"最值得过的生活状态"。本节首先从快乐的角度分析功利主义的幸福观,其次从个人幸福和社会幸福的角度来看个人与社会的关系,进而讨论教育与幸福的联系。

一、快乐主义幸福观

弗朗西斯·哈奇森把"最大多数人的最大幸福"看作至善或德行的最高标准,作为功利主义改革者的边沁把"最大多数人的最大幸福"看作最高的价值诉求。③ 边沁一生都在践行他的"最大多数人的最大幸福"原则,临终之时让其他人都离开,只留下一位好友在身边,为的就是尽量减少他人的痛苦。他注重改革,希望通过改革来满足最大多数人的最大幸福。"边沁首先是一个法律改革家,其次才是一个道德理论家。"④

孟德斯鸠和贝卡利亚的思想是边沁的主要理论来源。孟德斯鸠用历史的方法来研究立法问题,这种方法要求要阅读和参考大量的立法方面

---

① [英]尼古拉斯·布宁、余纪元编著:《西方哲学英汉对照词典》,人民出版社,2001年,第336页。

② [德]黑格尔著:《法哲学原理》,范扬、张企泰译,商务印书馆,2010年,第30页。

③ 参见唐凯麟主编:《西方伦理学经典命题》,江西人民出版社,2009年,第77页。

④ [英]边沁著:《政府片论》,沈叔平等译,商务印书馆,1995年,第35页。

的文献,认为法律因社会环境和历史条件等因素的不同而导致适用范围
的不同。而边沁则与之不同,认为参考大量的立法文献过于烦琐,认为
"抽象的功利原理几乎在所有的情形下都可以作为批判制度的充分而有
利的指南"①。他把功利原则推广到所有的社会制度之下,换句话说,功
利原则具有普遍性。边沁的最大多数人的最大幸福的目标和功利原则是
受到了贝卡利亚的影响。贝卡利亚在《论犯罪与惩罚》中,提出以人道的
方式对待罪犯,大部分的法律制定者进行法律改革,提出把最大多数人的
最大幸福看作是法律改革的目的,"只考虑一个目的,即大多数人的最大
幸福",这是把社会的幸福作为判断幸福和社会进步的一个标准。他对人
生的善恶幸福的评价也作了介绍:"如果人生的善与恶可以用一种数学方
式来表达的话,那么良好的立法就是引导人们获得最大幸福和最小痛苦
的艺术。"②这种评价幸福的方式被边沁所传承,运用数学的方式来计算
善与恶,只是计算数量上的多少,并没有研究不同的质的问题,更没有研
究不同质的幸福的转化问题。

功利主义者受到洛克和爱尔维修等人思想的影响,重视快乐在伦理
中的作用,所以功利主义者把快乐看作人类谋求幸福的一种追求。边沁
认为幸福的定义是"享有欢乐,免受痛苦"③,约翰·密尔也把快乐作为幸
福的定义,"幸福,意味着预期中的快乐,意味着痛苦的远离"④。幸福代
表两个含义,一是增加幸福,二是减少痛苦。这两位功利主义大师都把快
乐作为幸福的主要因素,约翰·密尔在谈论个人幸福的同时,认为幸福还
具有社会意义,"人类幸福,在它的最充分意义上,预示了一种社会秩序,

---

① [英]边沁著:《政府片论》,沈叔平等译,商务印书馆,1995 年,第 33 页。
② 同上,第 29 页。
③ [英]边沁著:《道德与立法原理导论》,时殷弘译,商务印书馆,2012 年,第 123 页
④ [英]约翰·斯图亚特·穆勒著:《功利主义》,叶建新译,九州出版社,2007 年,第 17 页。

在其中,那些重大利益得到可靠的保障,同时一定程度的文化与道德发展得以实现"①。当然,边沁在谈论幸福时,也考虑到共同体的利益。

幸福既有整体,亦有部分,是部分和整体的统一,"幸福并非一个抽象的概念,而是一个具体的整体"②。同时,功利主义者相信现实的、现世的幸福,幸福不是一个抽象的概念,不是空中楼阁,而是具体的整体,这也说明幸福不是一个先验的东西,它存在于人的经验之中。

总之,在功利主义者那里,幸福是具有多样性,既受客体的制约,也受主体自身的影响;既有对物质利益的追求,也有对精神层次的向往;既有个人的特殊利益,也有共同体的普遍利益;个人和社会既有对眼前利益的诉求,也有对长远利益的打算。从人的幸福感的强度来看,他们都赞同知识在幸福的获得中所起的巨大作用,认为教育是实现人的幸福的主要途径。

功利主义所指的幸福是谁的幸福? 功利主义者认为,幸福主要从行为的判断上来看待,幸福"并非是行为者自身的幸福,而是与行为有关的所有人的幸福"③。约翰·密尔似乎是用联系的观点看待幸福,幸福不是一个人的事,它关涉的是与之相关所有人的幸福,功利主义幸福是以最大化为原则,要做到"爱人如爱己"。

价值既有主体性,亦有客体性,是主体见之于客体性的东西。幸福也是主体见之于客体的东西。"'价值'是对主客体相互关系的一种主体性描述,它代表着客体主体化过程的性质和程度,即客体的存在、属性合乎

---

① [英]约翰·格雷、G. W. 史密斯著:《密尔论自由》,樊凡、董存胜译,吉林人民出版社,2011 年,第 80 页。
② [英]约翰·斯图亚特·穆勒著:《功利主义》,叶建新译,九州出版社,2007 年,第 87 页。
③ 同上,第 41 页。

规律的变化与主体尺度相一致、相符合或相接近的性质和程度。"①幸福是人对价值的一种诉求。幸福是主体因素与客体因素的统一,边沁认为幸福的获得既需要自身的努力,也需要周边客体的协助,一个人的幸福"全部或多或少地首先依靠他本人,其次依靠他周围的外在客体"②。幸福的获得的首要因素在于人自身,即个人的肉体感受性的敏感性。人的幸福获得并不完全依靠自己,完全依赖自己则会倾向于主观唯心主义,幸福的获得还受外界客体的影响,人与周边客体事物是一个互动的过程,这个客体或者是人,或者是物,要处理好人与人和人与物的关系,这样就可以获得自己所要的幸福。具有正常智力的人有能力知道自己所要的幸福,即自己明白自己所要的幸福。边沁对幸福的理解,已经看到了主体和客体两者之间的辩证关系,这是值得肯定的。

　　人天生就具有追求快乐、躲避痛苦的倾向。边沁把快乐当成人们追求的共同目标,所以幸福是至善的,"把幸福当成至善以后,他就把最大量的幸福作为法律与道德的真正目标"③。如此,边沁就把幸福当成了法律和道德的评价标准,把幸福与至善等同起来为的是更好地通过量的方式来衡量,所以快乐就是使人幸福,同时它也是善的,合乎道德的,也就是人们应该去追求的。当然,边沁并没有把这个问题简单化,他在后来还谈论到对快乐和痛苦的计算问题。

　　边沁通过人的苦乐来谈幸福,可以使人们更容易理解幸福的所指。边沁把人的肉体感受性看作苦乐的一个主要因素,通过快乐来解释幸福,"一个人对苦乐(即使是精神苦乐)原因的敏感性,可以在颇大程度上取

---

① 李德顺著:《价值论》,中国人民大学出版社,2007 年,第 79 页。
② [英]边沁著:《道德与立法原理导论》,时殷弘译,商务印书馆,2012 年,第 254 页。
③ [英]边沁著:《政府片论》,沈叔平等译,商务印书馆,1995 年,第 36 页。

决于他先天和后天的身体特质。"①边沁受爱尔维修哲学中肉体感受性理论的影响,认为人的感觉是苦乐感受的来源,这具有唯物论的性质。他不但重视人的先天性的体质特点,而且还看到了后天锻炼等因素对人体质的培养。这种观点是对他自己经历的一种反映;边沁从小体质弱多病,长大后反而健康魁梧,这说明人的体质后天具有可改变性。

边沁主张人的观念都来自于人的知觉,但是肉体的苦乐和精神的苦乐具有差别性。"就其产生而言,肉体的苦乐可直接出自它所伴随的知觉,而精神的苦乐不可能出自感觉对象的作用,除非依靠联系,亦即依靠知觉与某些业已储存在记忆中的先前的知觉结成某种联系。"②边沁从苦乐产生的角度,分析了肉体苦乐和精神苦乐的不同,肉体苦乐与人的直觉具有直接的联系性,感受比较强烈,精神苦乐则不能直接从人的知觉中得来,需要通过某种联系或者回忆来感受精神的苦与乐,精神苦乐程度与人的思维中的联系或者回忆密切相关,边沁认为知识可以增加人对苦乐的感受,提高人的思维水平需要教育。

边沁注重人的肉体感受性,承认人具有精神的享受,但是并没有把人的精神享受和肉体享受从快乐的角度进行区分,即从质的方面进行区分。约翰·密尔则对快乐从质的角度进行了区分。快乐和痛苦一样都是异质的,"无论是快乐还是痛苦都不是单质的,而两者又永远都是异质的"③。这说明,快乐和痛苦是多种多样的,就像世界上没有完全相同的树叶一样,快乐和痛苦也是如此。

有人批评约翰·密尔从人们在实际生活中对快乐的欲求而推断快乐

---

① [英]边沁著:《道德与立法原理导论》,时殷弘译,商务印书馆,2012 年,第 112 页
② 同上,第 22 页脚注 i。
③ [英]约翰·斯图亚特·穆勒著:《功利主义》,叶建新译,九州出版社,2007 年,第 27 页。

的生活是我们值得过的生活,是从事实推出价值的一种逻辑推理,但是从
"是"当然不能推出"应该"来,麦金泰尔认为这是对约翰·密尔的一种误
读。① 实际上,约翰·密尔是从反面来论述快乐的,他认为即便是否认快
乐价值的人也不会否认自己会有对快乐的欲求。但是快乐到底为何物?
如果仅仅代表一个概念,那么就会导致这个概念过于宽泛,如果快乐是具
体某物,如金钱、美女等,就不具有普遍性,因为很多人并不对其感兴趣。
因此从现实中欲求快乐这个"是"无法推导出人们追求快乐这个价值的
"应当"。

约翰·密尔追求的不是快乐主义的幸福,而是以自由为主体的幸福。
他通过阅读边沁的著作树立了要做一个世界的改造者的目标,并把它作
为个人幸福之所在。但是在 1826 年秋天,他出现了精神危机,即思考假
如所有目标都实现之后,我们的幸福何在? 精神危机过后,他认为获得幸
福的方法就是,"不把快乐当作生活目标,而把快乐以外的目的作为生活
的目标"②。实际上,密尔似乎已经看到了快乐主义的悖论,即当人去追
求更大的幸福的时候,你追求的快乐越多,反而觉得愈不快乐,愈不幸福。
所以他认为在幸福中的人不要详细论述快乐,独占快乐,这样才能快乐。
后来在《论自由》中他认为,自由是其追求的更高目标,而不是快乐,当
然,他也并没有否认快乐。

综上所述,我们可以得出,在功利主义思想中,既有对物质的、肉体的
快乐的追求,也有对精神快乐的渴望,只不过在不同的功利主义者那里有
所偏重罢了。

---

① 参见[英]阿拉斯代尔·麦金太尔著:《伦理学简史》,商务印书馆,2003 年,第 311 页。
② [英]约翰·穆勒著:《约翰·穆勒自传》,吴良健、吴衡康译,商务印书馆,1987 年,第
88 页。

二、个人幸福与社会幸福

边沁把"最大多数人的最大幸福"（也称为"最大幸福或最大福乐原理"），作为道德与立法的目标去追求，实际上幸福是他诉求的最高价值，这包括个人的幸福，也包括共同体的幸福。"如果利益有关者是一般的共同体，那就是共同体的幸福，如果是一个具体的个人，那就是这个人的幸福。"①共同体的利益是"组成共同体的若干成员的利益总和"②，边沁认为共同体是一个虚构体，并不是真实的存在，所以共同体的利益是虚假的。评价行动的是非标准就是功利的最大化，"当功利主义者谈到最大幸福时，实际上常常谈的是关于行为的一个相当特定的目标，而不是他们的理论所欲求的一般化概念。这个目标就是公共福利，并且这是一个与边沁特别感兴趣的那些生活领域有关的目标"③，当共同体的幸福朝着增大的方向发展时就是正确的。

个体幸福与共同体的幸福可以得到辩证的统一。边沁区分了一般伦理和私人伦理，一般伦理主要是指"指导人们的行为，以产生利益相关者的最大可能量的幸福"④，而私人伦理则只是指导个人自身行动艺术的行为。伦理就是使个人或者共同体幸福的一门艺术。"私人伦理以幸福本身为目的"⑤，这种幸福关涉共同体的每个成员，立法者立法的目的是为了"组成共同体的个人的幸福"⑥，故而可以说私人伦理和立法艺术都是

---

① ［英］边沁著：《道德与立法原理导论》，时殷弘译，商务印书馆，2012 年，第 59 页。
② 同上，第 59 页。
③ ［英］阿拉斯代尔·麦金太尔著：《伦理学简史》，商务印书馆，2003 年，第 308 页。
④ ［英］边沁著：《道德与立法原理导论》，时殷弘译，商务印书馆，2012 年，第 349 页。
⑤ 同上，第 352 页。
⑥ 同上，第 82 页。

以幸福为目的。但是两者也具有区别,私人伦理教导的是按照自发的动机行事,其行事方式是以"最有利于自身幸福为目的";而立法艺术是按照立法者提供的动机行事,其行事方式为的是"利于整个共同体的幸福"。一个是纯粹为己的幸福,一个是为了共同体的幸福,这是协调个人利益和社会利益的一种解决方式。

在边沁那里,似乎没有谈论到个人为了集体的幸福而牺牲自己,到了约翰·密尔这里则谈论到了个人为了集体的更大幸福可以牺牲自己,"功利主义道德确实承认为了他人利益而牺牲自己最大利益这种行为的力量价值"[①]。但是单纯的牺牲不是好事,这种牺牲要增加幸福的总量才是允许的,为的是"他人",这个他人可以是单个的人,也可以指整个人类,当然共同体也属于此类。

边沁有句名言,"每个人都是一个完整的人,没有一个人可以抵几个人",在边沁看来,每个人的价值是平等的,所以一个人不能与几个人的价值相提并论。边沁似乎不同意一个人为了他人或者社会的幸福而牺牲个人的利益,约翰·密尔也认为个人的价值在程度和种类上与他人是平等的,认为作为具有理性的普遍意义的功利原理,"最根本的一点是承认一个人的幸福与其他人的幸福拥有完全平等的价值"[②],这种平等的价值指的是程度上的平等,但是允许在种类上有所差别。约翰·密尔认为只要这个社会是不完美的,有人"毅然牺牲自己的幸福来更好地服务于他人的幸福",他就会承认这个人"具有人性中最高尚的美德"[③]。所以,在约翰·密尔看来,为了他人或者为了共同体的幸福牺牲自己的快乐,承受痛

---

① ［英］约翰·斯图亚特·穆勒著:《功利主义》,叶建新译,九州出版社,2007年,第41页。
② 同上,第143页。
③ 同上,第39页。

苦是可以的,但是这种牺牲必须是为了获得更大的幸福,为了更大的利益,否则这种牺牲是没有意义的,"功利主义理论唯一赞同的自我牺牲就是完全为了他人的幸福或为了他人获得实现幸福的手段而做出的牺牲"①,这种牺牲需要通过功利原理来检验,即这个行动是否能增加幸福或者倾向于增加幸福,功利主义道德"拒绝承认牺牲本身是一件好事"②。功利主义承认牺牲的价值,但是认为对于牺牲要有判断标准,即舍己为人是有条件的,就是必须符合功利原则。

边沁认为可以通过法律、社会安排、教育和舆论的方式来促进个人利益和社会利益之间的关系,使之达到以后的和谐,个人利益和社会利益、个人幸福和社会幸福不是完全对立的而是可以达到统一。通过以上的方式可以让个人不会只顾自己的幸福,不会同普遍的善对立。个人会养成一种促进普遍善的习惯和动机,良好的社会是会实现的,但是需要人类的共同努力,约翰·密尔始终相信人类社会永远向前发展。③

约翰·密尔已经意识到人具有社会性。"个体是一种社会存在"④,"当一个人长成大人后,完全无视他人利益是绝不可能的"⑤。社会是以人与人之间交往为基础的,是一个充满合作的社会,只有交往与合作才能促进社会的发展;当社会中的个人习惯了合作,或者得到了合作的好处的时候,他们将会把集体的利益作为行动的目标;这时个人会把自己的目标和他人的目标看成是一致的,将个人的利益和他人的利益、个人的幸福和他人的幸福紧密的联系在一起。到那时,个人把对他人的关注就会看成

---

① [英]约翰·斯图亚特·穆勒著:《功利主义》,叶建新译,九州出版社,2007年,第41页。
② 同上,第41页。
③ 参见[英]约翰·斯图亚特·穆勒著:《功利主义》,叶建新译,九州出版社,2007年,第41~43页。
④ [英]约翰·斯图亚特·穆勒著:《功利主义》,叶建新译,九州出版社,2007年,第79页。
⑤ 同上,第75页。

是一种本能的、自然而然的事情,再加上同情心和教育的作用,这种趋势会更加稳定。

边沁认为立法者应该以"组成共同体的个人的幸福"①作为唯一的目的。立法的目的为的是调节共同体中人与人之间的关系,共同体的利益是由共同体中的个人组成的,"不理解什么是个人利益,谈论共同体的利益便毫无意义"②。共同体的幸福是个人幸福数量的总和,其基础为每个人的幸福。"社会只不过是个人的集合;个人的善是个人的幸福问题;而幸福是能累计和计算的。"③麦金泰尔把葛德文和边沁看作自由主义的鼻祖,罗尔斯则认为功利主义的错误在于把个人原则放大到社会原则。约翰·密尔虽然认为"公共利益应该受到尊重"④,但是"绝大部分善的行为并不是针对整个世界的福祉,而仅是为了个体的受益"⑤;个人的善是社会善的基础,个人善要优先于社会善。这实际上是一种个人主义的道德观。大部分人关注的是私人功利或者说是少数人的利益,只有极少部分人关注的是公共功利,这与功利主义道德并不相违背。⑥

综上所述,功利主义是按照趋乐避苦的功利原则来调整人与人、人与社会之间的关系。功利主义把集体的利益或者说共同体的利益看作个人利益的总和,或者说是数学方式的简单相加,共同体的幸福就是个人幸福的相加,促进共同体的幸福就是促进个人的幸福,这就能够达到个人的幸福和共同体的幸福的统一。实际上,这种统一并不是个人利益与社会利

---

①　[英]边沁著:《道德与立法原理导论》,时殷弘译,商务印书馆,2012 年,第 34 页。

②　同上,第 59 页。

③　[英]阿拉斯代尔·麦金太尔著:《伦理学简史》,商务印书馆,2003 年,第 303 页。

④　[英]约翰·斯图亚特·穆勒著:《功利主义》,叶建新译,九州出版社,2007 年,第 47 页。

⑤　同上,第 45～47 页。

⑥　参见[英]约翰·斯图亚特·穆勒著:《功利主义》,叶建新译,九州出版社,2007 年,第 47 页。

益的真正统一,社会利益是个人利益的数量之和,注重的只是个人的利益,社会利益在这里是虚幻的,个人利益是功利主义的幸福观的实质。功利主义是对资本主义上升时期人与人、个人与社会关系的描述,私有制和自由竞争是其主要特征,提倡个人奋斗和利益至上。资本主义时期,个人利益和社会发展的矛盾比较突出,为了维护资本主义制度的发展就必须保护好个人的利益和奋斗精神。因此,功利主义的利益观是个人主义的。

三、幸福与教育

功利主义者认为,教育是为了适应社会发展而产生的,解决的是社会中的实际问题,并把幸福作为教育的最高价值,他们重视知识的传递,重视道德修养的提高,并把社会的进步寄托于人类自身。

边沁认为知识是促进人的幸福的首要条件。"要使任何既定的人感到幸福……就必须符合三件事情:知识、性情和体力。"①边沁把知识作为人类幸福的首要条件,知识可以提高我们的理解力,有利于增加对幸福的感受性,而知识获得的主要途径是教育。一个人在幼年期由于智力水平低,无法通过自己的性情去追求自己的幸福,精神混乱者也是无法获得自己所要的幸福。边沁非常重视智力的作用,因为只有拥有知识的人才能更好地提高修养,并且懂得如何遵守法律,知识是人类谋求幸福和社会进步的阶梯。其逻辑是人类为了幸福必须谋求获得更高的知识,为了获得更高的知识就必须办好教育。当然,边沁认为在幸福的实现过程中还需要个人的性情和体力等因素。詹姆斯·密尔认为:"教育的目的是尽量为

---

① [英]边沁著:《道德与立法原理导论》,时殷弘译,商务印书馆,2012年,第309页。

个人提供实现幸福的工具,首先为自己,其次为他人"①,这是先自己后他人的个人主义思想。

教育就是促进人类智力的发展,获得更多的知识,从而更好地为人类谋取幸福,谋取快乐。边沁把"最大多数人的最大幸福"看作教育的最终目的,为的是实现人的真正幸福。他比较注重环境对教育的影响,认为当时的社会环境不能适应他所需要的教育条件,所以要创办自家的功利学校,并自己撰写了《优秀教育文摘》(Chrestomathia)一书,专门论述功利主义教育理论,同时还积极进行教育实践,后来成为伦敦大学创建者之一,并且成为伦敦大学的精神领袖。作为改革家的边沁积极倡导教育改革,提倡扩大教育权,尤其是儿童接受教育的权利,要求作为国家的公民,不论年龄、宗教信仰、家庭贫富等因素,都有接受教育的权利。在男女受教育的问题上,边沁坚持男女应该具有同等的接受教育的权利。他的这些主张一方面是扩大了受教育者的数量,另一方面提高了国民的文化素质,这就从量上增加了人们的幸福,达到了功利的最大化,即幸福的最大化。

在幸福的实现途径上,约翰·密尔主张保持个性是获得幸福的主要因素之一。"凡在不以本人自己的性格却以他人的传统或习俗为行为的准则的地方,那里就缺少着人类幸福的主要因素之一,而所缺少的这个因素同时也是个人进步和社会进步中一个颇为主要的因素。"②实际上,约翰·密尔要求的就是保持人的个性,不能千篇一律,这是幸福的前提之一。同时,赌博、酗酒、游手好闲等不良嗜好会影响到人类的幸福。约翰·密尔在《论自由》中认为人类的智力是个人自由和社会发展的主要动力,是人类幸福的必要条件。国家有责任为人类提供幸福的条件,既要

① Burston. W. H., *James Mill on Education*, Cambridge University Press, 1969, p. 41.
② [英]约翰·密尔著:《论自由》,许宝骙译,商务印书馆,2012 年,第 66 页。

尊重每个人的自由,同时也要"允许每人施用于他人的权力保持一种注意的控制",例如在家庭中要避免丈夫对妻子的专断权力。约翰·密尔把男女平等作为可以促进人类幸福的条件。①

功利主义者受资本主义快速发展的经济所鼓舞,坚信一切苦难可以"通过人类自己的关注和努力予以战胜"②。这为人的自由和社会的进步提供了积极的因素。人类本身会随着社会发展的进步还有人类自身的发展提出更高的要求,这种要求就是"充分体现人何以为人的实质"③,假如有人不追求高级的快乐,而沉迷于低级趣味,那是因为他们"无力再追求高级趣味"④,就是说不去追求快乐的原因不是在于不为,而是因为不愿或能力达不到。

意志和知识是我们征服世界的两个主要因素。"只要我们拥有足够的意志和知识,我们是可以征服这个世界的"⑤,约翰·密尔受到科技和知识巨大作用的影响,相信培根的知识就是力量的格言,认为只要人有足够的意志,并通过教育等方式使人有足够的知识就可以征服世界。

人的道德具有自我提升的能力,可以使人过上幸福的生活。"道德能力……是人本性的自然产物——如同其他能力一样,逐步地自然成长,并且通过培养可以达到很高的层次"⑥,道德能力不是人本性固有的,但是人本性可以自然地产生道德能力,这是人的一个特性。道德能力也可以自然生长,同时它还可以通过教育等培养方式得到提高,这为人类进行道德教育提供了理论依据,也为社会和政府干涉个人的道德进行了辩护。

---

① 参见[英]约翰·密尔著:《论自由》,许宝骙译,商务印书馆,2012 年,第 125 页。
② [英]约翰·斯图亚特·穆勒著:《功利主义》,叶建新译,九州出版社,2007 年,第 37 页。
③ 同上,第 35 页。
④ 同上,第 27 页。
⑤ 同上,第 37 页。
⑥ 同上,第 71～73 页。

当然,在道德的培养中通过经验性的外在约束力是可以实现的。最终通过对社会的改造和人类自身的改造,在一个充满兴趣、环境优良的社会里,"每一个具备一定道德修养和智力水平的人都可以过上一种令人羡慕的生活"①。毫无疑问,教育是人类实现幸福的主要途径,幸福是教育的最终价值诉求。

第四节　功利观

在功利主义的话语中,功利是"有用的或好的并带来快乐或幸福的东西","是判断一个行为正确与否的惟一标准"②,一项行动能产生更多功利则是正确的,反之则错误。功利主义者的教育态度符合当时社会的需要,注重实用性,用功利原理衡量教育的是非。本节主要讨论功利的内涵、效果论的功利论、功利原则的运用以及功利与教育的关系等。讨论好功利主义的功利有利于更好地了解功利和教育之间的关系。这是准确的把握功利与教育之间关系的必要准备。

一、功利的内涵

功利主义从苦乐的角度定义功利,"所谓功利,指的是任何客体的属性,客体因这一属性而有助于为利益攸关者带来利益、优势、快乐、好处或幸福(所有一切在这里的结果相同),或(结果仍然相同)防止发生损害、

---

①　[英]约翰·斯图亚特·穆勒著:《功利主义》,叶建新译,九州出版社,2007年,第35页。
②　尼古拉斯·布宁、余纪元编著:《西方哲学英汉对照词典》,人民出版社,2001年,第1046页。

痛苦、灾难或不幸"①。功利主义者把苦乐看成客体的属性，它能给人类带来利益，同时也会带来不幸。边沁认为功利原理"是指这样的原理：它按照看来势必增大或减小利益有关者之幸福的倾向，亦即促进或妨碍此种幸福的倾向，来赞成或非难任何一项行动"②。功利原理不仅是个人行动的标准，同时也是政府制定政策和实施项目的标准。

功利原理是人们行动的指南，也是评判自己和他人行动的标准。功利是一个"是非标准，则是每一种情况下人的行为是否合适可依此得到适当检验的唯一尺度"③。功利原理并不是在现实的生活中时时处处都要按照这个原理来行动，如果每个人都要在行动之前去进行精细地计算，那么这种生活就显得太累了，功利主要指的是对行为结果的一种评判标准，这具有明显的目的论倾向。

约翰·密尔把功利看成判断是非的标准，"故我们或许可以认为，'是非'标准，乃是确定孰是孰非的手段，而非业已确定的结果"④，功利原理作为"是非"的标准，是确定一件行为孰是孰非的手段，而不能直接看成行为的结果，这种思想就不把标准看成既成的事物，而是要在动态之中看待是非，也就是不能静止地看待问题。

霍斯培斯在《人类行为》中，主张"边沁设计了所谓的'快乐主义的演算'来计算一个人的行为后果的快乐和痛苦的量"⑤，我们在不同的行为之间进行选择是要考虑幸福的总量，即快乐的总量和痛苦的总量之间的

---

① ［英］杰里米·边沁：《论道德与立法的原则》，程立显、宇文利译，陕西人民出版社，2009，第3页。
② ［英］边沁著：《道德与立法原理导论》，时殷弘译，商务印书馆，2012年，第59页。
③ 同上，第58页注释a。
④ ［英］约翰·斯图亚特·穆勒著：《功利主义》，叶建新译，九州出版社，2007年，第5页。
⑤ 转引自［英］尼古拉斯·布宁、余纪元编著：《西方哲学英汉对照词典》，人民出版社，2001年，第430页。

差额,最终快乐的量是最大的,或者认为谋得最大幸福的行为是正当的。

约翰·密尔赞同通过算术学的方法来计算幸福,计算功利问题。"倘若一定要说存在某种前提原则,那便只能是算术学的真理同样适用于幸福的计算,就像其他所有可测量的量一样。"①约翰·密尔坚持幸福的量的计算,这种方法就是算术的方法,用数字的大小来衡量幸福的量的大小,功利主义者把算术学看作功利计算的主要工具。

边沁认为快乐和痛苦的来源主要有 4 种:一是自然的,二是政治的,三是道德的,四是宗教的。自然的来源发生在现世,未受人类和超人类的干预,是一种自然而然的快乐和痛苦,是一种自然约束力;共同体中掌权者按照政治运作的方式进行的约束是政治约束力;生活在一起的个人自发进行的一种约束则是道德的或者是俗众的约束力;宗教的约束力是一种受来世信仰的一种约束。② 对于快乐和痛苦的区分要从其来源的环境来区分,例如一场事故,因自己的不慎而造成的则是自然的苦乐,如忘记关煤气造成中毒之苦;事故受到政治官员的裁决则是政治的惩罚,如官员的提升之乐与贬谪之苦;因行为不端而受到众人的谴责则是道德的约束,如孝敬父母而被众人夸赞的快乐,不养老而遭众人唾骂的痛苦;来自于宗教信仰的约束,信仰上帝者快乐,畏惧上帝者痛苦。在这四种来源中,自然的来源是最根本的,它的约束力也是其他三种约束力的基础,自然的、政治的和道德的约束力都是现世之苦乐,而宗教的约束力则是来世之苦乐。政治的、道德的和宗教的约束力必须通过自然的约束力来起作用,如前面所述,功利主义的苦乐观以自然人的肉体感受性为基础,受爱尔维修

---

① ［英］约翰·斯图亚特·穆勒著:《功利主义》,叶建新译,九州出版社,2007 年,第 143 页脚注。

② 参见［英］边沁著:《道德与立法原理导论》,时殷弘译,商务印书馆,2012 年,第 34～36 页。

的影响,边沁把人看作能够感知苦乐的动物,所以功利主义的苦乐观有把人降低到动物嫌疑。

边沁在论述了快乐和痛苦具有共性的基础上对两者的类型进行了分类。他把兴趣知觉作为痛苦和快乐的总称,分为简单和复杂两种,简单的是不能再分的快乐或痛苦,而复杂的则为三种,即包含多种快乐、包含多种痛苦以及包含多种快乐和痛苦。与之相对应,快乐和痛苦也可以分为简单的和复杂的两种。简单的快乐分为14种,如简单之乐、财富之乐、技能之乐、和睦之乐、名誉之乐、权势之乐等等,简单的痛苦分为12种。① 简单的快乐可以组成复杂的快乐,简单的痛苦可以构成复杂的痛苦,快乐和痛苦共同构成复杂的苦乐,不同类型之间的苦乐可通过量的方式进行换算,并没有什么性质的差别。边沁用心理联想来分析苦乐原理,认为简单的苦乐和复杂的苦乐是组合与分解的关系。在苦乐之中,有些苦乐是以他人的苦乐为前提的,这种苦乐边沁认为是外在关系或涉人的苦乐,若没有前提则属于自我关系或涉己的苦乐。②

边沁还从个人和群体两个角度对快乐和痛苦值进行了分析。对于个人来说,快乐和痛苦的值的大小应从四个方面来考量,即强度、持续时间、确定性程度和远近度,首先是考虑痛苦和快乐的总量,然后再对痛苦和快乐的量进行数学式的加减,得出的数值是快乐之量大于痛苦之量,按照功利原理则认为这件事是不值得做。③ 对于群体的快乐和痛苦的量的估算还要在个人考量的四个各方面的基础上,再加上丰度、纯度和广度三个方面。对于群体的快乐和痛苦的考量,首先要考虑直接影响个人的苦乐,然

---

① 参见[英]边沁著:《道德与立法原理导论》,时殷弘译,商务印书馆,2012年,第91页。
② 同上,第98页。
③ 同上,第88~89页。

后可以得出两种后果,一种总的倾向是好的,另一种总的倾向是坏的。然后把所有总的倾向是好的数值相加,把所有总的倾向是坏的数值相加,最后看这两个数值的比较,如果快乐的总值大,则表示这项行动对于群体来说是善的、好的,反之,若痛苦的总值大,则表示这项行动是恶的、坏的。

边沁单纯对快乐和痛苦从量的角度进行计算的方法存在着很大的问题,如不同类型的快乐换算,如精神快乐和物质快乐的换算,不同行为主体之间快乐的换算等。约翰·密尔看到了这个问题,他对快乐和痛苦不但从量的角度进行比较,而且还从质的角度进行分析,区分了不同质的苦乐,主张精神的苦乐要高于物质的苦乐。他坚持质的"优先选择的快乐归因于质的优越性,因为它远远超过了量的重要性而使量相比之下显得微不足道"①。如有条件享受不同快乐的人,会优先选择更高一级官能的快乐,没有人愿意享受猪的快乐,也没有人愿意从聪明人降低到傻瓜。

有些人攻击功利主义,认为每个人在行动之前根本就没有时间运用功利原理去计算和考量具体行为对普遍幸福的影响,针对这个问题,约翰·密尔给出的解答是,"人过去存在的全部时间"是进行选择的基础②,这主要指的是人的生活体验以及学习和总结到的各种知识。

二、效果论

在道德的评价传统中,有的倾向于动机论,有的倾向于效果论,功利主义则倾向于后者。在建立法律这门科学时,"边沁主要关注的是,将一

---

① [英]约翰·斯图亚特·穆勒著:《功利主义》,叶建新译,九州出版社,2007年,第23页。
② 同上,第55页。

切事物都转变为有关行为结果的客观知识"①,一项行动的好与坏主要"取决于后果的总和",也就是好的后果与坏的后果之间的差额,如果差额是好的,则为善,否则为恶,这里所指的后果是"实质性后果"②。在他的苦乐评价体系中考虑的主要是行为的结果,效果对道德的判断具有决定性的因素,而动机只是对道德评价有影响,而不具有决定性的作用。

为了更好地对行为进行客观的评价,边沁还区分了意图、意愿、动机、意向等心理因素,并进行了细致的研究。意图关涉两类客体,即行动本身和行动后果,关系行动就可以说行动是有意的,关系到结果就可以说结果是有意的,行动和结果都关涉则可以说"整个行为都是有意的"③。边沁还从不同的角度对有意进行了区分,如直接有意与间接有意相对,最终有意与中间有意相对,全部有意与不全部有意相对等。意图的好坏主要看行动的后果。后来,詹姆斯·密尔对意图和意愿进行了区分,认为"'意图'(intention)与'意愿'(willing)的不同点就在于它关注的是一个未来行为,而不是一个当前行为;如果相信一种现象将要发生和我们的一种行为也要因此产生的话,意图就存在于对一个未来结果的期望中,存在于我们行为的结果中"④。可见在这里,边沁和詹姆斯·密尔对行为的考量主要还是看行为的结果,只不过詹姆斯·密尔比边沁更深入了一步。

边沁把动机看作"是指任何能有助于产生、甚或有助于防止任何一种行为的事情"⑤,动机从不同的角度可以区分为内在动机和外在动机、预

————————

①　[法]埃利·哈列维著:《哲学激进主义的兴起》,曹海军等译,吉林人民出版社,2006年,第498页。

②　[英]边沁著:《道德与立法原理导论》,时殷弘译,商务印书馆,2012年,第123页。

③　同上,第34页。

④　[法]埃利·哈列维著:《哲学激进主义的兴起》,曹海军等译,吉林人民出版社,2006年,第498页。

⑤　[英]边沁著:《道德与立法原理导论》,时殷弘译,商务印书馆,2012年,第148页。

期的动机和存在的动机、直接动机和间接动机等。动机按照在社会中涉己与涉他利益的关系,可以分为三种,即"社会的、反社会的和自顾的动机",社会的动机有:善意、喜爱名望、希望和睦、宗教;反社会的动机主要有反感;自顾类的动机主要有身体欲望、钱财兴趣、喜爱权势、自我保存。① 虽然边沁认为不存在绝对好或者是绝对坏的动机,但是从他的论述中我们可以看出他倾向于认为社会的动机是好动机的观点,反社会的动机则是坏的或者是不良动机,而自顾的动机则是属于中性的动机,不好亦不坏。这是从抽象的角度来看待边沁的动机。边沁在对道德进行考量时,主要考虑的是行为的后果,假如行为动机的后果从量上说快乐大于痛苦,则是好的动机,假如行为动机的后果从量上说痛苦大于快乐,则是坏的。动机是意图的原因,"从同一种动机可以产生任何一类意图"。从实践的角度来说,动机的好坏要根据具体的情况而定,衡量一项动机的好坏"唯一的办法似乎应当是根据它在每个具体场合的效果,主要看它引起的意图"②,即从行为的结果来判断。从这个角度来说,社会的动机不一定都是好的,反社会的动机不一定都是坏的。

约翰·密尔区分了行为准则和行为动机。伦理告诉我们的义务是什么,同时用何种标准来检验义务,但是伦理并没有让我们把行为动机归结为义务,"我们百分之九十九的行为都是出自于其他某些动机,并且只要不遭致行为准则的谴责,这么做就是正当的"③。我们的行为动机之爱不与行为准则相冲突就是正当的行为,这是因为"动机与行为道德无关"④。

---

① 参见[英]边沁著:《道德与立法原理导论》,时殷弘译,商务印书馆,2012 年,第 170 ~ 171 页。
② [英]边沁著:《道德与立法原理导论》,时殷弘译,商务印书馆,2012 年,第 170 页。
③ [英]约翰·斯图亚特·穆勒著:《功利主义》,叶建新译,九州出版社,2007 年,第 43 页。
④ 同上,第 43 ~ 45 页。

　　约翰·密尔还区分了动机和意图,并认为"行为道德完全取决于意图,即行为者决意做什么,而动机,作为促使行为者决意这么做的一种情感,当它无法改变行为时,它在行为道德上就没有意义"①。由此可以看出,功利主义在道德判断上的主要依据是行为这个意图,主要看行为者的最终结果,即行为者的目的,而不是行为者的动机(动机只是对行为道德起影响作用)。我们可以这么说,功利主义的行为道德判断是效果论,而非动机论。

三、功利原则的运用

　　功利主义者从行为上来判断道德的是非标准。"任何一种思想流派……也都不会拒绝承认行为对幸福的影响是最具实质性的、甚至在诸多具体道德问题上是最主要的考虑因素。"②对幸福的评判要考虑到一个人或者共同体的行为,这是功利主义者一贯坚持的主张,虽然功利主义者在判断是非的时候主要考虑行为的结果,但是行为本身的性质是最具实质性的东西,从这一点来看,功利主义并不是纯粹的效果论,只是在考虑是非问题的时候,主要考虑的是结果,这是第一原则,同时兼有考虑行为的动机,动机不过是一个从属原则。

　　有学者攻击功利原则并不是最终标准,约翰·密尔辩护认为功利原则相对于其他原则来说是最好的,但并不是唯一的,功利原则是基本原则,但还有其他从属原则存在。功利原则和从属原则一个是主一个是副,从属原则为基本原则服务,平常主要是从属原则在起作用,只有在遇到重

① 　[英]约翰·斯图亚特·穆勒著:《功利主义》,叶建新译,九州出版社,2007 年,第45 页。
② 　同上,第9 页。

要的事件的时候才进行最终的考量。从属原则和功利原则之间并不冲突,只不过起作用不同而已。

　　功利原则随着人的思想的发展而不断改进,道德准则的改进是一种情况,运用功利原则这个基本原理来衡量个人的行为是另一种情况,道德标准随着历史的发展变化而变化。

　　对基本原则与从属原则两者要求应该一致。基本原则需要通过从属原理来应用,即把功利原则具象化,否则人们不知如何按照准则行动。"我们无论将何种思想奉为道德的基本原则,都需要从属原则来使它得到应用"①,一般来说,不存在没有从属原则的基本原则,因为从属和基本是对应的,基本原则是行为是非的最终评判原则,而从属原则则主要是日常生活中的行为准则,两者相辅相成,在我们的生活中,既要承认各种从属原则的存在,也要认可人类有能力获得一种普遍的原则。在我们的日常生活中,一般依照从属原则进行判断即可,不需要每次都用基本原则对道德行为做出判断,只有当从属原则与基本原则发生冲突的时候,我们才去运用基本原则进行评判。在《论边沁与柯勒律治》中,约翰·密尔认为"不通过各种次级目标的中介,功利或快乐就是一个过于复杂和模糊的追求目标"②。

　　由于人类活动的复杂性,所以在现实中不可能存在一种尽善尽美的行为准则,同样,也不可能存在一种永远符合道德义务或者永远遭到谴责的行为。③ 约翰·密尔认为虽然没有尽善尽美的考量原则,但是可以对

　　① [英]约翰·斯图亚特·穆勒著:《功利主义》,叶建新译,九州出版社,2007年,第59页。
　　② [英]约翰·穆勒著:《论边沁和柯勒律治》,白利兵译,上海人民出版社,2009年,第50页。
　　③ 参见[英]约翰·斯图亚特·穆勒著:《功利主义》,叶建新译,九州出版社,2007年,第59页。

所有的考量原则进行排序，找到一种最优原则，这就是功利原则。

对行为的评价包含主观性和客观性两个方面。随着社会历史的发展，在不同的时期或不同的民族之间必然会存在着不同的行为准则。也许一种行为在一个时期被看作是符合道德的行为准则，而在另一个时期则被看作是违背道德的；也许一种行为在同一个历史时期的一个地方被看作是道德的，而在另一个地方则被看作是违背道德的。所以在对待道德准则和道德行为时既要从历时角度又要共时角度的看待，行为准则既有其相对的一面，同时也有其绝对的一面，是相对与绝对的统一。

如果把功利作为道德义务的终极来源，我们在遇到矛盾的时候就可以通过功利原则来进行取舍，从而可以解决这个矛盾。虽然功利标准在实际的运用中具有很大的困难，但是功利标准"优于其他任何标准"①。总之，约翰·密尔把功利原则作为评判的基本原则、最优原则，其他的原则则为从属原则，两者相互配合、相互补充才能是最好的原则。

四、功利与教育

边沁和詹姆斯·密尔从量的角度来看待教育，主张大众教育，重视分析的作用，而不注重感情和精神的培养。约翰·密尔接受的是智力上从量的角度进行全才式的教育，无论从希腊语、拉丁语等语言方面，还是从经济学、政治学、哲学等方面都进行了专门的培养，这促使约翰·密尔在智力上过于常人。但是在他二十岁左右的时候出现了精神危机。1828年他从华兹华斯的诗里获得了他所需要的情感文化，在华兹华斯和柯勒律治的诗歌的感染下度过了他的精神危机。因而，从边沁、詹姆斯·密尔

---

① 　[英]约翰·斯图亚特·穆勒著：《功利主义》，叶建新译，九州出版社，2007年，第61页。

到约翰·密尔,对待诗歌教育的态度出现了极大的变化,边沁把诗歌看作一枚图钉,基本上没有什么用处,詹姆斯·密尔也对诗歌持不屑一顾的态度,他在著作《英属印度史》中认为印度文化是落后的,与此对应,也认为印度的梵文诗歌也是落后的,"诗歌是那些'感受先于沉思'的野蛮人的典型表达方式"。① 随着科学的发展和知识的丰富,散文将会替代诗歌,实际上作为功利主义者的詹姆斯·密尔认为诗歌不重要的一个主要原因在于他看到了诗歌的非实用性,诗歌是一种在情感上的爆发或者是释放,它不重视分析,所以容易造成对世界的误判,不利于功利原则的运用。但是人具有主动性,需要情感的寄托,纯粹从量上来对人进行智力的培养会忽视人的情感培养,造成精神危机,所以智力培养要和精神培养统一起来才能更有利于人的发展。约翰·密尔从智力上说是功利主义教育的受益者,但是从情感教育上来说则是受害者。功利主义者由忽视精神教育转变为极度重视精神教育。

约翰·密尔赞同斯宾塞的观点,把推理和归纳看作是对普遍命题研究的方法。"伦理学与其他所有进行科学研究的分支科学一样,推理和归纳两种方法得出的结论一致、相互印证,乃是对任何普遍命题进行科学证明的前提条件。"②作为经验主义者的约翰·密尔把幸福建立在人们的生活经验基础之上,从人的本性和人类普遍的生活状况去进行归纳和推理,探究幸福的奥秘。

功利计算的原则反映到教育过程中则要注重教育行为的效果、教育的意图与动机等因素。由于教育的结果与教育的具体环境密切相关,所

① [英]威廉·托马斯著:《穆勒》,李河译,中国社会科学出版社,1992 年,第 51 页。
② [英]约翰·斯图亚特·穆勒著:《功利主义》,叶建新译,九州出版社,2007 年,第 145 页脚注。

以在教育中要注意到教育环境对人的培养的影响,如气候和环境等。功利主义教育受爱尔维修环境教育思想的影响很大,这里的环境既包括自然环境也包含社会环境。在功利主义教育中,教育原则和功利原则是一致的,教育的最高目标是为了"最大多数人的最大幸福",这是最高标准。在教育过程中还会有很多从属原则,只有将教育中的基本原则和从属原则相结合才能更有利于教育的发展。

第五节　联想主义心理学

联想主义心理学是功利主义教育认识论的心理基础。它把人类的认识看作观念之间的联想,这种联想来源于人的感觉经验,人通过联想形成认识规律,再通过认识规律来把握人的感觉经验。边沁和詹姆斯·密尔都继承了哈特莱的联想主义心理学思想,边沁没有对联想主义心理学进行系统的论述,他的继承主要在联想主义心理学的实际运用上;詹姆斯·密尔则在继承前人思想的基础上进行了详细论述,提出了力学心理学学说。约翰·密尔继承并发展了联想主义心理学,提出了化学心理学学说。联想主义心理学的继承、发展及运用为功利主义教育提供了心理学的理论依据。

一、边沁对哈特莱心理学的继承

边沁接受了哈特莱的联想主义心理学,"把联想原理当作心理学的基本原理"[1],运用观念联想的方法来看待快乐与痛苦以及其他一切心理现

_____

① 　[英]罗素著:《西方哲学史》(下),马元德译,商务印书馆,1981 年,第 327 页。

象。边沁把联想原理应用到他的"最大多数人的最大幸福"原理中。哈特莱认为当我们思考自己幸福的时候,我们也会通过联想原理想到他人的幸福。边沁作为哈特莱的追随者对这个原理深信不疑,主张通过联想心理可以解决道德和立法中的很多问题,边沁"从哈特莱那里学到了将幸福视为通过联想整合起来的简单快乐的总和"①,并将个人趋乐避苦的人性观放大到社会,去谋求最大多数人的最大幸福。

边沁反对直觉主义,反对道德信仰的直觉式掌握,尤其是法律中的依靠直觉的裁决。法律中的直觉主义会导致制度的非正义和法律的客观性的迷失,边沁提倡法律要依靠经验和客观事实来裁决,主张贴近实际的法律标准。边沁企图为法律寻找客观性的依据,即功利主义的惩罚观,这种观点与直觉主义针锋相对,它是以行为所造成的总的痛苦的和快乐的结果来判断,以"谋求最大多数人的最大幸福"为目标,是一种非动机论的、目的论的解读。他没有区分痛苦和快乐的质,只是对两者从量上来做区别,而没有单独对高级和低级的快乐进行分别。边沁对人生持积极、乐观的态度,认为人生就是享受快乐,所以他持心理享乐的思想。

边沁承认人的观念之间的联合,希望通过这种联合可以解决人的各种精神现象。边沁是把联想功利主义运用到伦理之中,而詹姆斯·密尔则把联想心理研究的推向深入。

二、詹姆斯·密尔的心理力学学说

詹姆斯·密尔是边沁的功利主义原则的继承者。在政治上,边沁认

---

①　[法]埃利·哈列维著:《哲学激进主义的兴起》,曹海军等译,吉林人民出版社,2006年,第8页。

为能实现"最大多数人的最大幸福"的社会组织是最好的;在心理学问题上,边沁认为人主要的动机来自于欲望的满足,人有追求快乐和幸福的权利,赞成享乐主义原则。詹姆斯·密尔的主要心理学著作是《人的心理现象的分析》(*Analysis of the Phenomena of the Human Mind*),詹姆斯·密尔通过联想心理学来解释所有的心理现象,他虽然学过神学,但是并不信仰宗教,是"一个不可知论者"①。这反映到道德问题上就会坚持经验论的道德观。詹姆斯·密尔认为人的道德标准来自于经验界,是建立在人的快乐和痛苦的基础之上,并且在语言文字的应用过程中通过人与人的交流而形成,从这一点上来看,他已经看到了人的社会属性。从这点可以看出,詹姆斯·密尔的经验论的道德观不同于休谟的先验论道德观。

詹姆斯·密尔是以力学为基础去观察人的心理现象,并分析人的心理现象。他通过对感觉和观念这两个概念的阐述来解释联想主义心理学。詹姆斯·密尔重视感觉,认为人的最简单的意识单位是感觉,研究人的心理现象就要从人的感觉开始。"如果我们的感觉是清醒的,我们就会不断接受眼睛、耳朵、触摸等感觉,但感觉不是单一的。"②詹姆斯·密尔强调各种感觉器官在接受信息的时候不是单一的,触觉之间存在着沟通和联系。他在视觉、听觉、触觉、嗅觉和味觉5种感觉的基础上,还增加了3种感觉,即消化道感觉、肌肉感觉和混乱感觉。③詹姆斯·密尔认为这8种感觉是心理现象的基本元素的来源。他在人的心理材料来源问题上坚持无神论,认为心理材料来自于人的感性,是由感性颗粒组成的。

---

① [美]G.墨菲、J.科瓦奇著:《近代心理学历史导引》(上册),林方、王景和译,商务印书馆,2009年,第138页。

② James Mill, *Analysis of the Phenomena of Human Mind* (Vol. 1), Routledge/Thoemmes Press, 2001, p.52.

③ 杨鑫辉主编:《心理学通史》(第3卷),山东教育出版社,2000年,第340页。

在联想的分类问题上,詹姆斯·密尔受他的老师哈特莱的影响,认为主要有继时性联想和共时性联想。感觉按照一定的顺序出现在人的心理中,当一种感觉再出现时,另一种感觉也被动的、机械地随之而来,约翰·密尔这里谈的联想是继时性联想。继时性联想指的是由于人们在运用语言文字的时候会出现前后相继的联想,这是从时间的形式来考察联想的规律。回忆故事就是这种联想方式。共时性联想指的是人们在感觉到外物时会把它的一些性质特征联想在一起,如事物的形状、大小、颜色等,这主要是从空间的形式来探讨联想问题。观念是对感觉的拷贝中的一种,从时间上来说后于感觉,也可以看作是感觉的作用,"我看见一匹马,那是一种感觉,我马上会想到它的主人,那是它的观念"①。观念是感觉的摹本或拷贝。联想有时间的长短之分,"有些联想是短暂的,而另一些则是永久的"②。总的来说,在感觉、观念和联想三者的关系问题上,感觉可以引起观念,同时一个观念也可以引起另一个观念。意识的基本元素是观念和感觉,联想的作用使感觉和观念发生联合,形成复杂的心理现象。

詹姆斯·密尔用心理力学来阐述他的联想机制。詹姆斯·密尔是哈特莱的学生,在联想问题上具有机械论倾向,不赞成布朗的心理化学之说。复杂观念是通过简单观念的联想作用而形成,这种形成并不是化学方式的结合,而是以物理的机械的力学的方式结合。例如砖头是一个复杂观念,灰泥也是一个复杂观念,再加上位置和数量就成了墙的观念,墙再加上地板、窗子等就合成了房子的观念。"如词语金和铁表达的是一个简单观念,就像颜色和声音一样,但是这金属观念分别由几种不同的感觉

---

① James Mill, *Analysis of the Phenomena of Human Mind* (*Vol.* 1), Routledge/Thoemmes Press, 2001, p. 52.

② Ibid., p. 60.

观念构成,如颜色、硬度、延展度和重量。"①观念联想的原则也可以用来
解释人的情绪和情感,"我们的观念和确定的内部器官之间存在着联系,
如焦虑会导致大多数人消化紊乱,随之而来的不消化的内部感受会促使
忧虑心境的观念现象的产生"②。综上所述,世界万物都是如此,由简单
观念构成复杂观念,复杂观念与多个层次的观念通过机械的物理力学的
方式结合而成。

我们的观念来自于感觉,接受到的准确信息是通过联想得到的。"哲
学可以使我们确信,我们从眼睛中得不到任何信息,获得的只是对颜色的
感觉,这种延伸(extension)的观念包括尺寸、形状和距离,它来自于感觉,
并不是来自于眼睛,只不过是我们身体的部分肌肉。那么,我们通过眼睛
接收到的尺寸、形状和距离怎样成为准确的信息? 只是通过联想
而已。"③

在联想的规律问题上,詹姆斯·密尔继承了哈特莱对于联想的看法。
他认为休谟的三大联想主律是不可能的,并把因果律、对比律和相似律纳
入接近律之中。他把休谟的因果关系看作事件的先后序列,"因果关系只
不过是前项和后项之间建立起来的一种秩序,也就是说,一件事情在先,
而另一件事情在后"④。如此,詹姆斯·密尔把休谟的"因果律"演变成
"接近律",联想依靠的是接近性,不存在什么相似性和对比性的联想。
对比律不是特殊的联想主律,而是相似律和频因律的一个例子,"痛苦可
使我们想到快乐,这就是通过对比律进行的联想。毫无疑问,痛苦可以使

①　James Mill, *Analysis of the Phenomena of Human Mind* (*Vol.* 1), Routledge/Thoemmes Press, 2001, p. 69.

②　Ibid., p. 77.

③　Ibid., 2001, p. 73.

④　James Mill, *Analysis of the Phenomena of Human Mind* (*VOL.* 1), Routledge/Thoemmes Press, 2001, p. 79.

我们联想到缓解痛苦;因为它们之间具有联系,感觉中最生动的部分可以使联想更加紧密、痛苦的缓解是一种快乐;一种快乐会导致以相似律思考另一种快乐……所有其他的对比事例,都可以用来阐述一种相似行为"①。总之,在詹姆斯·密尔看来,接近律既可以应用在人的认知方面,也可以应用在人的心理认知方面,接近律是联想律的唯一主律。

詹姆斯·密尔把所有的心理现象看作由感觉或观念的联合,把心理联想看作观念的简单和机械的相加,忽视了人的心理的社会性以及主动性。人的心理中既有被动的因素也有主动的因素,应该辩证地看待人的心理活动,不能偏颇地把人的心理活动看成是机械的,这与詹姆斯·密尔的心理学受到当时机械论的影响是分不开的。詹姆斯·穆勒的联想主义心理学增加了哈特莱的联想主义心理学的广度和深度。

詹姆斯·密尔重视人的触觉给我们带来的知识,他受经验主义认识论的影响,在教育中重视经验知识的认知获得,而忽视了情感的教学及作用。在联想主义心理学的激发作用下,詹姆斯·密尔成为"一位坚定的大众教育和全人教育倡导者"②。他还重视语言文字在联想过程中的作用,认为语言文字可以使人记住稍纵即逝的观念,形成稳定的知识,人们认识事物就是通过从感觉得来的观念,这"为功利主义者鼓吹的知识与教育万能的理论提供了心理学的依据"③。

---

① James Mill, *Analysis of the Phenomena of Human Mind* (Vol. 1), Routledge/Thoemmes Press, 2001, p. 80.

② [英]瓦伊尼著:《心理学史:观念与背景》,世界图书出版公司北京公司,2008 年,第148 页。

③ 周敏凯著:《十九世纪英国功利主义思想比较研究》,华东师范大学出版社,1991 年,第32 页。

三、约翰·密尔的心理化学学说

约翰·密尔的著作主要有《逻辑学体系》和《对汉密尔顿哲学的批判》，他还撰写了《人的心理现象的分析》的注释部分，在六卷本《逻辑学体系》中的最后一本书中他专门讨论了心理科学问题。密尔在他的思想体系中把洛克的内省和哈特莱的观念联想混淆，把由感觉产生的观念与通过观念联想而产生的观念看作人们认识的来源。

心理学像自然科学一样，是可以研究的一门科学。尽管它比自然科学受到的影响因素多，具有更多的不确定性，而且也不如自然科学那么精确，但是并不意味着心理学不可研究，不能成为一门科学。他认为不仅存在研究心理规律的心理科学，同时也存在研究人的性格形成的性格学说。人的理性的能力具有可研究性，"我们理性能力的规律，如同其他各种自然动力的规律一样，惟有通过对活动中的行动者进行观察，才能得到了解。"①心理学要研究人类理性能力，并探求其规律，运用的是观察的方法，同时实验也是主要的方法之一。

约翰·密尔赞成经验主义的研究方法，反对用先验的方法进行研究。"证据原则和方法理论不应先验地建构。"②社会科学"是门演绎科学；不是仿照几何学的模式，而是仿照更为复杂的物理科学的模式"③。由此可以看出，约翰·密尔采取的是一种实证主义的方法。在哲学上，约翰·密尔受到孔德的实证主义哲学的影响，所持的心理学也具有实证主义倾向。

---

① [英]约翰·斯图尔特·密尔著：《精神科学的逻辑》，李涤非译，浙江大学出版社，2009年，第1页。
② 同上，第1页。
③ 同上，导读第3~4页。

19世纪英国物理学的发展带来了思维方式的改变,随之而来的问题是在自然科学中运用的科学的方式是否能运用到社会科学上来,心理学也包含在其中。

约翰·密尔坚持心理学是一种独立心灵哲学。他希望"通过心灵的规律来理解一些心理现象"①,他把感觉同思想、情绪、意志力和感觉都看作心灵的状态,"感觉的直接先行物是身体的一种状态,但感觉本身是心灵的一种状态"②。他区分了身体状态和心灵状态,身体状态是人的本性的部分,其"有关的规律显然属于生理学状态"③,有关身体规律属于物理学研究的范围,他反对把心理科学仅仅看作生理学科学的一个分支。约翰·密尔确信:"存在着心灵状态的序列的齐一性",关于心理现象表现出来的序列的真正知识需要通过"观察和实验对心理序列本身进行的直接研究被发现"④。心理现象的序列不能通过普遍的现象规律推导而出,只能通过研究其本身才能发现其规律,因此心灵科学是一门独立的科学。

心理现象属于意识活动,要用意识去解释,不能通过外部因素去解释,更不能只用生理学的方法来进行阐述。约翰·密尔反对用生理学的方法研究心理学的思想促使心理学从生理学中分离出来,成为一门独立的学科,这为心理学的发展提供了更有效的途径。但是把心理学与生理机制完全分开的做法不符合心理学发展的规律,会阻碍其发展。对于心理现象要用辩证的观点来看,两者之间既有区别又有联系,研究生理机制是研究心理学的一种主要途径。

---

① [英]约翰·斯图尔特·密尔著:《精神科学的逻辑》,李涤非译,浙江大学出版社,2009年,第21页。
② 同上,第21页。
③ 同上,第22页。
④ 同上,第24页。

哈特莱用化合论来阐述观念联想说,詹姆斯·密尔用物理力学的方式解释联想主义心理学,约翰·密尔则反对心理力学观,他受到 19 世纪化学观,尤其是道尔顿对化学化合物方面研究的影响,赞成用化学的方式解释联想心理学,并提出了心理化学说。"物理学对于詹姆斯·米尔是一个好模式,而化学对于约翰·斯图亚特·米尔则是一个更好的模式。"[1]他认为,心理现象是一种心理化学现象,但是需要进行实验研究,在任何时候发生的"一类心理现象产生另一类心理现象"都是在心理化学中有趣的事实。[2]他举了个关于硫和氧气的属性的例子,认为硫酸的性质需要经过观察和实验来确定性质。他主张,我们"无论从比较简单的心理现象出发来说明我们的判断、欲求或意志力的起源的最终结果如何,还是有必要遵守归纳规则,利用专门研究来确定复杂现象本身的序列"[3];归纳作为一种研究的方法,其目的是为了研究复杂现象本身的序列,从而找出心理学规律。在他看来复杂观念使简单观念有机地结合在一起,并非是简单观念的机械结合,这是对机械力学心理学的一种反驳。

约翰·密尔用联想化学观取代了詹姆斯·密尔的联想力学观。他否认观念的客观来源,通过"感觉的永恒可能性"(Permanent Possibilities of Sensations)来分析物质[4],相信物质的存在只不过是对这种可能性的信仰,否定了物质的客观存在性。他持一种心理化学观,这种化合过程不是客观存在的元素的化合过程,而是在主观意识中观念的化合过程。在这点上,约翰·密尔持主观唯心主义观点。他的心理化学观与詹姆斯·密

① [美]G. 墨菲、J. 科瓦奇著:《近代心理学历史导引》(上册),林方、王景和译,商务印书馆,2009 年,第 142 页。

②③ [英]约翰·斯图尔特·密尔著:《精神科学的逻辑》,李涤非译,浙江大学出版社,2009 年,第 29 页。

④ John Stuart Mill, An Examination of Sir William Hamilton's Philosophy, J. M. Robson (eds.),*The Collected Works of John Stuart Mill*(Vol. 9),University of Toronto Press. 1979,p. vii.

尔的心理力学观不同,詹姆斯·密尔强调的是力学,属于物理学的问题,从量的角度看待事物,而约翰·密尔则采用的是化学的方式,强调的是质的不同,是从质的角度来看待事物。这反映到教育上,詹姆斯·密尔在教育过程中重点培养的是认知的能力,可以说是智育,而约翰·密尔则在强调认知能力的同时,还强调情感教育对人的身心发展的影响。

在联想规律问题上,约翰·密尔反对他父亲的联想主义观点,即把因果律、对比律和相似律纳入接近律的看法,赞成联想主要有接近律、相似律和强度律三种,认为频因律是依附于接近律的,但是频因律又可以独立的发挥作用,接近律是否有效主要依靠事物之间同时发生的次数。同时也不赞成把相似律归结为接近律,因为有了相似性联想才可能会有接近性的联想,例如当我们见到一个陌生人的时候会联想到其他以前见过的某人,这种现象不能归结为频因律,而可以看作是一种相似律和接近律的结合。他于 1865 年在著作《对汉密尔顿的考察》中提出了不可分律,即事物之间联系紧密,相互接近的次数较多,从而事物之间具有不可分的性质,不可分律是"频因律的一种极端状态"。[①] 这时,他确定了接近律、相似律、频因律和不可分律四种联想律。

詹姆斯·密尔的力学联想主义心理学具有强烈的经验主义特征,反对唯理论,在知识认知和心理学方面联系比较紧密,大多把感觉作为认知的来源。约翰·密尔用"心理化学"的方式把心理现象看作不同质的元素之间的一种联合,这种联合不是人通过主动性来进行的,而是把心理现象看作是通过联想的作用的一种被动过程。从某种意义上说,约翰·密尔"是最后一位哲学联想主义者"[②]。詹姆斯·密尔用力学的方式来探讨

---

① 杨鑫辉主编:《心理学通史》(第 3 卷),山东教育出版社,2000 年,第 353 页。
② 同上,第 358 页。

心理问题,他的联想主义心理学是对边沁的联想主义心理学的一种传承,这种心理学是用物理的、机械的观点来解释人的活动,不具有辩证的观点,只注重量的多少的变化,没有考虑到质变的问题,认为痛苦和快乐的大小只是简单的数学方式的相加,并没有区分精神的快乐和物质的快乐的问题。

用物理力学的方式和用化学的方式思考心理学的问题反映到教育上所持的观点也不相同。詹姆斯·密尔重视知识的培养,未重视情感和诗歌在教育中的作用,这一点在他对约翰·密尔的教育上可以看得出,基本上没有给予诗歌的教育活动的余地。由于受量变哲学思想的影响,他坚持大众教育或通俗教育,不太注重教育的多样化以及个性培养。而约翰·密尔则不但重视知识的教育,同时由于受自身教育中情感方面痛苦的影响,而且也重视情感教育,尤其重视诗歌在教育培养中的作用。密尔对知识教育持精英主义的态度,他认为知识的水平有高低和质的不同,精神的享受也有高低和质的不同,只有高级智力的知识才能促进社会的发展和进步,教育通俗化会导致知识的通俗化,这不但不会促进社会的进步,反而会导致倒退。约翰·密尔注重自由教育,注重教育的多样化以及个性的培养,认为个性是社会进步的阶梯。可见,詹姆斯·密尔在教育中相对更加注重量的积累,而约翰·密尔重视量的同时更注重质的提高。

詹姆斯·密尔的联想主义机械论通过功利主义原则运用到教育中,虽然对约翰·密尔采取的是灌输式教育方式,没有注重情感教育,但是在教育的过程中,他没有完全按照机械论的观点,而是与儿子约翰·密尔有互动,这无形之中培养了约翰·密尔的主动性。约翰·密尔在其青年时期由于接受分析性的教育而导致精神出现危机的时候,在华兹华斯的诗中找到了情感文化。在解释诗人的特殊禀赋时,约翰·密尔"使用的也是一套联想主义的用语"①。

经验主义重视环境变化的影响,这反映到功利主义教育中就是注重环境教育对人的影响。人类的性格受教育和外部环境的影响,"至少在人类中,教育和外部环境的差异能为最大部分的性格提供充分的说明",同时人类的性格还要以"相同的外部或内部原因在不同个体身上产生的感觉的物理差异来说明"②。约翰·密尔认为神经与大脑之间具有真实直接的联系,人类可以通过心理作用加上教化作用去降低人本能的东西以实现人的发展。

在功利问题上,詹姆斯·密尔基本上延承了边沁的理论,功利计算中强调量的相加。约翰·密尔把享乐主义和联想主义结合在一起,认为所有的经验都能够通过功利主义苦乐原则化作为感觉。把感觉作为人的所有的心理现象的来源,联想的原则可以应用于观念领域,而不能应用于感觉。在解决功利道德问题上,功利主义者运用联想原则,认为从个人的痛苦可以联想到他人的痛苦,从个人的快乐可以联想到他人的快乐,以此类推,每个人为了自己谋利益的同时也会联想到为他人谋利益,如此就可以做到人人为己就是人人为他,实现"最大多数人的最大幸福"的功利主义目标。"联想主义心理学的全部努力就是要证明利己主义是所有精神倾向的原始动机,而所有的精神现象都是连续和复杂的"③,联想主义心理学所说的人实际上是具有利己主义的人。总之,功利主义者认为通过观念的联想可以解释人的大部分心理现象。

---

① [英]威廉·托马斯著:《穆勒》,李河译,中国社会科学出版社,1992年,第54页。
② [英]约翰·斯图尔特·密尔著:《精神科学的逻辑》,李涤非译,浙江大学出版社,2009年,第33页。
③ [法]埃利·哈列维著:《哲学激进主义的兴起》,曹海军等译,吉林人民出版社,2006年,第519页。

第三章

功利主义教育理论的实践

功利主义者的教育思想既有共性,也有个性。功利主义者的教育思想并不是一致的,而是有所变化、有所发展的,我们要给他们一个完全一致的评价是不可能的,研究他们的教育思想需要从共性和个性相结合的角度,例如,他们都赞成环境对人的教育的影响;对于宗教教育、国家教育和大学教育,边沁、詹姆斯·密尔、约翰·密尔都有所论述,但是侧重点有所不同;对于个性教育,约翰·密尔看得最重。本章的研究是按照问题或者说是教育的主题来进行分类,即将功利主义教育思想的主要内容分为不同的理论形态进行探讨,力求达到共性与个性、普遍与特殊的统一。本章主要从环境的教育、宗教的教育、国家的教育、大学的教育和个性的教育五方面来探讨。

第一节　环境的教育

边沁、詹姆斯·密尔和约翰·密尔以经验主义和联想主义心理为基础,主张环境在塑造人的性格和知识的获得过程中起到了至关重要的作用。作为经验主义者,他们相信知识的获得不是大脑中凭空臆想的,也就是说人的知识不是像唯理论者所认为的先天存在,而是通过人对外部世界的感觉获得的。如果我们通过感官可以获得外部世界的知识,那么环境不论是对教育者传授知识,还是对受教育者获得知识和他们的性格形成都具有十分重要的意义。

边沁认为气候环境对人的教育可以改变人的身心特征和构造;詹姆斯·密尔受爱尔维修的环境决定论的影响,认为教育是万能的,持全能的环境决定论观点,并对其儿子约翰·密尔实施环境的教育;约翰·密尔由于受其自身的教育和成长经历的影响,从其认识论(约翰·密尔认为"发现真理无非两个途径:观察和推理"①)和心理学的观点出发,认同环境对教育的影响,他的环境决定论思想是一种温和环境决定论。

一、全能的环境决定论

詹姆斯·密尔"被视为环境的力量的信奉者",认为"环境会影响到一个人的一生"。他从心理力学的观点出发,认为在人的认识过程中接近于现在的联想会对以前的联想起到压制甚至是根除的作用②,这就是他所认为的接近律,即在对人刺激强度相同的情况下,越是接近于当前的越是有效的,人追求快乐的过程也适用于这个规律。人凭借经验和联想心理来获得知识,因此一个人在早期和成长期形成的知识和性格对以后的生活会产生重大的影响,例如对世界、人生和价值的看法等。"虽然在他那里不是一个观察和常识性的结果,而是心理联想与享乐主义联合的逻

---

① [英]约翰·密尔著:《密尔论大学》,孙传钊、王晨译,商务印书馆,2013 年,第 46 页。
② Burston. W. H., *James Mill on Education*, Cambridge University Press, 1969, p. 19.

辑后果的实现。我们有理由相信他支持这两种形式的环境论：这两者与他的理论是一致的，通常都依靠的是社会和政治教育概念的检查"①。

作为联想主义者的詹姆斯·密尔非常推崇哈特莱的联想主义心理学，他认为哈特莱的心理学促进了对各种心理现象的研究，并解决了很多心理现象。人在认识过程中需要把握语言和事实之间的关系，但是如何才能保持语言和事实之间的一致性，詹姆斯·密尔认为这就需要分析复合语言和复合感觉，而要说明语言和事实之间的关系则要健全的人的心理。他确信，语言和知识的关系立足于"一系列发生在人的感觉或思想中的知识，这需要培育好的教育体系"②，"人的心理特征包括其思想的一个序列，教育的主题就是不断地为这个序列提供产品，而不是其他的东西。我们不能确定为此采取最佳的手段，除非我们拥有这序列本身的最多知识……习惯、痛苦和快乐是获得这一系列心理特质的主要工具和力量，运用它们就可以达到教育的目的"③，他把人的认识看作一个心理过程，所要实现的是词能达意，而达到这个目的则需要教育，习惯加上人对痛苦和快乐的感知是实现这种目的的两个工具，人类认识的来源最初来自于人对世界和自身的感觉，孩子所生活的环境就是他这两种工具发挥作用的场所，所以必须重视人自身所生存的环境，这就是詹姆斯·密尔所赞成的环境教育。约翰·密尔是这样评价他的父亲的："在心理学方面，他的基本理论是通过普遍的'联想原理'，人类性格的形成取决于环境，以及通过教育人类有提高道德和智力水平的无限可能性"④，这种理论的核心观

---

① Burston. W. H., *James Mill on Education*, Cambridge University Press, 1969, p. 19.

② Ibid., p. 52.

③ Ibid., p. 58.

④ [英]约翰·穆勒著：《约翰·穆勒自传》，郑晓岚、陈宝国译，华夏出版社，2007年，第80页。

点是强调环境对性格的影响,即教育万能的观点。同时,约翰·密尔也认为这种思想与以后的流行思潮矛盾甚大。

詹姆斯·密尔把他的联想主义心理原则运用到对儿子的教育上来,希望通过这个原则来教育约翰·密尔,以保证学习到的知识的确定性。约翰·密尔在其自传的第五章"成长中的危机与进步"中这样写道:

> 我的学习过程使我相信:所有精神的和道德的感情和品质,不论好坏,都是与外界联想的结果;我也相信我们喜欢一种事物却憎恨另一种事物;我们以某种行为或打算为乐,却以另一种为苦,是因为我们对这些事物有快乐或痛苦的看法,是由于教育经历的影响。由此产生的一个必然结果(我曾听说父亲坚持认为,我自己也深信不疑)是教育的目的应该是形成对有益的事物与快乐联想起来,把所有对大多数人有害的事物与痛苦联想起来。①

从某种程度上说,詹姆斯·密尔对其儿子的教育是成功的,约翰·密尔也接受了他父亲的联想原理。

过于重视分析的习惯容易造成情感的缺失。"分析的习惯也往往削弱那些纯感情的东西。所以我认为,分析的习惯对深谋远虑和洞察力来说是有利的,但对激情和美德的根基来说却是永久的蛀虫;最重要的是,分析的习惯可怕地破坏由联想引起的所有希望和快乐"②,约翰·密尔通过自己的精神危机找出了分析对他的影响,早期在未形成自己的情感时

---

① [英]约翰·穆勒著:《约翰·穆勒自传》,郑晓岚、陈宝国译,华夏出版社,2007年,第101页。
② 同上,第102页。

学习分析能力会破坏对快乐的获得。"自然界中似乎没有什么力量可以使我重新形成我的性格,使我这颗无法挽救的分析的心灵与人类期望的任何事物产生新的快乐的联想"①,最后还是通过对华兹华斯诗歌的阅读,从中得到了情感的慰藉,渡过了他的情感危机,因此他认为"华滋华斯更能以诗陶冶人"②。对诗歌的阅读使约翰·密尔感受到了大自然对人情感的影响,"华滋华斯的诗歌成为治疗我心痛的良药是因为它们不仅表述了外在的美,而且表达了动人的美景下所蕴含的感情和由感情渲染的思想"③。这些经历使约翰·密尔重视到了自然环境对人的心灵的影响。虽然他有时候谈论其父亲在教育中给予了他成功的智力支持,忽视了个人的情感培养,但是他并没有否认环境对人的影响。约翰·密尔的旅游经历实际上是一个很好的环境教育,1813 年,约翰·密尔、詹姆斯·密尔和边沁一起旅行,经过牛津、巴斯、布里斯托、艾克赛特、普利茅斯、朴茨茅斯;1820 年到法国南部塞缪尔·边沁家里做客;5 月还到了比利牛斯山等地旅行,对于这次旅行他写道:"初次领略风光无限的山景给我留下了最深刻的印象,并丰富了我的人生体验"④。这些旅行经历在约翰·密尔的成长期不但提供了知识,丰富了阅历,同时也对他的性格形成具有很大的影响。约翰·密尔从自己成长期的家庭教育经历和旅行的经历出发,认为人为设计的环境教育和自然环境能够影响到人的心智。

孩童的仁爱之心来自于环境的影响。"詹姆斯·密尔告诉我们,孩童时代仁爱之心的发展是'事物的自发秩序'……教育的目的就是鼓励这

---

① [英]约翰·穆勒著:《约翰·穆勒自传》,郑晓岚、陈宝国译,华夏出版社,2007 年,第103 页。

② 同上,第 110 页。

③ 同上,第 109 页。

④ 同上,第 43 页。

种自然进步,就是在孩子们周围营造出一种尽可能少的含有偶然性和个人的反复无常的环境,就是服从同情的倾向。"①儿童的道德教育要顺应事物发展的规律,具有自发性,良好的环境是促进儿童的仁爱之心的必要条件。受爱尔维修的影响,詹姆斯·密尔认为教育是万能的,"如果你把一个人带到这个世界,其带有他们最初的自然性质、他们的精神和体格,因为善良的常态通常居于人类巨大的身躯之中——脱离了整体,相对较小的数量的个人来到这个不完美的世界,而明显低于一般标准——你可以认为这一伟大的人类整体易受精神卓越的影响并探寻使他们产生差异的原因。如果是这样的话,教育的力量无所不能,从知识和道德的最低阶段到最高阶段,这不仅是现实的,而且有可能是完美的。如果教育的力量如此巨大,完善教育力量的动力将无法形容"②。

二、温和的环境决定论

边沁认为气候环境能够改变人的气质。他认为在改变人的教育外部环境的因素中,"首推那些总称为气候的环境","教育的影响以比较明显或不够明显的方式被外在事件改变;并以几乎完全不明显的方式,完全不能估算地被天生的身心特征和构造改变"③,对人的教育产生影响的主要因素是人的外部环境,而人自身的身心特征和构造对人自身的教育并不具有决定性的作用,这是边沁受18世纪法国环境决定论影响在教育上的一种反映。不能把人一生的错误都归结为自然和教育,"将一切归因于自

---

① [法]埃利·哈列维著:《哲学激进主义的兴起》,曹海军等译,吉林人民出版社,2006年,第513页。

② Burston. W. H.,*James Mill on Education*,Cambridge University Press,1969,p. 69.

③ [英]边沁著:《道德与立法原理导论》,时殷弘译,商务印书馆,2012年,第116页。

然或归因于教育的看法(如果有些人坚持这样的看法),似乎同样远离真理"①,边沁意识到自然和教育对人的影响,但并不是起完全的决定作用,其思想为温和的环境决定论。

约翰·密尔十分相信教育对人的改变作用。密尔"有18世纪对进步和启蒙思想的热忱,同样相信教育至上的作用,他认为没有教育所不能改变或消除的自然冲动,人的性格将随着人的思想而变化"②。约翰·密尔在教育与环境关系的问题上虽然受到法国环境决定论的影响,但是他所持的并不是绝对的环境决定论。他认为"人们生活的环境会按照它们自身的规律和人性的规律去运作,从而能够形成人类的性格或特性;从人类自身来说,人类也能够塑造和改变影响他们自身和子孙后代的环境"③,这种相互之间的影响和作用会促进人类社会循环或者是进步,约翰·密尔在承认环境对人的影响的同时,也没有忘记人有能力通过改变环境来改变自身和子孙后代,即人改变环境的同时,环境也会改造人,同时人也应该能够改造人自身,人类的创造性和环境的约束性是一种交互辩证的关系,人既不能完全决定环境,环境也不能完全决定人的性格。因而,约翰·密尔对环境与教育持一种温和决定论的观点,"密尔的目的是要协调人类的创造性和外部决定因素之间的关系。他的结论实际上是一种温和的决定论"④。

人的性格形成规律是人类心灵通过对环境影响人的性格的研究而得出的。"性格形成的规律是派生规律,来自于同心灵有关的普遍规律,而

---

① [英]边沁著:《道德与立法原理导论》,时殷弘译,商务印书馆,2012年,第112页
② [英]梯利著:《西方哲学史》,葛力译,商务印书馆,1995年,第566页。
③ John Stuart Mill, A System of Logic Ratiocinative and Inductive, J. M. Robson(eds.), *Collected Works of John Stuart Mill*(Vol. 8), University of Toronto Press, 1974, p. 913.
④ 黄伟合著:《英国近代自由主义研究:从洛克、边沁到密尔》,北京大学出版社,2005年,第125页。

且只能通过从那些普遍规律中被演绎出来才能获得,其做法是:先假定某种环境集,然后考虑那些环境根据心灵的规律会对性格的形成产生什么影响"①,人们运用心灵把握环境对人类性格的影响,不能把握普遍的性格规律,但是可以通过环境对人的性格的影响来把握人的性格形成的规律,通过对类似或者相同的环境下形成的性格进行研究来找出这种规律。

在《精神科学的逻辑》中,约翰·密尔探讨了性格形成与环境的关系问题。性格学是从心理学中派生出来的,心理学是用科学的方法建构起来的,它"完全或者原则上是一门观察和实验科学,而我所构想的性格学则完全是演绎性的"②,需要通过人类的创造才能够建立起来。约翰·密尔把心理学看成关于心灵基本规律的科学,而性格学则是一门未来科学,"我们可以把心理学看作是关于心灵基本规律的科学,将性格学看作一门未来科学(ulterior science),它决定着通过一系列由物质的和精神的环境而形成的性格类型符合这些普遍规律"③,因为它研究人的性格形成的普遍规律,而不是人的性格的普遍性。约翰·密尔重视人的个性的发展,不同个性的人的性格各异,所以人类具有普遍性格的论断是他所不赞成的。

在人类的发展过程中,教育和外部环境能为性格的形成提供解释。"至少在人类中,教育和外部环境的差异能为最大部分的性格提供充分的说明,余下的部分在很大程度上能靠相同的外部或内部原因在不同个体身上产生的感觉的物理差异来说明"④,除了教育和外部环境对人性格形

---

① [英]约翰·斯图尔特·密尔著:《精神科学的逻辑》,李涤非译,浙江大学出版社,2009年,第44页。

② John Stuart Mill, A System of Logic Ratiocinative and Inductive, J. M. Robson(eds.), *Collected Works of John Stuart Mill*(Vol. 8), University of Toronto Press, 1974, p. 870.

③ Ibid.

④ [英]约翰·斯图尔特·密尔著:《精神科学的逻辑》,李涤非译,浙江大学出版社,2009年,第33页。

成一定的影响,感官的物理性的刺激也对人的性格形成起到不可忽视的作用,对这种刺激的不同反应是形成人的性格的次要因素,教育和外部环境为主要因素。

约翰·密尔认为可以通过特定的环境来塑造人的性格。他认为性格的形成规律具有普遍性,可以进行研究。但是由于性格形成因素的复杂性,要通过性格的普遍规律来预测人在特定的环境中形成何种性格是非常困难的。虽然很难进行准确的预测,但是我们可以把握和预测这种倾向,既然在一定程度上我们可以把握性格的形成规律,那么就可以根据这个规律来塑造个人的性格或者是民族的性格,以此来追求我们所要达到的目标,"从很大程度上来说,当一个体或一民族的环境处于我们的控制之中时,我们就可以通过有倾向的知识能力去塑造对我们自我发展更有利的欲求目标"①。根据这个原理,我们可以看出约翰·密尔为什么会在教育中特别注重环境对人的教育作用,因为在他看来我们把握了性格形成的普通规律之后,就可以通过改变环境来塑造人的性格,使人的发展更适合我们所追求的目标,即便是不一定能够完全达到我们所设定的目标,但是可以从根本上来说向这个目标发展的倾向。这种性格学理论为人的性格的可改变性提供了理论支持,同时也为人在教育中要注重环境对人的影响提供了方法论的支持。

约翰·密尔把人的个性看成是个体应对生活和教育的产物。他认为人是由环境塑造,我们可以通过改变我们的环境,以此来改造我们的性格,在《逻辑学体系》中他坚持这一思想。"尽管一般说来我们是由环境塑造的,但只要愿意,我们就能够改造这种环境,使之按照我们的愿望来

---

① John Stuart Mill, A System of Logic Ratiocinative and Inductive, J. M. Robson(eds.), *Collected Works of John Stuart Mill*(Vol. 8), University of Toronto Press, 1974, pp. 869 – 870.

塑造我们。"①对于人的个性的培养,约翰·密尔在《论自由》中作了论述,把个性作为社会发展进步的一个重要标志。约翰·密尔没有上过学,是在他父亲的指导下进行学习的,其自身的教育经历说明了环境对性格的影响。詹姆斯·密尔过于注重分析性的认知教育,忽视了情感教育,这导致约翰·密尔于1926年出现精神危机,后来通过华兹华斯和柯勒律治两位诗人的诗中的情感文化熏陶和其妻哈里特·泰勒的情感给予他的慰藉,使他在应对生活的同时自己的性格也得到了改变。约翰·密尔的个性形成理论,既包含人受环境的影响,通过被动地接受而形成期望的那种性格的倾向,又包含个人在应对生活的时候自我主动的调整能力,所以说人的性格的形成是由外部环境的影响和个人的自主性的调节相结合的产物。约翰·密尔受环境决定论的影响,认为人是环境的产物,但是他思想中的主要目的是为了人的自由,这就需要人自身具有自主性,所以应把人的自主性加入个性的形成因素之中。约翰·密尔一直思考的问题是,在性格形成过程中天性和培养所占的比例,"从他的作品中透露的信息可以看出,他毫不迟疑地站在教育和培养的立场上"②。

约翰·密尔反对直觉哲学学派的观点。他"反对以环境和联想、主张以人性的最终因素来解释感情和道德事实",反对"固执地主张直觉真理,把直觉看作大自然和神的声音,它的权威远远超过我们的理性"③,作为有理性的人不能完全依靠直觉和权威,而应该相信人要有信心成为自己的主人,自我决定自己,成为具有自主性的人。"我早就觉察到一种普

---

① [英]威廉·托马斯著:《穆勒》,李河译,中国社会科学出版社,1992年,第46页。
② Francis W. Garforth, *John Stuart Mill's Theory of Education*, Martin Robison & company. Ltd, 1979, p. 115.
③ [英]约翰·穆勒著:《约翰·穆勒自传》,吴良健、吴衡康译,商务印书馆,1987年,第158页。

遍的倾向,即把所有人性明显的差异视为天生的,大部分还是持久不变的,却忽略了无可争议的证据——不论是个人、种族或性别之间,这些差异中的绝大部分不仅可能是而且肯定由环境的不同引起的"①,这里肯定环境对个人、种族和性别的影响,但是他所说环境对人的影响是过分夸大了环境对人的影响,"密尔从经验主义和联想心理的角度来说,不但将环境主义作为一种理论进行演绎;而且深信这个真理能够实现——确信环境其实有一种强大的塑造力,把人性的可塑性同化于自身,因为这可以有意地使用它作为教育目的相同的有力的手段"②。

约翰·密尔认为现代人忽视了环境对人类性格的影响或者是对此显得无知。"阻碍思想发展和形成关于生活和社会安排的言之有据的意见,其最大困难是人类对形成人的性格的各种影响存在着不可言状的无知和忽视。某一部分人,不管他们现在是,或看起来是某种人种,人们推测,他们有一种自然倾向表明他们是这一人种,甚至关于他们置身其中的环境的初步的知识,也清楚地说明什么原因使他们成为这个样子。"③最初的自然倾向对形成人种具有很大的影响,他接下来讨论了历史的作用,认为历史能够指出:"人类对外部影响异常敏感的天性,以及它在表现形式上的可以认为是最普遍、最一致的极端多样性"④。从历史中了解环境对人的性格的影响,而不是盲从于习俗或权威,这种用历史主义来讨论环境对人类的影响的方法可以说是研究的一大进步,它打破了人们在头脑中形

---

① [英]约翰·穆勒著:《约翰·穆勒自传》,郑晓岚、陈宝国译,华夏出版社,2007年,第199~120页。

② Francis W. Garforth, *John Stuart Mill's Theory of Education*, Martin Robison & company. Ltd, 1979,p. 123.

③ [英]约翰·斯图尔特·穆勒著:《妇女的屈从地位》,汪溪译,商务印书馆,1996年,第274页。

④ 同上,第275页。

成的固有的观念,易形成新的观点,这是促进个人发展和社会进步的阶梯。

三、能动的环境决定论

约翰·密尔的性格形成理论是包含人的意志能动性的环境论,不是宿命论。

> 我觉得自己好像已由科学证明是一个受以前环境支配的无助的奴隶;似乎我的个性及其他所有人的个性都是由我们控制不了的力量形成的,而且它们完全不在我们自己的掌握之中。我经常想,假如我能不相信环境形成个性的理论,这将是多大的慰藉……虽然我们的个性是由环境形成的,但是我们自己的愿望也可以对环境的形成造成很大的影响……我们的意志通过影响我们的某些环境可以增进我们未来使用意志的习惯和能力。所有这些理论与环境论完全一致。①

有人认为约翰·密尔几乎完全是在其父的教育下获得知识,这是詹姆斯·密尔和边沁成功运用功利主义教育方式培养出的一个例证。因此,在很多人看来约翰·密尔就是被动的培养出来的一个产品,约翰·密尔自己有时候也苦恼于这种教育,这种教育给他带来智力的高度发展的同时,也忽视了情感的培养,但是他自己并不认为自己的教育完全是被动

---

① ［英］约翰·穆勒著:《约翰·穆勒自传》,郑晓岚、陈宝国译,华夏出版社,2007 年,第 124 页。

接受的,因为他在学习过程中与其父亲的讨论以及传授弟弟妹妹知识等活动培养了其独立的个性,而这种个性为他自己能够自主地行动提供了基础,因此在人的性格形成中既相信环境对人的性格的影响,同时也认为人可以通过意志影响环境,进而改变环境,以此来改变人的性格,这是一种环境与意志的互动论,而不仅仅是一种环境决定人的性格的宿命论。他的环境决定论不同于 18 世纪法国唯物主义的机械决定论,机械决定论只承认环境对人的影响,而没有看到人既是环境的产物,同时也是环境的创造者。约翰·密尔在这里通过自身的经历看到了环境对人的性格的影响,同时也看到了人对环境的影响,虽然他这一观点不是从实践的个人出发,但是他看到了人的意志的主动性和能动性,似乎已经看到了自由和必然的辩证关系,这是一大进步。

如大多数经验主义者一样,功利主义者相信感觉对人的认识和性格形成的作用,并认为动物的本能和人性中本能的部分通过心理作用是不能完全解释清楚的,"比如最有力的例子是动物的各种本能,以及对应于那些本能的人性部分。没有哪种模式提出,甚至靠假说的方式被提出来,仅仅从心理学的原因出发就能为这些例子提供任何满意的,甚至看似有理的说明;而且我们有理由认为,如我们任何纯粹的感觉一样,它们与大脑的物理条件以及神经之间有着真实的,甚至是直接的、当下的关联"①,本能性的东西既然无法完全通过心理学来解释(这里的心理学主要指的联想主义心理学),那么就可以通过它们与大脑和神经的物理性的联想来说明这个问题,在接下来的论述中,约翰·密尔还强调教化和心理对本能的作用,认为这两者可以降低甚至消除本能性的东西。

过于强调本能会有忽视理性的危险,但是约翰·密尔并没有否认本

---

① [英]约翰·密尔著:《精神科学的逻辑》,李涤非译,浙江大学出版社,2009 年,第 33 页。

能的作用,"结果是,情绪(sentiment)倾向在现代世界中如此普遍(虽然这些是古代哲人所不明白的),它是以高举本能而牺牲理性为代价的……所有的或者是几乎所有事情都是一种本能,感觉或冲动还未经思考就迅速采取行动"①,这种状况会导致人类在行动中过多地依靠本能,降低了人的积极性、主动性和创造性。"本能不能支配,但是理性是去练习一些不同于本能的含糊不清和不能支配的部分"②,本能的作用是被动的,但是人类的创造性则是人类进步的动力,所以要培养人类的理性,以此培养人的主动性。约翰·密尔"虽然将本能作为一种特殊的神示的印象(impression)一直没有形成一个一致的理论形式,它仍然是一种固有的偏见,但在任何情况下都能够被激发为理性的对立面,理性的指示没有获得绝对的权威"③,因此"可以评判,人性中被看作是其主要优点的本能部分具有很小的价值","几乎所有人类受到尊重的属性不是本能的结果,而是战胜本能的结果;自然的人几乎没有任何价值,除了能力(整个可能的世界),所有的人依靠杰出的人为训练去实现自己"④,虽然约翰·密尔赞同本能对人的行为,尤其对人的性格形成所起的作用,但是作为具有理性的人不能过多的依靠于本能,超越本能实现理性,这才使人成为人,所以他更看重人类教育在超越本能中的作用。

约翰·密尔承认遗传和自然的因素在人的性格形成中的作用。本能的遗传和自然因素对人的性格不具有决定性的作用,具有决定性作用的是人类生活的环境和后天的教育培养。人类通过创造自然环境来刺激人的感官,进而改变人的行动,塑造人的性格,可想而知,这种人认为"当大

---

①② John Stuart Mill, Three Essays on Ethics, Religion and Society, J. M. Robson(eds.), Collected Works of John Stuart Mill(Vol. 10), University of Toronto Press, 1969, p. 392.

③ Ibid., pp. 392 – 393.

④ Ibid., p. 393.

自然的创造者只能创造环境,这并不意味着在这种行为中他的理性能让动物自身去适应这些环境;但是当他把正面刺激植入动物本身时,刺激它们去做一种特定的行动,毫无疑问,他的意图可以通过刺激而实现。贯彻始终的是,这种论断导致的结论是神能够意指所有人类的所为,并得到证明;因为他们所有的冲动行为的后果是造物主赋予他们的,这些可以被看作是服从于他自己的意志的"①。约翰·密尔认为对本能的崇拜代替了对理性的崇拜,这是 19 世纪最有害的事情,"比对理性崇拜更加低下的对本能的崇拜,是当今各种错误崇拜中最为有害的"②,因此他要改变这种现实状况。

　　理性的人通过文化的传承使人类由愚昧一步步走向文明。这是人类社会的进步,社会存在的基础是理性的人的存在,文明的发展会削夺人的自然性,"社会是可以存在的,因为人毕竟不是没有理性的动物。所谓文明,就其任何方面来说,都是对动物本能的斗争。文明本身已经表明,它对于动物本能中即使是最强有力的本能也能充分控制。文明已经剥夺了人类中大部分人的自然性,因此,他们的许多最天然的爱好,几乎已经不留痕迹或记忆"③,人类通过教化促使文明的产生和发展,但是文明与自然和本能是相对立的东西,文明要高于自然和本能,并且能够通过理性控制本能,削夺自然性的东西。例如人口的繁衍是一种动物的本能,但是控制人口则需要一种理性的选择。

---

　　① John Stuart Mill,Three Essays on Ethics,Religion and Society,J. M. Robson(eds.) ,*Collected Works of John Stuart Mill*(Vol. 10) ,University of Toronto Press,1969,p. 392.

　　② [英]约翰·斯图尔特·穆勒著:《妇女的屈从地位》,汪溪译,商务印书馆,1996 年,第 257 页。

　　③ [英]约翰·穆勒著:《政治经济学原理》(上),赵荣潜等译,商务印书馆,2005 年,第 417 页。

四、先天与后天

对于人的性格形成或者说决定人的发展的原因,不同的学派持不同的观点。作为理性主义者的柏拉图在《理想国》中把人分成金、银、铜、铁四个等级,他并没有把这个等级划分看成是固定不变的,而是认为可以上下流动,"如果农民工人的后辈中间发现其天赋中有金有银者,他们就要重视他,把他提升到护卫者或者辅助者中间去"①。理性主义者把知识看作是来自于人的理性,但柏拉图并没有否认后天的教育和环境对人的影响。近代经验主义者先驱洛克在《人类理解论》中认为后天的教育和培养的影响对人的发展来说是至关重要的,而人的自然属性对人的性格的形成起到的是次要作用,这是因为经验主义者不相信天赋观念论,而把经验作为知识的唯一来源,一切知识都不是先天的,没有什么"天赋观念",洛克的"白板说"就为人类后天的培养和教育提供了哲学依据。功利主义者也持经验主义观点,相信后天教育和环境对人的影响。

人的特征可以分为先天的和后天的,后天形成的特征主要依靠环境和教育。"除去被认可用教育或外界环境加以解释的男性或女性的每个特征,剩下的只能推论为天然的,不大可能是人为的"②,天然的部分便是人类先天形成的,辨别男女不同的特征是既要考虑环境和教育的影响,又要考虑到人的天然的因素,否则无法解释男女在生理、心理、智力等方面的异同。约翰·密尔强调的是后天的、人为的影响,男人的智力和妇女的

---

① [古希腊]柏拉图著:《理想国》,郭斌和、张竹明译,商务印书馆,2009 年,第 128 ~ 129 页。
② [英]约翰·斯图尔特·穆勒著:《妇女的屈从地位》,汪溪译,商务印书馆,1996 年,第275 页。

智力的差别也并不一定,但是男女自然的、生理的差别不能决定政治上的差别。人的天性特征具有遗传性,对个人、民族和种族都具有很大的影响,"法国人和意大利人的天性无疑比条顿族人更易于神经兴奋,至少同英国人相比,他们更多地习惯日常的情感生活……古代希腊人是人类最易激动的种族之一,他们的子孙和继承者依然如此……罗马人作为同等的南方民族,大概也有同样的原来的气质,但他们国家严格的纪律性,像斯巴达人那样,使他们成了相反类型的民族性格的典型"①,其他则会受到后天的教育和环境的影响,约翰·密尔在某种程度上承认不同的种族在气质方面的遗传作用。

人是一个有理性的动物,具有心理的、生理的、精神的特质,正是因为人类有了这些特质,人类才能认识自我、认识世界,并且发展自我,但是如何看待人的天性(nature)? 心理联想是受到以前的经验的影响而形成的一种认知技能,在功利主义者看来如果没有心理联想,认识是不可能的,因为这是人类认识的基本心理基础。男女在自然天性方面是一样的吗?在《妇女的屈从地位》中,约翰·密尔主张:"的确有一定比例的男人和妇女,其超常程度的神经敏感是体质带来的,这种性格明显地变成了他们的生理组织的特征,对其生命现象的整个性质产生了极大影响。这个体质像其他生理构造一样是遗传的,遗传给女儿,也遗传给儿子,但是很有可能的是,并且大概是,这种(如通常所说的)神经气质的遗传女人多于男人"②。

约翰·密尔虽然在某种意义上承认女性在某些生理方面不如男性,

---

① ［英］约翰·斯图尔特·穆勒著:《妇女的屈从地位》,汪溪译,商务印书馆,1996 年,第313～314 页。

② 同上,第312 页。

但是他不愿意承认把这种不同看作是先天的,而认为人的不同在于后天教育和培养,即人的生存环境。"拿妇女同男人相比,一般说来,可能发现她们做同样事情,在特别卓越的种类上有些不同,但是,如果她们受的教育和培养是适于改正而不是加重其气质易有的弱点,那她们在整体上是完全可以做得很好的,我看不出有任何理由去怀疑"①。有人说妇女要比男人神经更加敏感,适合于家庭生活,而不适合于社会生活,尤其是政治生活,约翰·密尔明确的反驳了这种观点,他认为妇女不能参加与男人一样的职业,主要的原因是没有得到很好的教育和锻炼的机会,并不是先天的原因,而是后天的环境造成的。可见,约翰·密尔没有从严格的意义上去区分性别的不同对性格的影响是自然的还是人为的,但是他确信普通人的不同性格不是归功于人的自然能力,而是归功于人的后天的教育和培养。

在男女智力的高低问题上,约翰·密尔不赞同男人的智力高于妇女、男性的大脑大于女性的观点。他认为这没有科学依据,"对妇女的天性形成的观念,纯属先验的概括,没有哲学和分析"②,因而在智力上男女无法确定,"现在尚不能了解男人和妇女之间的智力差别究竟有多少成分是天生的,多少成分是人为的,是否完全存在某种天生的差别"③,这就涉及如何看待天性和人为的关系问题,即对于人的性格的塑造和发展到底是天性重要还是人为重要,也就是说对于人的教育和培养到底是先天的重要还是后天的重要。因此,不论是从生理、智力还是从心理和精神方面,男女之间的差别都有待于进一步的调查,很多方面未经过调查就认为男人

---

① ［英］约翰·斯图尔特·穆勒著:《妇女的屈从地位》,汪溪译,商务印书馆,1996 年,第314 页。

② 同上,第317 页。

③ 同上,第318 页。

优于妇女的观点无法得到确切的证明。恩格斯在《反杜林论》中引用了傅立叶的看法，认为傅立叶"更巧妙地批判了两性关系的资产阶级形式和妇女在资产阶级社会中的地位。他第一个表述了这样的思想：在任何社会中，妇女解放的程度是衡量普遍解放的天然尺度"[①]，把妇女的解放程度看作是社会进步的尺度与约翰·密尔平等地看待男女智力的观点是一种契合。

约翰·密尔在谈到他的妻子哈里特·泰勒未能获得应有的成绩之时说："社会使女性陷入无能为力的状态，使她未能在外界充分发挥她最大的才能"[②]。由于制度和社会环境的影响导致了女性在社会中的地位低下，只能成为丈夫的附属品，而实际上，在智力方面女性并不低于男性，其妻便是一个鲜活的例子，在他的写作中两人摩擦出灵魂的火花，他坚称《论自由》是两人讨论的结果，甚至其妻在智力上付出的要占多数。可见约翰·密尔非常看重女性获得教育的权利问题。柏拉图在《理想国》中主张妇女和男人具有平等性，一样能够担任统治者，"这里谈的统治者也包括妇女在内"[③]，作为理性主义者的柏拉图并没有轻视女性，他认为男女之间生理的差别不能构成职业的差别[④]。可见，很多理性主义大师和经验主义大师从不同的视角论证了男女平等的观点。

约翰·密尔在《圣安德鲁斯大学的就职演讲》中区分了广义的教育和狭义的教育，并从狭义教育的角度来探讨环境和经验对人的影响，再一次强调了经验主义者在教育中重视经验和环境对人的教育的影响，这里

① 《马克思恩格斯选集》（第3卷），人民出版社，1995年，第610页。
② ［英］约翰·穆勒著：《约翰·穆勒自传》，郑晓岚、陈宝国译，华夏出版社，2007年，第137页。
③ ［古希腊］柏拉图著：《理想国》，郭斌和、张竹明译，商务印书馆，2009年，第310页。
④ 同上，第185页。

的教育主要是指学校教育。社会主要是指广义上的社会教育机构,"社会引起的人为状态以两种不同的方式掩盖了作为观察目标的事物的自然趋向:消灭天性或改变天性"①,后一种情况是引导或者强制天性向某个方向发展,这种发展不是自发的,而是人为的。

在《宗教的功用》一文中,约翰·密尔探讨了宗教对人的影响。他认为宗教对人类的影响是在不同的环境中通过联想的方式而实现的,"教育的力量几乎是无限的:没有一个不足以被强制或摧毁的自然倾向"②。"在有记录的最伟大胜利中,教育在整个人类范围内获得了自然倾向的主人"③。教育能够控制自然倾向,使其顺应人类发展的需要,我们不应该过多地感激宗教,因为斯巴达和希腊城邦的神是一样的。在希腊,社会道德完全独立于宗教,从希腊的教育案例中可以看出,教育要优于宗教,对人的影响包括三个方面,第一个是权威;第二个是早期的教育(它通过人的无意识的信念,情感和欲望进行运作);第三个是公共舆论,不论我们对它是赞美或指责、喜欢或不喜欢,它都是道德信念获得的一个内在的来源,而不考虑它是否与宗教相关。④ 可见道德的形成与人类生活的环境密切相关,即权威、教育和公共舆论,而不是依靠宗教。约翰·密尔反对宗教对人的影响,赞成环境和教育对人的作用,这与爱尔维修、边沁和詹姆斯·密尔对他的影响有关,爱尔维修的环境决定论使他意识到人是环境的产物,只不过约翰·密尔更多地意识到了人的主动性,承认温和的环境决定论。边沁和詹姆斯·密尔从功利主义的角度出发不相信上帝的存

---

① [英]约翰·斯图尔特·穆勒著:《妇女的屈从地位》,汪溪译,商务印书馆,1996 年,第318 页。

②③ John Stuart Mill,Three Essays on Ethics,Religion and Society,J. M. Robson(eds.),*Collected Works of John Stuart Mill*(Vol. 10),University of Toronto Press,1969,p. 409.

④ Ibid.,p. 410.

在,约翰·密尔受此影响也不信仰上帝,同时他还受到孔德的实证主义影响,认为上帝无法通过实证的手段来证明,所以是不可知的,因此约翰·密尔从经验主义出发,强调权威、教育、公共舆论等方面的作用,这体现了人的独立性和主动性的自主精神,为人的自由开辟了道路。

五、物质环境与社会环境

人类的生存环境包括物质(或物理)的和社会的两个方面。我们经常强调人是社会人,强调人生活的社会环境,有时候会忽略人类生存的物质环境,然而人生存的物质环境并非不重要,它为我们提供必需的衣、食、住、行等条件,如果忽略了物质环境这一方面对人的影响将会不利于人的发展,如果人类能够控制我们身边的环境,它可以被用来作为教育的工具,约翰·密尔已经意识到大自然美景对人的影响了,年轻的时候去法国旅行的经历给他非常深刻的影响,他不止一次地强调人类要去保护自然环境以满足人类自身更多的需要,

从某种意义上说,约翰·密尔是一个环境主义者。为了促使环境在人的性格形成中起到更好的作用,他还是赞成适当的改造自然环境,这是一方面。另一方面主要是社会环境,作为社会性的人需要在社会中进行交往,可以说交往是人类生活所必须的生活方式,人性格的形成会受到不同的社会生活和文化背景的影响,例如历史形成的传统、习俗等。国体、政体、法律等对人的行为影响也比较大,约翰·密尔已经意识到各种社会背景对人的影响。

约翰·密尔在 1836 年写的文章《文明——时代的征兆》中强调了社会环境对人的影响,文中他把文明看作是与原始或野蛮相对立的状态,并不单纯从更快乐、更高级的角度来探讨,认为文明的进步容易导致两方面

的危险,即个人活力的松弛和个性的丧失。随着文明的发展,"高级阶段的文明对性格的影响之一是个人活力的松弛,或者说,个人活力被集中在追求金钱的狭隘领域中。随着文明的进步,和每个人密切相关的几乎大部分事情越来越不依赖自己的努力,而是依赖社会的一般制度"①,文明的发展使人失去了活力,失去了主动性、自主性和创造性,同时更大的危险是失去了社会发展的动力个性,"个人迷失在群体中,变得无能为力,个性变得松懈怠慢和软弱无力"②,并认为文明进步导致人越来越依附于社会制度,依附于社会环境,文明的发展导致"个人迷失在群体之中……坚定的性格既难以获得,又容易被放弃"③,个人更容易被他人的意见所左右,无法形成自己的性格。但是,公共舆论如果得到良好的运用,得到良好的引导,是可以对人的性格形成起到好的作用的。"个人相互冲突的状态,是由从前的环境所必然产生的,几乎没有任一社会等级中的任何一个人可以避免这种状态"④,这从某种程度上过于夸大了社会环境对人的影响,因为人是环境的产物会否定人的自主性,从另一个角度来看,这也是约翰·密尔对文明的发展进程中过多的干预私人领域的危险的一种担忧。

在文明社会中,逐利性的商业发展导致欺骗的产生。"在如此拥挤的领域中,成功不依靠一个人是什么,而是依靠他看起来是什么。可销的品质而非实质的品质成为唯一的目标。"⑤商人为了更好地卖出自己的商品就会夸大自己商品的质量,迷惑消费者,从而达到牟利的目的,这种风气

① [英]约翰·密尔著:《密尔论民主与社会主义》,胡勇译,吉林出版集团有限责任公司,2008年,第62页。
② 同上,第69页。
③ 同上,第66页。
④ 同上,第63~64页。
⑤ 同上,第66页。

无形之中败坏了人类的道德，使人类有丧失诚信的危险。文学遭到了腐蚀而成为赚钱的工具，进而腐蚀到公共舆论，"文学越来越成为对当前情操的纯粹的反映，而几乎完全放弃了作为对这些情操的启蒙者与改良者的任务"①，文学由于供给大于需要，无法从中获得盈利，大众文学为了迎合读者的需要，而会失去其正确引导和启蒙大众的作用，虽然从数量的角度来看是增加了，但是质量确实下降了。在商业社会，人与人之间的交往是一种相互的斗争，而社会的交往需要的是一种合作方式。在《文明》中，约翰·密尔认为要塑造最伟大的头脑，"教育目标是唤起最大可能的理智力量，激发最强烈的真理之爱"②。可见，发展人的理智和对真理的追求是教育的目标，而这种目标实现的是理性的人的特性，而不是强调人的自然特性，人最终要利用自然，去超越自然、发展理智、追求真理，努力去实现具有自主性的自我，这才是人类存在的最高价值。

　　《文明》是约翰·密尔在 30 岁的时候的作品，有人可能会认为这属于他早期不成熟的作品，这是站不住脚的。原因在于他的教育要比其他的同龄人早很多，在其父亲按照功利主义方式进行教育的状况下，他成为一个智力上早熟的人，所以这本书中的观点应该被看作他本真的想法。不论我们如何看待约翰·密尔关于环境对人的影响，我们都无法否认社会和文化环境对人类的影响，当然也包括人类社会的物质环境。

　　约翰·密尔把财产和智慧看作人类存在的两个主要因素。"人类中存在两种重要而有影响的因素：一种是财产；另一种是智慧的掌握与拥

---

　　① ［英］约翰·密尔著：《密尔论民主与社会主义》，胡勇译，吉林出版集团有限责任公司，2008 年，第 68 页。

　　② 同上，第 78 页。

有"①,"高度文明状态的特征就是财产与智慧的扩展,以及合作能力"②。有时他把膂力、智慧和财产作为真理追求的基本要素,"在单纯的膂力以外加上两个其他因素即财产和智慧,我们就更接近真理,但还远未达到真理"③。他认为,高度文明的状态是一种物质和精神同时发展的状态,在这种状态下,人类具有合作精神,这是作为一名自由主义者重视个人的同时也重视相互交往、合作的一种体现。在智力和财富两个方面,他更加推崇智力和道德的提高,而不是财力或者权力的拥有,"本应该得到智力上和道德上的崇高优点的回报,却得到或是财富的回报(如在这个国家),或是个人特权的回报(如在大多数其他国家)"④。

在社会环境中,公共舆论对人的思想以及性格等方面会有很大的影响。这一点在《政治经济学》和《妇女的屈从地位》等作品中均有体现。良好的政治制度或政府形式对教育具有极大的影响,在《代议制政府》中通过这两者对智力的影响作了集中的讨论,他试图去探讨最好的政府形式的标准,并把制度或政府形式作为教育的主要措施。"推荐和拥护特定的制度或政府形式,并把它的优点突出出来,就是不仅为了使人民接受或要求这个制度,而且为了实行这个制度而对民族进行思想教育的方法之一,并往往是能够采取的唯一方法"⑤,既然政治制度或政府形式是思想教育中好的方法,那么它们的标准是什么? 约翰·密尔给出这样的回答,"任何形式所能具有的最重要的优点就是促进人民本身的美德和智

① [英]约翰·密尔著:《密尔论民主与社会主义》,胡勇译,吉林出版集团有限责任公司,2008 年,第 54 页。
② 同上,第 57 页。
③ [英]J. S. 密尔著:《代议制政府》,汪瑄译,商务印书馆,2010 年,第 13 页。
④ [英]约翰·穆勒著:《约翰·穆勒自传》,郑晓岚、陈宝国译,华夏出版社,2007 年,第 252 页。
⑤ [英]J. S. 密尔著:《代议制政府》,汪瑄译,商务印书馆,2010 年,第 12 页。

慧"①,优良的政治制度的首要责任便是培养社会成员的"道德的、智力的和积极的品质"②。

促进公民的进步是良好政府的一个主要标准。"评价一个政府的好坏,应该根据它对人们的行动,根据它对事情所采取的行动,根据它怎样训练公民,以及如何对待公民,根据它倾向于促使人民进步或是使人民堕落,以及它为人民和依靠人民所做工作的好坏。"③政府好坏的评价标准在于对他所统治的民众的所作所为,能够训练公民并且促进人民进步的政府才是好的政府,否则便是坏的政府,政府有责任训练公民,所以从某种程度上政府是公民教育的一个机构。政府作为一个国民教育机关"是对人类精神起作用的巨大力量"④。理想上最好的政府形式是代议制政府,在这种政府的形式下每个公民都有机会参与管理,形成一种自我管理的良好模式,把自己的利益和公共利益紧密的联系在一起,并达成一致。

作为自由主义者的约翰·密尔强调改变环境的性格要优于适应环境的性格。约翰·密尔在《代议制政府》中讨论了性格对于人类普遍利益的影响问题,"是适应环境的性格类型还是努力使环境适应自己的性格类型"⑤,他认为积极的性格要优于消极的性格,使环境适应自己,"改进人类生活的性格是同自然力和自然倾向作斗争的性格,而不是屈服于自然力和自然倾向的性格。一切为自己谋利益的性格也都属于积极的和有力的性格,因为促进社会每个成员的利益的习惯和行为无疑至少是到头来最有助于整个社会进步的习惯和行为的一部分"⑥,可见,在人类社会的

---

① [英]J. S. 密尔著:《代议制政府》,汪瑄译,商务印书馆,2010 年,第 26 页。
② 同上,第 26～27 页。
③④ 同上,第 29 页。
⑤ 同上,第 47 页。
⑥ 同上,第 48 页。

进步中,不断的开拓进取,改造自然力,努力使自然为我所用是他所赞成的,实际上这也符合功利主义的功利原则,人生于天地之间为万物之灵长,积极性、主动性、创造性才是人的优势。"积极的、自助的性格不仅是本质上最好的,而且是最有可能得到相反的性格中一切真正好的或可想望的东西"①,人类有了旺盛的精力,就可以"不仅仅完善外部环境,而且也用来完善人的内在本性"②。

为了使公民具有自由和个性,普通公民在政府中就应当能够参加各种公共事务,"更为有益的是普通公民参加公共职务(即使这种情况不多)所得到的道德方面的教育"③,能够促进公民形成自助、活力、自我训练、积极性、主动性和创造性等优良的品质,公民教育能够培养公民的自由品格,在这种良好政府或政治制度的环境中,培养出来的公民是一种勇于担当、积极进取、有责任心的公民。

约翰·密尔虽然赞成代议制政府,强调积极的性格,但是他同时也担心民主会造成集体的平庸或者是大多数人的暴政,其实他一直强调把智力作为社会发展的动力,强调的是一种精英主义统治下的代议制政府,这也许是他解决集体的平庸或大多数人的暴政的一种方式。

为教育创造更好的政治环境,就需要建立好的代议制民主制。他"不再把代议制民主视为绝对真理,而是把它视为一个受时间、地点和环境影响的问题"。他说:"虽然我现在把政治制度的选择视为一个道德和教育问题,而不仅仅是一个物质利益问题,我认为选择应该主要通过深思熟虑来决定哪种生活和文化的巨大改良最接近相关的人民,并且是人民近一

①② [英]J. S. 密尔著:《代议制政府》,汪瑄译,商务印书馆,2010 年,第 51 页。
③ 同上,第 54 页。

步改良的前提,而什么制度最有可能促进这种改良。"①约翰·密尔认为政治制度不是一成不变的,代议制政治也是如此,政治制度是生活于其中的人民人为选择的结果,代议制民主的制度可以为人类提供教育的政治环境,这种政治环境是人民的选择,密尔在这里强调了人的自主精神,即人自己决定自己。市民社会中的个人虽然具有自利的性质,但是代议制民主政治的社会也是一个培养人的公共精神的学校,培养人对社会的责任和义务。②

　　人是环境的主人,不是环境的奴隶。人类教育的各种环境主要是人为选择的结果,而不是完全受制于环境,温和的环境决定论是其主要本质。"以服务与教育为目的环境必须服从人为的操纵"③,我们必须学会适应环境,避免不必要的危险,并利用自然去实现自己的目的(包括教育目的)。因此,人不能完全去顺应环境,要试着去控制环境、改造环境,要历史地、辩证地看待环境与教育的关系。当然对于良好的环境来说,我们在利用它的同时也要注意保护它。在讨论环境与教育关系的过程中,约翰·密尔虽然强调人控制环境的思想,但是不要陷入人类中心主义的泥潭之中,要把握事物发展的规律,按照事物发展的规律办事,不能为了人类自身的利益去破坏环境而导致人与环境的恶性循环。

　　在所有的教育环境中控制程度最高的是学校,目的是为了实现更好的教育。在民主社会中,由于言论自由和讨论自由,因此比较难以控制报纸、电视、书籍、电影的影响,尤其是约翰·密尔认为对社会具有重要影响

---

① [英]约翰·穆勒著:《约翰·穆勒自传》,郑晓岚、陈宝国译,华夏出版社,2007年,第125页。

② 参见[英]J. S. 密尔著:《代议制政府》,汪瑄译,商务印书馆,2010年,第54~55页。

③ Francis W. Garforth, *John Stuart Mill's Theory of Education*, Martin Robison & company. Ltd, 1979, p. 139.

作用的公共舆论,而这些在某种程度上不一定与所需要的教育目的达成一致,鉴于各方面的利益和价值的冲突,这就是需要民主社会中权威的存在。

追求无限制的思想自由和讨论自由会导致无法形成统一的或普遍认同的价值,对传统反叛的同时如果没有建立起普遍认可的价值标准,这将会导致思想冲突和行动冲突。"在我们这个时代,冲突的本身表现为阻止学生去学习、去尊重权威、去遵守纪律,同时也失去这些传统美德,如勤勉、诚实、自我控制和对他人的尊重;它不仅挫败教师的努力,但是目前它妨碍了全面教育的成功,人们越来越意识到没有一个支持性的社会环境,全面教育将不能蓬勃发展"①,可见,我们对于教育不能只从狭义的角度来看待,而是要从广义的角度来看,尤其是要看重社会环境对人的塑造作用。

约翰·密尔也从广义教育的角度来探讨教育与环境的问题。教育包括自我努力和他人援助两个方面,"对于人的成长产生影响的所有事物——即促使他成为他那样子,阻止他变成其他样子的所有事物都是教育的一部分"②,这包括对人产生影响的社会环境,如法律、统治形式、社会生活方式等,也包括物理现象,如气候、风土、地理位置等对人的影响。

广义教育包括正规教育与非正规教育,为了提高教育的质量,正规教育和非正规教育都要以培养人作为首要的任务,认同统一的价值观念,并相互支持、相互促进,这需要通过政府、社会、学校、家庭,以及每个人的共同合作,创造更好的教育环境,这既是为了培养下一代人,也是为了个人

---

① Francis W. Garforth, *John Stuart Mill's Theory of Education*, Martin Robison & company. Ltd, 1979, p. 140.

② [英]约翰·密尔著:《密尔论大学》,孙传钊、王晨译,商务印书馆,2013 年,第 14 页。

和社会的利益。

　　社会是一个矛盾体,不同民族、阶级、文化之间,不同的个人之间,传统与现代之间都会存在着这样或者那样的冲突,因此需要一种具有权威性的价值来引导人民的行动,以保持个人的自由和社会的发展进步。"只是当社会最强大力量和某个对抗力量之间,精神权威和世俗权威之间,军人阶级或地主阶级和劳动阶级之间,国王和人民之间,正统教会和宗教改革者之间进行着斗争的时候,社会才有过长期继续的进步"①,约翰·密尔认为社会中时时处处都存在着矛盾,他似乎已经看到矛盾是社会发展的动力这一重要思想,在处理矛盾的时候去解决矛盾,这是有效的培养人的一种方式。因此,需要建立一个具有良好的教育功能的社会。

　　社会作为环境教育的内容之一,对人类的教育具有巨大的影响,代际之间通过训练和环境改造影响下一代。约翰·密尔认为:

　　　　社会在人们存在的全部早期当中是有绝对的权力来左右他们的:人们有着整个一段的儿童时期和未成年时期可以由社会来尝试是否能使他们在生活中有能力做合理的行为。现在的一代对于未来的一代,既是施行训练的主持人,也是全部环境的主导者。诚然,这一代不能使下一代的人们成为十分聪明十分好,因为它自己正是这样可悲地缺短着善和智;而它的最好的努力在一些个别情事上也不见得是最成功的努力;但是它总还完全能够使方兴的一代,作为一个整体来说,成为和它自己一样好,并且还比它自己稍稍更好一些。②

---

①　[英]J. S. 密尔著:《代议制政府》,汪瑄译,商务印书馆,2010年,第115页。
②　[英]约翰·密尔著:《论自由》,许宝骙译,商务印书馆,2012年,第98页。

社会对人们的早期教育具有决定性权威，尤其是儿童和未成年人，他们没有形成自己的知识结构，没有形成自己的世界观、人生观和价值观，社会有责任去为他们创造良好的环境并发展他们的才能以便做出合理的行为。

人类的知识和行为在代际之间可以传承。人既是教育的施与者又是教育的接受者，前一代人的知识和经验可以通过教育来传给下一代，因此前一代人可以通过训练和改变环境来对下一代人进行教育。从个别的角度来看，这种方式并不一定能够保证每个人都能获得良好的知识，但是从整体的角度来看，肯定会促进人类的发展。

经验主义者认为知识的获得不是什么天赋观念，而是通过后天的努力获得的。经验主义者十分强调人受生存环境的影响，前一代人在为下一代人进行训练和改变环境的同时也在改变着自身的行为方式和生存环境，从某种意义上说，人既是环境的创造者也是环境的产物，两者之间是辩证的逻辑关系。受 18 世纪法国唯物主义，尤其是爱尔维修环境决定论的影响，19 世纪英国的功利主义者从重视环境对教育的影响，到教育万能的环境决定论，再到温和的环境决定论的发展过程，这种思想在一定意义上适应了教育发展的潮流。

重视环境教育，把握环境与教育之间的规律，但是不夸大环境对教育的影响，这符合教育发展的规律。人具有积极性和主动性，是能够自主决定自己的理性动物，克服和战胜自然是人类发展的一个体现，人不能成为环境的奴隶，而应该成为环境的主人，但不能成为人类中心主义者，人类的成长需要人与环境的互动，只有辩证地看待教育中人与环境的关系，才能更好地促进人类教育的发展。

第二节 宗教的教育

在英国,宗教信仰与教育有着密不可分的联系。19世纪以前的英国教育主要是通过教会来进行教育,其资金主要依靠募捐,师资力量比较少,要求教师应该是具有道德的人,这里的道德指的是符合宗教教义的道德,国家不干涉教育,教会在教育上具有优先权。但是随着工业革命的发展,教会办学的模式不能满足现实的需要。在19世纪初的英国,全日制学校和主日学校都受宗教的影响很大,而且宗教在教育中起到指导性的作用,这与社会发展要求科技进步的潮流不相符。边沁、詹姆斯·密尔和约翰·密尔都不信仰宗教,认为教会是知识的敌人,反对教会办学、教派之争以及宗教腐败,提倡世俗教育,赞同国家适当的干预教育。功利主义者为了使教育的发展符合社会的发展趋势而针对宗教和教育改革提出了自己的见解。

一、反宗派主义

教会办学把自己的宗教教义作为教育原则。牧师就是传授教义的人,作为教育者不可能完全是善的,即便是教徒,不论他们信仰哪种宗教,他们身上都和平常人一样具有优点和缺点,这就是我们常说的"人无完人"。边沁看到了宗教中存在的不足之处,在1815年到1816年期间花了很多时间和精力去批判英国国教。"边沁的性格深处,存在着反宗教的倾向;圣保罗的狂热令他火冒三丈,而耶稣,边沁唯一还能接受的便是他的博爱主义。边沁的理想是一种公民宗教,不存在信条,不存在仪式,只是一种对自身利益福音动情的反思。"①不但边沁是不信教的,作为他的追随者詹姆斯·密尔也不信仰宗教,并且强烈要求思想自由,其他如空想社会主义者欧文也不信仰宗教,浪漫主义者拜伦、雪莱等都不信仰基督教。边沁在"本质上毫无疑问是无神论者"②。有人认为:"边沁对教育的兴趣激发了他的反教权主义观点。"③但是他并不总是在反对教权主义,他承认教会的可取之处,在《道德与立法原理导论》中他强调了宗教在教育中的作用,"显然一个人的宗教信仰不能不大大影响其教育"④。在边沁看来,宗教可以使人拥有信仰,能够影响人们的宗教情感和宗教偏向,同时也会对人的道德情感、同情心和好恶起作用,从教育的角度来看,还会影响到人学习知识的质量、智力水平和价值取向等。共同的宗教信仰可能会培养起共同的兴趣爱好和思想观点,但对相互对立的宗教信仰来说会造成很多方面的冲突,无论是从生活还是思想方面。在针对贫民教育设立的《济贫法》中,他也赞成神职人员对贫民孩子的教育作用。但是他反对坎特伯雷大主教和其他主教在国家教育协会中发挥太大作用,或者说主导着教育发展的方向,这是他反对教权主义的真实写照。他写作关于教育论著的这段时期也正是他反对英国国教的时期。在此时期,他写了很多关于批判宗教的小册子,比如《英国国教和教理问答审查》(1818)、《自然宗教对人类短暂快乐的影响的分析》以及《不是保罗而是耶稣》等。这些作品深刻地反映了他对宗教教育的痛恨,而且具有极大的反宗教性

①　[英]圭多·德·拉吉罗著:《欧洲自由主义史》,R. G. 科林伍德英译、杨军译,吉林人民出版社,2011 年。第 85 页。

②　James E. Crimmins, Bentham on Religion: Atheism and the Secular Society, *Journal of the History of Ideas*, No. 1,1986, pp. 95 – 110.

③　Brian Taylor, Jeremy Bentham and Church of England Education, *British Journal of Educational Studies*, No. 2,1979, pp. 154 – 157.

④　[英]边沁著:《道德与立法原理导论》,时殷弘译,商务印书馆,2012 年,第 118 页。

质,以至于他的很多朋友都建议他匿名发表,以免受到政治当局的迫害。约翰·密尔在《论自由》的第二章"论思想自由和讨论自由"中就认为,有首创性的天才常常会遭到习惯于现实世界的政治当局的迫害,因为他们会担心秩序遭到迫害,这种思想也符合边沁的境遇。

哲学激进主义者出于对社会整体发展的考虑,会站在广大人民群众的立场上考虑教育问题,他们赞成世俗教育或大众教育。边沁和詹姆斯·密尔都赞成导生制的教育方式,这种方式甚至比英国国教的方式更受到人们的欢迎。为了缓解导生制和英国国教的竞争状态,政府于1811年在国教原则基础上为促进贫民教育而建立了全国协会,为的是促进教育的世俗化。詹姆斯·密尔和边沁一样支持世俗教育,他在《大不列颠百科全书》"教育"条目的撰写中认为,"根据爱尔维修,当把相对少数生来就不完善而且明显低于平均水平的人丢在一边时,绝大多数人就可以被看做是一样的拥有智力优异性,他们不平等的可挽回的原因是能够被发现的"①。詹姆斯·密尔和边沁都受到了爱尔维修的影响,既然性格是可以培养的,因此他们赞成通过功利主义的方式来培养人,对约翰·密尔的成功教育就是最明显的例子之一。

边沁对宗教的批判中,很多是对英国国教关于教育排外政策的批判,一些穷人受苦受难的部分原因是因为他们不信仰国教,但是边沁认为共同人性要求我们,不论信仰什么宗教的人都有自己的尊严,都有受教育的权利,这与教育的宗教原则相对立。

1816年,边沁用了很长时间批判英国国教和它的附属机构全国教育协会,这时候他不是在单纯的反对英国国教或者某种宗教,从某种程度上

---

① [法]埃利·哈列维著:《哲学激进主义的兴起》,曹海军等译,吉林人民出版社,2006年,第303页。

说是在反对全部的宗教。他认为坎特伯雷大主教领导的英国国教具有欺骗的性质,因为大主教作为全国宗教的首领,经常忙于各种开会等事务,没有时间去做真正的调研工作,但是权力又特别的大,因此做出的决定不一定是正确的。大主教会在不知情的情况下受到很多人的教唆,去干一些不利于社会发展的事情。英国国教在财政上的势力比较大,边沁担心具有较大权力的教会由于资金使用不当而产生贪污腐败,而且还有牧师薪金的滥用情况。对于教会中的腐败问题,边沁认为解决此问题的比较好的方法便是实行教会的财务公开,可以让公众看到资金的使用情况,并且公众有权利去查阅。边沁反对宗教的一个主要目的是为了"预防非信徒被教导的教会政策"①,人们具有宗教信仰自由的权利,教会不能过多地干涉人们信教的权利,教育中的宗教指导原则会干涉人的宗教信仰自由的权利,而把人同化成一种思维模式,这不利于个人的自由问题,也不利于社会的进步。教会的排他性政策会强迫不愿意接受此种宗教的人在表面上是信仰此种宗教,而在内心里却鄙视它,这既不利于宗教的发展,也不利于被迫接受此种信仰之人的发展。但是由于教育条件的限制,教会负责主要的教育职责,如果不接受教会的宗教原则,穷人的孩子就无法得到受教育的机会,父母为了让孩子受教育,他们只能接受这种教育中的宗教原则。

　　边沁不但批评宗教的教育原则、宗教机构的腐败、教会的排他性等问题,他还对教会的教义进行了抨击,并对宗教教义进行了逐条反驳。他反对宗教把很多未加证明的教义看成真理,并认为很多的教义是邪恶的来源。边沁更进一步深刻认识到只要教会权力存在的地方,就会存在压迫

---

① Brian Taylor, Jeremy Bentham and Church of England Education, *British Journal of Educational Studies*, No. 2,1979, pp. 154 – 157.

人们的事情发生。英国国教对人的生活给予了过多的干涉,在灵界和俗界中,都对人们的正当愿望造成了永久性的压迫,这是造成人类不自由的一个主要因素。

边沁举了很多国王受到宗教教主的影响而犯错误的例子(例如乔治受到萨顿博士的协助而犯错),并以此来证明坎特伯雷大主教干涉政治是不合理的,甚至是邪恶的。通过对宗教影响政治的论述,边沁对当时的政治越来越充满了敌意,他认为当时的立法水平较低,而政治中的腐败现象太多,以至于造成社会的混乱,行为标准的不一,作为学习法律出身的边沁决定要以宪法和法律改革为突破口,重新立法。

边沁的目标是地球上的功利天堂,但是在这个天堂中没有神、天使、圣人,或者任何其他虚构的生物或超越凡俗的实体,宗教不存在于这个乌托邦之中。① 因此,我们可以看出,在边沁的世界中是不存在宗教的,他对宗教的批判在实际上是在为教育另谋出路,他是一个无神论者,不赞同通过神的启示或者有神灵的事物来干涉人世间的生活,他认为教育具有实用性,应当按照世俗的功利主义原则来对人进行教育,让孩子们从现实的生活出发去学习,教会不能为了自己的利益去干涉教育,而应该按照功利原则进行教育,只有如此才能使人适应社会的发展和自身的需要。

詹姆斯·密尔接受过苏格兰长老会教义的教导。但是在他的心里并不信仰《启示录》,而是探寻一种自然宗教,当他发现"在自然神论中找不到栖息之地"时,他转向了"万物之源是不可知的"观点,认为宗教是道德最大的敌人。② 詹姆斯·密尔的宗教教育思想集中反映在他的文章《学

---

① James E. Crimmins, Bentham on Religion: Atheism and the Secular Society, *Journal of the History of Ideas*, No. 1,1986, pp. 95 – 110.

② [英]约翰·穆勒著:《约翰·穆勒自传》,郑晓岚、陈宝国译,华夏出版社,2007 年,第 30~31 页。

校面向大众,而不是仅仅为面向教士》中。他在文中指出,教会教育中受教育群体主要涉及的是上层社会的人,而大多数穷人没有机会受到教育,这不利于功利最大化,不利于"最大多数人的最大幸福"。自由和知识是人性中追求幸福所必须的两个要素①,同时这两者也是教会最大的敌人。而这两点在教会教育中并不能实现,因此,教会教育是不实用的。教会教育不能满足社会进步和个人发展的要求,因此需要教育改革,去改变教育现状,但是在教育改革中会遇到很多的阻力,很多的反对者。

苏格兰、瑞士、日内瓦、荷兰等地都重视底层人们的教育,在政治和宗教两界都认为这是最重要的,因为底层人们的教育可以提高他们的素质,从而形成良好的社会风气,他们通过建立教区、学校等措施来实现这种教育。但是在英格兰,底层人们要求接受教育的呼声得不到重视,在这个开明的时代,竟然存在着很多没有文化和知识的人群,他们获得很少的自由,慈善学校是教育的主要场所,其教育资金由个人捐助来维持,在很多富人居住的教区,提供给穷人孩子的教育资金和机会都非常少,英格兰的大部分地方穷人的孩子被削夺了教育途径。② 在缺少资金和教师的情况下,兰喀斯特和贝尔发明了导生制的教学方法,这种方法既节省资金又不用很多的教师,在詹姆斯·密尔看来,导生制是用很少的个人基金办国家应该办的事情,但是这种教育方式遭到了很多人的反对。兰喀斯特学校出台了穷人教育计划,希望不要遭到宗教阶层的反对,但是教会还是反对这个计划。

詹姆斯·密尔最初的设想是去促使更多的孩子接受教育,尤其是穷人的孩子,为了减少这个计划的反对者,应尽量执行具有包容性的策略。

---

① Burston. W. H., *James Mill on Education*, Cambridge University Press, 1969, p. 120.
② Ibid., pp. 122 – 123.

但是现实中他还是遭到了反对,因为在反对者看来,一项教育计划,如果不是去促进基督教的发展,那么就意味着去消灭基督教,基督教信仰程度较高的人认为,信仰贵格会的兰喀斯特心中没有基督教。温和的反对者认为:"教孩子们去阅读,甚至是训练他们去习惯阅读《圣经》,除非与这些做法一起灌输一种特殊的信条,否则就是训练他们放弃基督教。"①但是,很多聪明和更挑剔的反对者则认为这种阅读训练如果不去灌输一种特殊的信条则意味着放弃英国国教,赫伯特·马什博士(Dr. Herbert Marsh)就是持该观点的人士之一。

　　詹姆斯·密尔赞成"学校教育的多样化"②。他和边沁一样赞成兰喀斯特的导生制,他与攻击、反对兰喀斯特导生制的马什博士进行了讨论。马什博士认为兰喀斯特计划有两大罪状,第一是抵触基督教,第二是抵触英国国教,"教穷人去阅读,并且习惯阅读圣经,但是没有灌输任何特殊的教义,这种方式就是背弃基督教"③,"教孩子们阅读和写作,但是没有教他们英国国教的教条,这种方式就是背弃英国国教"④,马什博士坚持国教的作用,认为人们应该建立宗教并去信仰它,真诚和聪慧的基督教徒都不会反对宗教教义。马什博士认为英国国教就是基督教,只不过是以法律的形式所承认并建立起来的基督教,受到法律的保护,具有权威性,它为人类的幸福谋利益。孩子到了需要得到培养训练的时候,需要得到教育机构的帮助,兰喀斯特学校则是言而无信,承诺了以培养孩子为目的,但是没有实现自己的诺言。他认为教会可以对孩子进行教育,在平常的交流中,词语就可以传达他们所要传递的意思,因此教会是由改革者建立

---

① Burston. W. H. , *James Mill on Education* , Cambridge University Press, 1969, p. 129.

② Ibid. , p. 125.

③ Ibid. , p. 129 – 130.

④ Ibid. , pp. 135 – 136.

起来的真正的教育体系。①

　　在马什博士看来,所有的宗教机构都能为他的成员提供有关宗教的基本观点。但是教父或者教母所推荐的是不断地重复教义,对主的祷告,同时还会教导一些教义问题。在詹姆斯·密尔看来,宗教团体的宗教教育或宗教教导(例如教理问答)的建议,"可以称之为教育,实际上是一种特殊的词语应用的教育"②,这种教育只是让孩子们学会使用词语,但是并不一定能够提高孩子的读写能力,因为太教条化。如果教父和教母按照马什博士的"教育"建议人们所做,教会也理所当然的认为这样做,如果通过这种方式来传授宗教,那么将会对在学校里的读与写没有任何用处。③ 所以,教会中的学习只是一种不断重复式的教学,没有什么创新性,更不可能培养学生的读写能力,而在兰喀斯特学校中,导生制可以培养学生的读书和写作的能力,教育并不是机械的重复,不是一种灌输式。对教义的重复、对主的祷告以及教义问答这些事情,在教会看来,不论是对于上学的孩子还是游荡在街头的孩子来说,都是宗教教导中所必须具有的。马什博士进而认为,假如教会是有效的机构,那么就不需要兰喀斯特学校,假如教会的教育是无效的,兰喀斯特也没有按照它自己的目标去建构自己的教育。所以,兰喀斯特学校的存在是不合理的。詹姆斯·密尔赞成马什博士所认为的在星期日和假期由教区的教士传授教义的观点,并认为星期日和假期可以到教会学习,其他时间可以到兰喀斯特学校学习,这种传教方式不影响在兰喀斯特学校的学习。同时,詹姆斯·密尔还认为学徒可以在周末学习宗教,在其他时间学习机械原理等有关生活

---

①　参见 Burston. W. H., *James Mill on Education*, Cambridge University Press, 1969, p. 161。

②　Burston. W. H., *James Mill on Education*, Cambridge University Press, 1969, p. 162.

③　参见 Burston. W. H., *James Mill on Education*, Cambridge University Press, 1969, p. 162。

的一些事务,从而获得生活的所需,在他看来,人首先是生存,其次才是发展自身的读写能力。同时他还反对教育以及生活之中的教派之争,认为"在关于学徒法规的立法中,从来没有要求只有信仰英国国教(the Church of England)的师傅才能拥有信仰英国国教的徒弟"①。

兰喀斯特的教学受到很多人的批评,其主要原因是自身对基督教的态度。学校并不是按照宗教教育的原则建立起来的,没有把宗教教育作为教育的原则来执行,英国国教认为这种教育方式培养起来的学生不会拥护他们的统治,不利于社会的稳定,这是他们反对兰喀斯特导生制教学的主要原因。可见任何教育都不可能完全脱离功利性,功利性是影响教育方式选择的一个重要因素。兰喀斯特学校承认国家干预的存在,假如学校能够获得支持,兰喀斯特将会很高兴地接受国家教育的建议。②

詹姆斯·密尔反对把基督教作为国教,"基督教单从最广泛和最自由的词义上说成是国家的宗教,并称为国教……这个国家的基督教徒把特殊的教派命名为国家的,但他们不是国家而是国家的一部分,这说明他们是自私贪婪的,并且想象成力量是唯我独尊的"③。一家独大的基督教权力和权威来自于法律的赋予,英格兰主义教会命名为国教是夸大了自己的力量,在它的实践过程中会执行一种排外政策,这会引起宗教教派之间的争论,也会使不信仰国教之人遭到迫害。詹姆斯·密尔反对把英国国教的信仰等同于基督教信仰,认为英国国教过多地干预了人们的生活。英国官员在宣誓就职仪式上,承认自己是教会中的一员,这是为了有一个共同的信仰而利于共同的生活。佩利博士(Dr. Paley)假设宗教可以免除

---

① Burston. W. H., *James Mill on Education*, Cambridge University Press, 1969, p. 164.
② Ibid., p. 171.
③ Ibid., p. 168.

错误,同时可以保证政府运行安全和政府行为的有效性,如果抛弃了这种宗教,他们将无法共同生活。詹姆斯·密尔反驳了如果没有共同的信仰就无法在公共领域共同生活的理论,认为如果持不同宗教信仰的人可以共同活动,那么他们就可以一起接受阅读和写作的教育。① 他赞成宗教信仰多样化,在某种程度上具有宗教信仰自由的思想。不用任何证明就可以知道,在学校中,具有多种信仰要比只有一种信仰的学生在教育上会更加轻松,更加具有发散性。詹姆斯·密尔反对膜拜宗教中所有的事物,认为在一系列的学校教育中培养出的所有学生都是基督教徒的做法是错误的,学校教育的目的仅仅是去培养他们的阅读和写作能力。②

学校的教学原则一般有两种,要么是综合原则,要么是一种专用原则,如果教学原则是专用原则,那么聪慧无私之人会明白这种原则从各个方面来说都不如兰喀斯特学校,尤其是对于穷人的教育,兰喀斯特学校具有得天独厚的条件。因为它既可以节省师资,又可以教授更多的学生,在这点上国教教徒和兰喀斯特的反对者也会支持兰喀斯特的教学,假如他们坚持综合原则,那么关于反对兰喀斯特教学原则的人会自动放弃他们的反对态度,因为两者坚持相同的原则,在这种情况下,兰喀斯特人和教士将会达成一致。③ 在遵守综合原则的基础上,国教徒可以到兰喀斯特学校担任校长,所以综合原则要优于专用原则。总之,在约翰·密尔看来,在专用原则的情况下,期望穷人也得到教育的兰喀斯特的反对者也会同意兰喀斯特学校的教学;在综合原则的情况下,支持者和反对者的原则将会达成一致,他们都会赞同兰喀斯特的教学。因此,兰喀斯特的教学是

---

① Burston. W. H., *James Mill on Education*, Cambridge University Press, 1969, pp. 175 – 176.
② Ibid., p. 180.
③ Ibid., pp. 180 – 181.

正确的,这为兰喀斯特学校的效用提供了有力的辩护。这是詹姆斯·密尔为反对国教的教育原则以及反驳兰喀斯特教学的反对者所作的一种辩护,即他坚持兰喀斯特的导生制教学。在实践中,他对子女的教育实行的就是导生制的方式,先把知识传授给约翰·密尔,然后让年轻的约翰·密尔再去教年龄更小的弟弟妹妹,这会让约翰·密尔掌握的知识更加牢固,因为只有弄懂所学的知识,才能去进行教学。

詹姆斯·密尔坚决反对教会过多地干预人们的实际生活。他认为把一个名字与任何一个教派联系起来,就会在很大程度上受到这个名字的影响,例如把教会与国家联系起来,就会把宗教与教育、财富、美德等联系起来,教育成为宗教教育,财富成为宗教财富,国民教育成为国家教育,成为宗教教育。① 也就是说,宗教以国家的名义给生活中的方方面面打上自己的烙印,从而使组成国家的个人接受的教育是一种宗教教育,这会禁锢人的个性,不利于个人的发展。兰喀斯特学校同意国民教育在广义上是以基督教为基础的,但是不同意把国民教育完全建立在基督教基础之上的做法。马什博士认为,国民教育的原则适用于兰喀斯特学校,国家中的每个人并不一定都按照国教的原则进行教育,但是每个人都应该有自己的宗教原则。这与詹姆斯·密尔的无神论思想不相符,因此他极力反对教育中的宗教原则。

作为功利主义者的詹姆斯·密尔赞成世俗教育,认为教育应按照功利原则去衡量教育问题。国家以国教的形式去干涉教育,不利于孩子的阅读和写作能力的提高,宗教教育是一种愚民政策,大部分时间浪费在教理问答上,而兰喀斯特学校的导生制则可以在更大程度上给予更多孩子以教育的机会,这能从幸福的总量上增加人类的幸福,即为了最大多数人

① Burston. W. H., *James Mill on Education*, Cambridge University Press,1969,p.170.

的最大幸福,他从内心里排斥宗教教育,但是宗教已经根深蒂固地存在于政治和人们的生活当中,根本无法把它从政治和人们的生活中消除掉,所以他坚持教育中具有包容性的综合原则,这是一种权宜之计。总之,在他看来当前的教育现状不能适应社会发展的潮流,不能提高穷人的教育水平,需要按照功利原则进行教育改革以便适应社会的发展,这是詹姆斯·密尔的目的所在。詹姆斯·密尔的声誉很大部分与他儿子约翰·密尔在《自传》中对他的描述相关,他被称为19世纪英国著名的教育理论家。

约翰·密尔自认为是在没有宗教信仰的环境中长大的。"我从小就在没有通常所谓的宗教信仰的环境下长大"①,"是在否定宗教的氛围中长大的",他受其父的影响,认为"世界如何得以存在,无人知晓"②,并且认为这个问题是无法通过经验来验证的,所以世界的最终本源不可知,因此他从宗教的角度进入哲学,成为不可知论者。约翰·密尔从小就阅读基督教史,并关心宗教改革,这些都为站在思想自由的立场去反对教会压迫提供了很好的智力支持。

很多人认为约翰·密尔是坚定的宗教反对者,认为他不认同基督教教义,并且对教会充满了敌意。约翰·密尔在其著作《威廉·汉密尔顿爵士研究》中体现的思想与他所处的时代认为是最好的宗教基督教的思想相冲突。1823年他以威克利夫的笔名寄给《纪事晨报》五篇关于自由发表、宗教自由的文章,后发表了三篇,其他两篇因言辞激烈而未获发表。③后来《纪事晨报》认为约翰·密尔不仅仅是一个无神论者,而且是一个令

---

①　[英]约翰·穆勒著:《约翰·穆勒自传》,郑晓岚、陈宝国译,华夏出版社,2007年,第30页。

②　同上,第33页。

③　参见[英]约翰·穆勒著:《约翰·穆勒自传》,郑晓岚、陈宝国译,华夏出版社,2007年,第67页。

人厌恶的无神论者,并且是英国当时撒旦学校的首领。对于这些攻击,约翰·密尔都承认。① 在约翰·密尔的童年时期,有两次他公开声明不信仰宗教,并且认为"当前的宗教见解不仅是错误的而且还是有害的"②。但是当他阅读了柯勒律治和孔德的大量著作时,他对宗教的看法就有了心理学和历史的维度,在青年时期的精神危机和哈里特之死都影响到约翰·密尔对宗教的态度,这些事情促使他改变了对宗教的看法,不再坚定地反对宗教,而是从宗教那里寻求精神的慰藉。

约翰·密尔同他的父亲一样反对教育中的教派之争,认为教育应是世俗性的、事实性的、非宗教性的和描述性的。不同教派之间的竞争导致孩子的教学状况出现混乱,并且影响到对穷人教育的质量。"在教会学校学习阅读圣经和重复教理问答,在大多数情况下很少渴望得到更多的传授,得到的反对反而会更多;校长,像其他公职人员,很少倾向于做的是为他们付出更多。用心工作的教师在打算扩大所教的范围时,经常会遇到更大的阻力,即赞助人和管理者担心穷人'过度教育'。算术四则往往只能通过雅阁的羔羊或使徒的数量或始祖的数量来得到确认,地理只能通过巴勒斯坦地图来讲授给孩子,而他们已经知道了地球包括欧洲、亚洲、非洲和美洲。这些已经超出了各种争论,即谁会认为这是一种宗教教育方式,要使一个孩子去理解《圣经》是通过理解毫无意义的东西。教会学校的开放性会影响引诱孩子们离开持不同意见的学校,最终会导致刚建

---

① 参见 John Stuart Mill, *The Later Letters of John Stuart Mill* 1849 – 1873［M］//Francis E. Mineka, Collected Works of John Stuart Mill, Toronto and Buffalo:University of Toronto Press, Vol. 16, 1972, p. 1068。

② ［英］约翰·穆勒著:《约翰·穆勒自传》,郑晓岚、陈宝国译,华夏出版社,2007 年,第34 页。

立起来的持不同意见的学校被淘汰。"①在教会学校中学习的就是《圣经》和教理问答,这种培养方式具有机械性,有能力的学生得不到锻炼,而在学校中由于教派的竞争,校长和教师都不愿意或者不敢对教育进行过多的付出。不但是校长,而且在教师那里都不能对穷人的孩子进行很好的教育。不同信仰的教会学校,或者教会学校与非教会学校之间的竞争,导致很多持不同意见或资金不足的学校关闭,教会学校的力量会变得越来越大,由于教会的教育是灌输式的,通过这种方式去形成信仰,这不利于孩子们能力的提高。

约翰·密尔强烈反对宗派之间的竞争,并且认为教派之争是教育发展的一大障碍。他反对爱尔兰的任何形式的宗派体制(the denominational system),甚至把它作为在英国对实际困难的一种单纯让步,而在爱尔兰则完全不加理会,"在爱尔兰,任何公共援助都不应当用来进行任何涉及存在于混合或国家教育体制中更多的或其他的宗教教育的教育,同时更伟大之处在于让不同宗教信仰的年轻人共同生活在大学里,这将有理由为几乎所有为皇后大学体制给予支持的论点进行辩护,但是在实际中拒绝给予在其他地方接受教育的学生授予学位的情况除外"②。从这里可以看出,约翰·密尔并不是要在学校中彻底地消除宗教,而是希望学校对待不同宗教信仰的学生或者是信教与不信教学生都要一视同仁,不要存在宗派教育之争,这也是教育的公平正义的一种体现。在《论自由》中,他对于国家干涉教育问题的看法是,只有当社会落后到不能举办任何教

---

① John Stuart Mill, Essays on Economics and Society, J. M. Robson (eds.), *Collected Works of John Stuart Mill* (Vol. 4), University of Toronto Press, 1967, pp. 376 – 377.

② John Stuart Mill, The Later Letters of John Stuart Mill 1849 – 1873, Francis E. Mineka (eds.), *Collected Works of John Stuart Mill* (Vol. 16), University of Toronto Press, 1972, pp. 1133 – 1134.

育机构或者没有能力去办教育的时候,国家才能去干涉教育。[①] 国家在资金等方面应当资助对信仰宗教和非信仰宗教的人一视同仁的教育机构,否则国家就不能对任何教育机构进行资助。

但是现实却与他的理想差距巨大,大部分人认可宗教教育的原则,这里面既有历史的原因,也受传统的影响。宗教主义在英国根深蒂固,在约翰·密尔给凯恩斯先生的信中表达了对宗教教育现状的不满,"保守党政府的明显意图是特许,如果不是赋予,一个天主教大学……最糟糕的是,我看不出为真正的自由所做的事,有的只是哀叹",在这里他又重申了上次凯恩斯所提的观点,即"由国家支持的教育机构须是像皇后学院一样能够在尊重宗教方面完全公正的机构",令人悲痛的是:"百分之九十九的英国人的意愿是只要宗教教育机构,而不支持其他任何教育场所",因而他坚持认为,"在英格兰永远只有一个宗派体制和在爱尔兰只有一个混合的宗派体制都是不切实可行的,宗派原则在英格兰没有出路"。[②] 虽然宗派原则的现状一时很难改变,但是作为自由主义者的约翰·密尔坚决相信宗派原则迟早会被消除。约翰·密尔期望宗派学校与宗派原则一样应当消除,但是现实中宗派学校却依然存在,并影响着英国的教育。这些宗派学校控制着很多资源,如资金、师资等方面,其中主体为罗马天主教会,其他教派主要有圣公会(英国国教)、卫理公会等,他们用传播福音的手段来控制着学校,"有正当理由去抱怨,虽然孩子们受到考珀寺条款和撤回权的保护而免于宗派的影响,他们仍然会涉及可能会令他们的父母反

---

① 参见[英]约翰·密尔著:《论自由》,许宝骙译,商务印书馆,2012年,第127页。

② John Stuart Mill, The Later Letters of John Stuart Mill 1849 – 1873, Francis E. Mineka (eds.), *Collected Works of John Stuart Mill*(Vol. 16), University of Toronto Press, 1972, p. 1313.

感的一种普遍的宗教精神"①,在现实中纳税人提供的部分资金会用来进行宗教教育,不管他们是否愿意。

在讨论了上帝是否全能的问题之后,约翰·密尔进而讨论了上帝仁慈和全能的关系问题。"一个习惯性思考和通过狡辩无法使他的智力变得愚钝的人不可能毫无顾虑地把绝对的完美归因于拙劣的创造和随心所欲统治这个星球和居住在上面的人们的生活的创造者和统治者"②,一个智力比较完善的人会明白,假如作为造物主的上帝是全能的,集无限力量和慈善于一身,那么他就不是慈善正义的,因为人世间的邪恶和不平事太多了,"如果世界的创造者能够可以创造他所要创造的一切,他将会痛苦,因为结果是预定的"③,这是一种宿命论的观点。在这种状态下,人们没有自主性,无法选择自己所要的生活,一切都是命中注定,人是不自由的;假如上帝是慈善正义的,那么上帝就不是全能的,由于世间邪恶和非正义之事太多而使得上帝的能力有所欠缺。因此作为万能的仁慈的上帝是不存在的,这是约翰·密尔反对宗教有神论的一个根据。但是,在约翰·密尔的宗教思想中并没有完全否定上帝的存在,在论文《神性》(Theism)中,他考察了主观神的概念,认为在康德那里,上帝既不是直接的意识产物,也不是推理的结果,而是一个必要的假设;这种需要不是由逻辑决定的,而是一种迫于道德律令的现实的实际需要。④ 如果"上帝作为一个明智和公正的立法者存在,而不是道德情感的必要组成部分,那些情感仍然被认为是上帝的存在而备受人们欢迎",上帝的存在可以使很多人的情感得

---

① Francis W. Garforth, *Educative democracy: John Stuart Mill on education in society*, New Oxford University Press, 1980, p. 161.

② Ibid., p. 423.

③ Ibid., p. 388.

④ 参见:John Stuart Mill, Three Essays on Ethics, Religion and Society, J. M. Robson (eds.), *Collected Works of John Stuart Mill* (Vol. 10), University of Toronto Press, 1969, p. 445.

到慰藉,乐观地说,人们信仰上帝,并认为世界是由上帝创造的,是世界最好的可能性,但不是绝对的好。① 在这里,从人们情感寄托的角度来说,约翰·密尔并非排斥上帝的存在。前面论述的上帝所具有的全能和仁慈两个特性是一对矛盾,但是可以说上帝是一个能力欠缺的具有巨大的仁慈特性的实体,关于能力的确切大小,作为能力有限的人类是无法测量的,也是无法获知的。因此,世界的真正本源是不可知的。

约翰·密尔同边沁一样,坚决反对教会滥用捐款,认为这将造成对教会的贪污腐败。他的父亲认为:"这样一个充满邪恶的世界是一位集无限力量和慈善正义于一身的造物主的杰作,是令人难以置信的",并认为"宗教为道德的最大敌人"②,约翰·密尔则相对要温和一些,他不能确定当代的宗教是否真的对道德的提升具有决定性的作用。在对约翰·密尔的教育中,詹姆斯·密尔"培养了他的儿子忽视所有的宗教思想"③。

反对教会的原因在于提倡人的思想自由,教会的宗教教育使人们信仰教义,相信教义,这会凝固了人的思想。宽容是人的美德,"诚心诚意地意识到自由平等地发表各种见解对人类的意义,从中产生的宽容才是值得称赞的唯一宽容"④,也许这是道德中最高标准的宽容。当然,在当下的宗教教导中,看不到这种宽容,英国国教以宗教教导为原则,要求人们信仰国教,同时在不同的教派之间还存在着斗争,这些宗教大都夸大自己宗教的真理性,认为自己的宗教是真正的宗教,是真理,这种不具有宽容

---

① 参见:John Stuart Mill, Three Essays on Ethics, Religion and Society, J. M. Robson(eds.), *Collected Works of John Stuart Mill*(Vol.10), University of Toronto Press, 1969, p.446.

② [英]约翰·穆勒著:《约翰·穆勒自传》,郑晓岚、陈宝国译,华夏出版社,2007年,第31页。

③ [法]埃利·哈列维著:《哲学激进主义的兴起》,曹海军等译,吉林人民出版社,2006年,第316页。

④ [英]约翰·穆勒著:《约翰·穆勒自传》,郑晓岚、陈宝国译,华夏出版社,2007年,第39页。

性的做法严重干涉了人们的思想自由。宗教通过教义的教导和严格的律令来强调教义的真理性,并反对对教义的讨论和怀疑,这会导致文化的冲突以及阻止文化的发展。当然约翰·密尔在反驳宗教的同时也承认宗教在人类社会发展中的作用,例如对道德形成的影响等。

二、宗教的消极作用

教士是人类思想进步的敌人。约翰·密尔认为:"进步是人类思想的本性"[①]。他相信人类思想的历史是一个进步的过程,人类思想本性包含进步,反对人类思想退化论。作为经验主义者的约翰·密尔比较重视经验的作用,认为"从经验中受益也是人类思想的本性"[②]。人类的思想本性包括:进步和从思想中受益两个因素。密尔相信人类的思想是进步的,而经验是人类思想获得的主要途径。人类的经验是一个历史的过程,人类通过继承和创新使经验不断丰富和增加,经验的增加有利于人类的进步,同时还能培养人的能力和激发人的智力,而培养我们的这种能力的工具就是,"由于我们经验的总数每天都在增加,这种增加本身具有促进人类进步的倾向,但是除此之外,我们变得更有能力从经验中受益,这种能力与我们智力的培养成比例;这种培养有两种伟大的工具:教育和讨论"[③]。经验的增加促进了人类的进步,人类的进步同时会使我们更多地从经验中受益,这从而提高了人类的智力和能力。接着,他列举了大不列颠、法国和北美的历史发展的事例,认为人类的进步不可阻挡,并得出结

---

①②　[英]约翰·穆勒著:《约翰·穆勒自传》,郑晓岚、陈宝国译,华夏出版社,2007 年,第274 页。

③　同上,第274~275 页。

论:"从这两种伟大的工具(即教育和讨论)的日益传播和增长的力量来看,可以预料的是,这些国家的人类思想将不仅以一种不受阻挡的速度,而且以一种像它过去二十年来一直迅速增长的速度继续向前迈进"①。人类由于教育和讨论这两大贡献,人类的思想会加速进步。密尔对人类的思想进步持一种乐观的态度。

教士对人类思想的进步起到了反作用。约翰·密尔认为:"出于某种道德上的必要性,一群既定的教士必定既是(无论如何总是)人类思想的伟大趋势的死敌,又是人类思想的促进者教育和讨论的死敌。"②传教士出于自己的利益,容易歪曲真理,约翰·密尔引用了克拉伦顿勋爵"教士对人类事务的了解最少,采取的策略也最低劣"的言论,因此教会干涉人类的生活并不是一种好的选择。教士通过传播教义的方式来教导人们,他让人们确信教义就是真理,无原则的相信教义,并且不允许人们对教义进行讨论和怀疑,这种方式不利于对思想促进者的教育和讨论,会阻碍真理的发现和传播,从而阻碍人类思想的进步。在教士们"的阻止权力范围之内,他们从不允许宗教上和政治上的丝毫讨论;他们从未以他们自觉地努力使教育的传播进一步。我把他们称为一个团体。他们从未想出任何计划来传播或改进教育;从兰开夏郡人到幼儿园再到伦敦大学,不论别人制定怎样的计划,他们作为一个团体都给予最强烈的反对;除非在这些大多数的情况下,即当他们最终发现,尽管他们反对,进步还是继续进行下去;为了阻止进步,他们能做的最好的事情是,出于宗派的目的尽力把这种进步控制在自己的手中"③。总之,约翰·密尔坚信人类是进步的,不

---

① ② [英]约翰·穆勒著:《约翰·穆勒自传》,郑晓岚、陈宝国译,华夏出版社,2007年,第275页。

③ 同上,第279页。

论教士怎么去控制教育,控制人类的思想,不论宗派之间的竞争如何激烈,进步的趋势是无法避免的。

知识是宗教的天敌,教会为了自身利益而愚化民众。教士和普通的民众一样,也"将追求个人利益而损害人类利益"①,在历史中教士对不服从他们信仰的人进行迫害,而改变这种现状的最好的方式就是通过教育,提高民众的知识水平,而"唯一有用的知识……是那种教我们如何增加人类幸福感的那种知识"②,只有具有这样的知识,人们才能摆脱教士、贵族和国王的控制,实现民主统治。

在《功利主义》中,约翰·密尔认为"假如功利道德缺乏一种自然的情感基础,那么即使通过教育灌输,这种关联也很可能被分解"③,功利主义道德有天然情感作基础,否则,即便是通过教育形成了道德,也会被消解掉,因此功利主义的道德并不是完全教育的结果,而是根植于人的内心之中的天然情感。

道德信仰不能依赖于宗教。约翰·密尔说的这个宗教是有神论的宗教,他在批驳有神论宗教的同时却期望建立一种自然宗教。这种自然宗教是按照功利原则建立起来的,能够促进人的幸福。他所探寻的这种宗教是一种世俗的宗教,这种宗教中没有上帝,也没有什么超自然的力量,但它优于传统的宗教,这种宗教在智力和道德上能达成一致。④ 这是一种"宗教人文主义"或"人道主义宗教"(Religion of Humanity)。这种宗教具有仁慈之心,也具备宗教的精神,可以为人类的道德服务。约翰·密尔

---

① [英]约翰·穆勒著:《约翰·穆勒自传》,郑晓岚、陈宝国译,华夏出版社,2007 年,第232 页。

② 同上,第229 页。

③ 同上,第73 页。

④ Francis W. Garforth, *Educative democracy: John Stuart Mill on education in society*, Oxford University Press, 1980, p. 146.

在读了边沁的《自然宗教对人类现世幸福影响的分析》后认为，"为了道德和社会的目的，这种信仰还是必要的；那些反对启示的人通常都以乐观的自然神论为庇护，即崇拜自然的秩序和假定的天道；如果对自然神论的了解彻底的话，那么它至少与基督教的任何形式一样充满着矛盾，又曲解了道德情操"①，自然神论和基督教等宗教一样也具有矛盾，宗教对道德和社会都有用，它有利于人们达成一种道德共识，并以此作为行动的标准，这也有利于社会秩序的稳定，从这里也可以看出约翰·密尔对宗教的态度并不是一概否定，而是以辩证分析的态度来看待，他要比他父亲的态度稍微温和些。

三、宗教的积极作用

约翰·密尔认为，在宽容的时代，"人们普遍承认自然神论者可能是真正的信教之人"②，假如宗教信仰意味着宽容、仁慈，而不是代表着一种仪式或者教义，那么自然神论者也可以拥有自己的宗教。约翰·密尔随着自己阅历的不断丰富，对宗教精神与道德关系的了解和宗教对社会进步和个人发展作用的了解，逐渐相信宗教对社会和个人都具有很大的价值。自然神论对个人和社会具有很大的作用。边沁的《自然宗教对人类现世幸福影响的分析》对他的重要影响促使他相信宗教对人的教化作用。在约翰·密尔的思想中对教育的含义有广义和狭义之分，宗教的教化属于广义的角度。人的宗教教育主要在儿童时期，让他们接受宗教的教化

---

①　[英]约翰·穆勒著:《约翰·穆勒自传》，郑晓岚、陈宝国译，华夏出版社，2007年，第53页。

②　同上，第35页。

并不是把他们培养成信仰宗教之人,而是把宗教作为道德审判和权威的根源,目的是使人们形成一种良好的道德风气,这有利于人们之间的交往,同时可以促进社会的稳定发展。这种宗教的培养是世俗的,不需要超自然的力量。在约翰·密尔看来,"道德上的优点要归功于他们早年间所受到的良好道德教育的最初影响"①,所以他把儿童早年的宗教教化作为良好的道德形成的主要因素之一。在约翰·密尔的思想中从没有放弃过对超自然宗教的反对,他在妻子哈里特去世之后,在她的墓地旁边买了幢村舍,并和她的女儿常住在那里。他对宗教的看法有所改变,"对她的怀念在我看来是一种宗教"②,这似乎是在承认一种超自然的宗教存在,也许可以认为他是把对妻子的怀念看成是一种精神的慰藉。

宗教可以给人希望和想象,这是人类幸福不可缺少的特质。宗教经常会给人以一种美好的向往,并告诉我们,这是值得我们去追求的东西。在《神性》中他认为,具有神性的宗教在能力上超过人道主义宗教,对这种认识的怀疑不能排除想象和感情的神性,能够给我们一种希望③,能够给我们以世俗的幸福,给我们以希望。但他在此文中还是拒斥全能和仁慈的上帝的存在。正是希望我们生活得有意义,没有希望的生活不是人们值得过的生活,人们在生活中因为有了想象才使我们的精神世界变得更加丰富多彩,所以宗教对人类的生活具有很大的作用。

边沁的功利主义思想对约翰·密尔的影响巨大,使他相信功利主义哲学,把最大多数人的最大幸福作为行动的目标,哈里特之死给他灵魂上

---

① [英]约翰·穆勒著:《约翰·穆勒自传》,郑晓岚、陈宝国译,华夏出版社,2007 年,第 251 页。

② 同上,第 184 页。

③ John Stuart Mill, Three Essays on Ethics, Religion and Society, J. M. Robson(eds.) , *Collected Works of John Stuart Mill*(Vol. 10) , University of Toronto Press, 1969, p. 406.

很大的触动,这是约翰·密尔的一生中所经受的两次比较大的转折之一,还有一次则是他青年时期的精神危机。这些经历都影响着他对宗教的看法,使他明白宗教是一种精神信仰,不能把它教条化,因为教条化的宗教会压抑人的个性,阻止真理的发现。

在《论自由》和《圣安德鲁斯大学的就职演讲》中,约翰·密尔否认宗教教导在学校的课程教学中所起到的作用,认为对宗教信仰和宗教实践的研究是必须的,对一种信仰或另一些信条的灌输是教会的事务,而不是教育机构的事务。① 这实际上是要把教会教学与学校教学分开,学校教育主要是培养人的读写等能力,而教会则是教导人们信仰宗教,两者的功能不一样。

约翰·密尔认为宗教和道德应当在课程中设置,并反对死记硬背的教学方式。宗教作为人的一种精神需要是可教的,但是不能教条化,宗教教育部分上可以弥补科学和逻辑中情感缺乏的遗憾,可以使人拥有自由的心灵,并且还可以给人以信仰,例如在西方具有基督教的传统,因此基督教的教导既可以使人们继承传统,又可以使人们形成一种社会道德,这有利于形成一种普遍的道德,人与人之间便于交往,同时也有利于社会稳定。宗教教育不能权威化,对宗教信条进行单纯的死记硬背而缺乏理解,只能成为缠绕于大脑外的空壳,而不能融入人的心灵当中,是一种词语的背诵和混乱的思想。② 同时,情感教育也是人类道德形成的主要动力,"通过良好有序的教育,每一种情感都可以转化为道德原则的辅助物"③。

---

① Alan Ryan, J. S. Mill on education, *Oxford Review of Education*, No. 5, 2011, pp. 653 – 667.

② Francis W. Garforth, *John Stuart Mill's Theory of Education*, Martin Robison & company. Ltd, 1979, p. 193.

③ [英]约翰·穆勒著:《约翰·穆勒自传》,郑晓岚、陈宝国译,华夏出版社,2007 年,第254 页。

在教育方法上,约翰·密尔反对基督教的教条式和灌输式的教育方式,而赞成自由的和互动式的教学。宗教灌输在国家中具有很深的历史文化传统,宗教教育不能满足受教育群体的需求,所以在很大程度上还需要非宗教教条式的教育来弥补教育中的不足,虽然这种教育具有权威主义的性质,在教育方法上也是灌输式的。他认为在教育中不应当具有教条主义的精神,应当具有怀疑的精神;学生们不应当被强加宗教信仰,而是应当让学生自己选择宗教信仰,大学的作用不是通过权威来使我们形成信仰,而是通过传播信息和训练智力来帮助我们形成自己的信念,进而去探寻真理。① 很多宗教教徒认为他们的教义是真理,并且去保护这种真理,在这种所谓的真理中有很多是不能通过经验和理性证明的,甚至有些是错误的,出于宗教信仰自由的目的,这些教义可以在他们自己的教区内进行传授,这是教会的任务,而不是学校的责任。

宗教和道德教育的培养主要在家庭中,而不是在社会或者学校。每个人都需要智育和德育,"道德或宗教教育是培养人的情感和日常行为习惯,这超出了公共教育的可控范围,家庭是我们能够真正获得宗教和道德教育的地方,而这又会完全或者部分受到社会或者周围人的观点和情感的影响,这种影响有时是好的,但经常是坏的"②。约翰·密尔认为,唯一真正有效的宗教教育是家长,主要在家庭和童年时期,社会和公共教育是以崇敬和义务式的普及传播为基调,是辅助性质的。③ 在家庭中培养出的是真挚的情感和宗教信仰,而在学校或社会中渗透的则是一种义务感。

---

① 参见 Francis W. Garforth, *John Stuart Mill on Education*, Teachers College Press, 1971, p. 215.

② Francis W. Garforth, *John Stuart Mill on Education*, Teachers College Press, 1971, p. 211.

③ 参见 Francis W. Garforth, *John Stuart Mill on Education*, Teachers College Press, 1971, p. 214.

学校教育有它的局限性，不能把所有的教育都囊括到学校中来，在一定程度上要划分家庭、学校和社会各自的主要职责。

约翰·密尔赞成世俗教育。他于1849年写了一篇小文章《世俗教育》，并作了演讲，但是并没有公开发表，在这篇文章中他表达了世俗教育的思想，"凡是与生活相关的东西都是世俗的。凡是与生活所关心之事的教育都是世俗教育。因此世俗的学科是除了宗教之外的所有学科"①。他把世俗与生活密切的关联起来，世俗教育是与人们的实际生活密切联系的，与天国等虚幻的世界没有联系，这就分清了宗教与世俗的关系，从而把非宗教划入了世俗的范围内，如艺术和科学被划入世俗教育之中。进而他认为，"由大众提供的教育必须是面向全民的教育，而面向全民的教育必须是纯粹的世俗教育"②。教育不能完全是精英教育，而是全民教育，体现了密尔教育中的大众教育思想，教育并不是为某一部分人谋利益，这种表述与其父认为学校教育为的是全部大众的思想具有高度的一致性。他坚决反对教育权利被剥夺，"宗教上的排斥和不平等，不论是对少数派实行还是对多数派实行，都是一样可憎的"③。英国国教的宗教教育原则把不信仰宗教者或者说非宗教信仰者排除在受教育的群体之外，使他们失去了受教育的权利，这是不公平的，因此约翰·密尔坚决反对宗教教育原则，赞成世俗教育。总之，世俗教育是除了宗教之外的所有科目，但是这种教育并不是以反宗教为目的，因为在他的内心中还是承认宗教在一定程度上对人类是有价值的，世俗教育的真正目的是由公众提供的教育，应为公众服务。

---

①②　[英]约翰·穆勒著：《约翰·穆勒自传》，郑晓岚、陈宝国译，华夏出版社，2007年，第281页。

③　同上，第282页。

道德与宗教的关系密切,道德教育不能与宗教信仰相冲突。我们生活中的很多道德行为的评判标准都刻上了宗教的烙印,宗教从某种程度上说是教徒们道德行动的指南,在当前的社会背景下,"道德教育要想成为公共供给的一部分,它不能与多数受教育群体的道德信仰相冲突"①,在英国,道德信仰与宗教信仰相互交织,"排除宗教教导也就是排除道德教导,或者是断章取义,削夺了它的连贯性,或者是使它被多数受过教育的阶层所反对"②,当然,他也并没有完全否认道德的独立性,因为在当时的社会背景下英国的国教影响非常大。但是很多受过教育的非宗教徒不一定会完全按照宗教所规定的道德行事,因此不排除在宗教之外还存在其他道德的可能性。

在《论自由》中,约翰·密尔对国家教育的观点进行了论述。他认为在党派论争问题上,如国家应当教什么、怎样教等问题,这些问题的解决在他看来通过"强行普遍教育的义务"就可以解决了。③ 同时他还建议建立由国家监督的考试制度,每年进行一次考试,"强制了所有儿童普遍获得特别是普通保有一定的最小限度的普通知识"④,对学生的测验内容要限制在事实和实证的范围内,而关于宗教、政治和有争论的客体不能作为评判事实的标准。国家不在具有争论的题目上进行评判,如果父母允许,还可以在学校里对孩子进行宗教教育,国家要使信奉国教和不信奉国教的人都能有教养,有能力去进行判断。⑤ 因此,在中小学和大学中可以传

① Francis W. Garforth, *Educative democracy: John Stuart Mill on education in society*, Oxford University Press, 1980, p. 151.

② John Stuart Mill, Lord Brougham's Defence of the Church Establishment, *Monthly Repository*, Vol. 8(1834), pp. 442 – 443.

③ 参见[英]约翰·密尔著:《论自由》,许宝骙译,商务印书馆,2012 年,第 126 页。

④ [英]约翰·密尔著:《论自由》,许宝骙译,商务印书馆,2012 年,第 127 页。

⑤ 同上,第 128 页。

授宗教知识。国家教育应该是世俗性的或者是事实性的,但是在约翰·
密尔的心目中并不完全赞同国家对教育进行干涉,国家过多地干涉教育
会导致个性的泯灭,宗教教育过多会导致事实性教育目标难以实现。宗
教教育造成一种不快乐的结果,它们迄今已经挫败企图最大限度地让孩
子上学的做法,教会学校单独接收从现存的持对立意见的学校中开除的
孩子,壮大自身力量,以搞垮这些学校。

　　约翰·密尔在他的《世俗教育》中认为,要把基督教当作一种精神,
而不能将其看作一些不能改变的教义,这样精神培育必然伴随着某种程
度的宗教灌输。这并不是对基督教的恭维,信仰的力量是巨大的,所以他
赞成兰喀斯特协会的缔造者的信念,即"思想的培养能使所有真理向思想
敞开的人"①,这是追求自由的一种表达。总之,在约翰·密尔那里,宗教
给人一种希望,一种想象力,我们从宗教中得到的是一种宗教精神,而不
是灌输式的教理问答,他对社会的稳定和个人道德的形成具有很大的作
用,宗派之间的竞争不利于教育的发展,为了自由就需要消除宗教教育原
则。孔德对约翰·密尔的影响比较大,在两人的交流中,他赞同欧洲各国
从中世纪的政教分离中获得好处的看法,并赞同道德和知识转入哲学家
之手,而不是由教士控制的看法。② 约翰·密尔在看了孔德的《实证政治
学体系》之后,认为此书对政治学家和社会学家具有很大警示意义,即
"一旦人们忽略自由的价值和个性的价值,那么将会发生多么可怕的
事情"③。

---

　　① ［英］约翰·穆勒著:《约翰·穆勒自传》,郑晓岚、陈宝国译,华夏出版社,2007 年,第
283 页。
　　② 同上,第 155 页。
　　③ 同上,第 156 页。

第三节　国家的教育

有关国家的教育主要以约翰·密尔的思想为主,因为边沁去世于1832年,詹姆斯·密尔去世于1836年,国家进行财政干预是1833年,所以他们二人已经看到了国家教育的重要性,但是对国家的教育论述相对较少。约翰·密尔一生致力于在英格兰和威尔士建立一种国家教育制度,这种制度从个人的层面上来说是实现个人的自由和幸福,从国家的角度来说是要促进社会的发展。在他的著作《论自由》《政治经济学原理》《代议制政府》《圣安德鲁斯大学的就职演讲》以及他的书信等中对国家教育进行了大量的讨论。并且十分强调教育在人类实现幸福过程中的价值,"教育和舆论对人的性格塑造具有重大影响,应当用这股力量在每个人心中建立起自身幸福与全体利益之间的密切关系,尤其是自身幸福与按照普遍幸福行为模式(包含正反两方面)所从事的实践活动之间的联系"①。国家对教育应适度地干预,本节考察的是国家对教育干预的领域,干预的限度,以及干预的原则,国家要在尊重人的自由的前提下对教育进行干预,在普及教育注重教育数量的同时,应更加注重教育质量的提高,实行义务教育是国家教育的责任,合理的考试制度是选拔学生的良好方式,在教育中要遵守男女平等的原则。

一、国家教育的限度

约翰·密尔对国家教育的限度进行了论述,认为国家要分清在教育

---

① [英]约翰·斯图亚特·穆勒:《功利主义》,叶建新译,九州出版社,2007年,第43页。

中什么地方需要强制干预,什么领域是监督的领域,国家对教育的干预应是有限的干预。政府在教育上起到的是财力支持和监督的作用,政府有普及儿童教育的职责。"政府只要决心要求每个儿童都受到良好教育,并不必自己操心去备办这个教育。做父母的欢喜让子女在哪里得到怎样的教育,这可以随他们的便,国家只须帮助家境比较困难的儿童付学费,对完全无人负担的儿童代付全部入学费用,这样就足够了。要知道,由国家强制教育是一回事,由国家亲自指导那个教育是完全不同的另一回事;人们所举的反对国家教育的一切理由,对于前者并不适用,对于后者则是适用的。"①政府要有决心让每个儿童都应当接受良好的教育,作为国家的公民,每个人都有接受教育的权利,这体现了教育的公平,但是不能由政府亲自去办教育,因为接受什么样的教育是父母的自由,也是父母的权利,父母可以有决定孩子到哪里去上学的权力,国家对于在经济上处于不同地位的家庭要区别对待,在对待家庭困难的子女上学方面应给予财力的支持,对无人负担的儿童代付全部学费,这里的"代付"密尔没有具体指出是国家无偿代付还是以后需要受益者偿还的有偿代付。密尔的时代办学机构主要是教会办学和公学,密尔区分了强制教育和亲自教育两个不同的问题,人们反对的不是国家的强制教育,包括提供经费等问题,所反对的是对教育过程的干涉,及亲自指导并干涉教育。

　　国家举办的教育应具有竞争性。国家干预的是私人或民间团体无法完成的教育领域。国家设置或者控制教育,它可以作为竞赛性的实验,国家办学属于公学,私人办学属于私学,公学和私学之间存在竞争的关系,人们可以选择自己喜欢的学校来学习,父母有为子女选择到哪所学校上学的权力,国家办学只是以示范和鼓舞其他教育机关为主,以求达到教育

——————————

① ［英］约翰·密尔著:《论自由》,许宝骙译,商务印书馆,2012年,第126页。

优良的目的。在什么状态下国家必须来办教育呢？那就是"当整个社会状态落后到不能或不想举办任何适当的教育机关而非由政府担负起这项事业不可的时候"①，当社会没有能力或者不想去办学的时候，政府才能去办学，因为教育乃是关涉个人发展、关涉国家发展的大事，如果社会没有能力办学国家又不办学的话，就会造成大量的文盲，文盲太多会造成社会整体智力水平低下，这是社会不稳定的重要因素之一，严重之时还会使社会发展停滞，甚至倒退。

　　约翰·密尔虽然赞成国家教育，但是在国家控制教育的限度或者是控制的范围上不能是垄断的，"那就是政府不应垄断教育，无论是初等教育还是高等教育都不应加以垄断"②，也就是说，从初等教育到高等教育都不能垄断。在教师的问题上，要采取政府聘任的教师和其他教师相混合的一种形式，不能让政府聘任的教师垄断教学，即不能"迫使人们就学于政府聘任的教师而不就学于其他教师"③。作为政治上专制统治坚决反对者的约翰·密尔反对政府从法律和事实上完全控制教育，因为如果对教育实施控制权实际上就意味着专制统治。在选择接受教育的学校问题上，政府可以设立各级学校，但是不能强迫受教育者上公立学校，同时政府也不能干涉私人学校的建立。在讨论了教师、学校等问题之后，他总结认为，政府可以"要求一切人都必须接受一定程度的教育"，但是不能"规定人们应如何接受教育，或应该从谁那里接受教育"。④总之，政府要求所有人都必须接受教育是具有强制性的，尤其是初等教育，在这方面没有什么可讨论的，因为这会涉及个人和社会的生存和发展状况，但是在接

---

　　① 　[英]约翰·密尔著：《论自由》，许宝骙译，商务印书馆，2012 年，第 127 页
　　②③④ 　[英]约翰·穆勒著：《政治经济学原理》（下），胡企林等译，商务印书馆，2005 年，第546 页。

受教育的方式和接受教育的地点上,人们有自由选择的权利,这是个人自由选择和国家权威控制两种原则的一种有机结合,既考虑到个人又考虑到社会。国家垄断教育会威胁到约翰·密尔所要保护的自由、多样性和创新性。实际上,国家教育的职责在于使孩子的父母肩负起他们的责任,国家同时行使一种监督的作用以确保学校和教师的质量合格①。

约翰·密尔担心个性的压制和思想的灌输。教育统一化使人失去个性。"教育的每一扩展都在促进同化,因为教育把人们置于共同的影响之下,并给予人们以通向一般事实和一般情操的总汇的手段"②,如果国家办教育就会在教育的目标、教育方法、课程内容等方面形成统一的模式,这将会导致受教育者的个性被泯灭。因为它破坏了人的自由、主动性和多样性,"人类发展所必要的条件,那就是:自由和境地的多样化"③。判断制度优劣的标准在于,"两种制度中何者会给人类带来更多的自由和自主"④,多样性"会成为思想和道德进步的主要动力"⑤。

约翰·密尔坚决反对教育完全由国家控制。"若说把人民的教育全部或大部交在国家手里,我反对绝不后于任何人"⑥,在密尔看来不能把教育的全部或者把大部分交给国家来操办,其主要原因在于性格的个人性要求教育必须有歧异,国家办教育会造成教育的一般化,而把人的个性、自主性和多样性给消磨掉。国家主持教育会扼杀人类的个性、创造性、多样性,阻止个人自由和社会进步。密尔在《论自由》第三章中把个

---

① Alan Ryan,J. S. Mill on education, *Oxford Review of Education*, No. 5,2011,pp. 653 – 667.
② [英]约翰·密尔著:《论自由》,许宝骙译,商务印书馆,2012 年,第 87 页。
③ 同上,第 86 页。
④ [英]约翰·穆勒著:《政治经济学原理》(上),赵荣潜等译,商务印书馆,2005 年,第 237 页。
⑤ 同上,第 238 页。
⑥ [英]约翰·密尔著:《论自由》,许宝骙译,商务印书馆,2012 年,第 126 页。

性等同于发展,"个性与发展乃是一回事"①,"现有的一切美好事物都是首创性所结的果实"②。个性多样性的重要性说明了教育的歧异的重要性,他们会把人塑造成他们所想要的样子,这就会造成性格的个人性的同一化,形成某种对人身的专制,如果个性不能多样化就会造成言论的一致,形不成讨论自由的格局而不利于真理的产生和发展,社会发展就会停滞,人类自身的发展也会停滞。总之,由国家举办一般教育就会造成用一个模子把人塑造成一个性格结果,受教育者将失去自由、创造性和性格的多样性,而这些特征恰恰是个人发展和社会进步所必要的条件。在义务教育中,"所有的父母被要求去让他的孩子学习一些知识,对教师的选择是自由的,教学是否具有充分性需要通过政府以对学校的检查和一种对学生真正的彻底的考核来保证"③,政府以对学校的监督和对学生的考核作为教学是否成功的保证。

自由在教育中的运用要有个限度。国家的干预应当利于个人和社会的发展,"把自由的概念用错了地方,便会阻碍人们在最有根据可以认定父母负有道德义务的事情上认识不到这种道德义务,也会阻碍国家在有些最有根据应当课以法律义务的事情上不去课加这种法律义务;不止在教育问题上是这样"④。比如,认为不具有养育儿女维持家庭生活能力的男女不宜结婚,因为他们的孩子得不到良好的教育,既会对孩子不利,也对社会不利,男女结婚意味着要对孩子负责,这是对自由的干涉。

教育可以促使人类更加重视知识的作用,重视教育的作用。"未开化

---

① [英]约翰·密尔著:《论自由》,许宝骙译,商务印书馆,2012年,第75页。

② 同上,第77页。

③ John Stuart Mill, The Later Letters of John Stuart Mill 1849 – 1873, Francis E. Mineka (eds.), *Collected Works of John Stuart Mill* (Vol. 16), University of Toronto Press, 1972. p. 1348.

④ [英]约翰·密尔著:《论自由》,许宝骙译,商务印书馆,2012年,第128～129页。

的人是不能很好地鉴别教化的价值的"①,没有文化的人不知道文化的重要性,在这种状况下,通过这样的方式来提高教育,尤其是提高不愿接受教育之人的教育水平是很困难的。"在这种情况下,任何善意的、较为文明的政府都可以认为自己具有或应该具有比其所统治的普通人高的教化水平,因而同大多数人的自发需要相比,应该能够向人民提供更好的教育。所以,从原则上说,就应该由政府向人民提供教育。"②只有通过良好的政府的力量参与教育才能更好地促进国民教育。当然,约翰·密尔在赞同国家进行初等教育的同时,也并没有忘记他的精英教育思想,他在与迪诺耶先生的讨论中认为,可以建立一些不为普通人所享用的教育设施和教育方式,因为这能为少数人提供最高质量的教育,通过这种教育可以使他们成为人类的优秀分子,他们把知识代代相传,人类的知识才不断进步,社会才能向着更文明的方向前进。③

判断政府活动优劣的标准在于是否有利于提高个人能力。"一切政府的活动,只要不是妨碍而是帮助和鼓舞个人的努力与发展,那是不厌其多的。"④判断政府活动优劣的标准是看这项活动是帮助和鼓舞个人的努力,帮助个人的发展,还是阻碍个人的努力和发展。促进个人的努力和发展就是好的政府活动,阻碍个人的努力和发展就是差的政府活动。公共教育的原则与国家其他行政原则具有相似性,即"要做到符合于效率原则的最大限度的权力分散;但也要尽可能做到最大限度的情报集中,还要尽最大的可能把情报由中枢散播出去"⑤。权力的适用原则,分散与集中的

①② [英]约翰·穆勒著:《政治经济学原理》(下),胡企林等译,商务印书馆,2005年,第543页。

③ 同上,第544页。

④ [英]约翰·密尔著:《论自由》,许宝骙译,商务印书馆,2012年,第137页。

⑤ [英]约翰·密尔著:《论自由》,许宝骙译,商务印书馆,2012年,第135页。

合理分配,同时需要民众的监督和专业机构结合起来,"在公共事务中,要把民众的完全监督和完美的专业机构结合起来"①。

二、国家教育的干涉领域

约翰·密尔也是一位自由主义者,个人是国家价值所在。他的教育思想是个人优先于国家的个人主义。"国家的价值,从长远看来,归根结底还在组成它的全体个人的价值。"②国家存在的价值是为整个国家的个人谋取利益,个人的利益高于一切,国家应为国民谋利益,否则将一无是处。这种观念体现在教育中就是私人办学优先于国家办学。在《论自由》中他对政府干预的原则作了描述,以个人主义为基础,教育原则不能与自由原则相冲突,不涉及侵犯自由而反对政府干涉的 3 种情况有:

首先,个人或者私人团体能解决的问题,要比政府负责办理好,所办的事情与办理之人的利益一致,能够提高效率。"所要办的事,若由个人来办会比由政府来办更好一些。一般说来,凡办理一项事业或者决定怎样来办和由谁来办那项事业,最适宜的人莫若在那项事业上有切身利害关系的人。"③对于第一种情况是个人办比政府办理会更好,因为这种事情与个人的切身利害密切相关。密尔在《代议制政府》中就明确提出,政府人员的职务应该与他自身的利益相一致,这样从个人来说可以发挥自身的主动性和积极性,对政府来说可以使他做的事情符合本身的职务,甚至可以避免行政腐败。

---

① [英]约翰·穆勒著:《约翰·穆勒自传》,郑晓岚、陈宝国译,华夏出版社,2007 年,第 194 页。
② [英]约翰·密尔著:《论自由》,许宝骙译,商务印书馆,2012 年,第 137 页。
③ 同上,第 130 页。

　　其次,个人办理事情可以锻炼和提高能力。"有许多事情,虽然由一些个人来办一般看来未必能像政府官吏办得那样好,但是仍宜让个人来办而不要由政府来办;因为作为对于他们个人的精神教育的手段和方式来说,这样可以加强他们主动的才能,可以锻炼他们的判断能力,还可以使他们在留给他们去对付的课题上获得熟习的知识。"①人是社会活动的主体,在有些事情上看起来让个人办理不如让政府办理好。但是,对于个人的精神教育的手段和方式来说,个人办理可以加强自身的主动才能,锻炼自身的判断能力,同时还能在自身应对问题时获得熟悉的知识,所以这种事情由个人办理要比政府办理好。在这种事情上不是自由的问题,从遥远的未来的方面来看有可能涉及自由,它们是发展的问题。

　　让个人来办理看起来适合政府的事情可以作为国民教育的一部分。这是对于公民的一种特殊的训练方式,也是对公民的一种政治教育实践,使人们从个人和家庭中走出来,走向社会,社会是人与人之间交往形成的,做这些事情可以使人习惯在社会中正确处理人与人之间的关系,"习惯于领会共同的利益和管理共同有关的事情"②,促使彼此之间联合而不是孤立的指导自己的行为,在市民社会中,个人之间的关系主要是彼此的经济之间的关系,私人利益要求个人之间具有竞争性,政府的目的是为了维护公共利益而存在,密尔是在寻求市民社会为己的利益与政府为公的利益之间的平衡,"政府的工作趋于到处一样化,相反,个人和自愿联合组织则会做出各种不同的实验,得出无穷多样的经验"③。为了发展就必须保证"个别性和行动方式的歧异性"④,这是社会发展的动力,这里也就是要求政府和公民都各司其职,做个人应该做的事。

---

① ［英］约翰·密尔著:《论自由》,许宝骙译,商务印书馆,2012年,第130页。
②③④ 同上,第131页。

　　再次,政府在教育中的干涉必须是在需要的时候进行权力的干涉。政府不能在教育中过多的干涉。"不必要地增加政府的权力,会有很大的祸患。在政府现有职能之外的每一增加,都足以更加扩大散布其对人们希望和恐惧心理的影响,都足以使得活跃而富于进取性的一部分公众愈来愈变成政府的依存者,或者变成旨在组成政府的某一党派的依存者。"①不断地增加政府的权力会导致政府权力过大,而促使个人的权力过小,最终会形成专制,使人民失去自由。市民社会中强调的是个人利益,政府强调的是公共利益,如果一味地强调政府的权力,那么就会使各种行动一致化,社会中的个人将会失去个性化,个性和生活歧异性的失去最终导致的是社会的一致,社会的停滞。

　　行政中的权力和人才不能过于集中化,教育系统也是如此。"这种行政机器愈是构造得有效律和科学化,网罗最有资格的能手来操纵这个机器的办法愈是巧妙,为患就愈大。"②"如果一国中所有高才竟能都被吸入政府的职务中去,那么一个趋向于做到这种结果的建议才真足以引起不安。"③密尔反对政府的行政权力过大,这是一种危险的信号,导致政府专制、人民不自由的后果,对于通过竞争考试选取行政职员来让最有智力和教养人士担当,密尔不完全赞同。密尔在《代议制政府》中赞同通过考试的办法选取行政人员,但是反对所有的高才都被吸入到政府中去,如果都被吸入到政府中去,将会导致政府一家独大,个人将无力组织有力的意见来监督政府,政府会形成专制的势力来干涉人的自由。人才的分散可以形成思想自由和讨论自由的局面,有利于真理的发现和发展,有利于社会的进步。

---

①　[英]约翰·密尔著:《论自由》,许宝骙译,商务印书馆,2012 年,第 131 页。
②③　同上,第 132 页。

约翰·密尔赞美法国和美国的处理方式。在美国和法国可以让人们从事不同的职业,有能力的人处于不同的领域,他们既可以担当平民、士兵、军官,亦可以担当政府官员。在自由的美国,个人和团体都是自由的。政府是人民的政府,如果就像美国一样,任何一个团体都能组成政府,并且具有足够的智慧来维护社会的秩序,共同承担任何其他的公共事务,那么这样的人民就是自由的,因为"人民永不会因有什么人或者什么团体能够抓住并控制住中央管理机构就让自己为他们所奴役"①。只有人民是自己的主人,可以自己决定自己的事情,也就是人民具有主动性的时候,他们的价值才能体现在自身。

教育的重要性一直是功利主义思想中的一部分。大多数功利主义者相信教育可以改变人自身,同时也可以改变社会,作为功利主义集大成者的约翰·密尔尤其看重教育的作用。早在19世纪30年代,他就试图通过议会和公共舆论②来敦促国家去履行国民教育职责,国家应履行教育义务,从质和量上提高教育水平。

他非常认同教育的价值,认为教育可以塑造人的性格,是追求真理的一种手段,而且还能激发人的智力。鉴于对教育重要性的认可,他完全赞同普及教育在国家中的作用,虽然他担心国家干预教育会存在危险性,尤其是对教育自由、主动性和多样性的侵犯,但是没有国家对教育的支持,普及教育无法实现,因此他对国家教育是既渴望又担心,这就促使他去探

---

① ［英］约翰·密尔著:《论自由》,许宝骙译,商务印书馆,2012年,第134页。

② 约翰·密尔非常看重公共舆论在政治中的作用。在《代议制政府》中,他把舆论看作监督政府的一个重要工具,"如果组成政府的人员滥用职权,或者履行责任的方式同国民的明显舆论相冲突,就将他们撤职"(约翰.密尔著:《代议制政府》,汪瑄译,商务印书馆,2010年,第80页)。国民的舆论可以对政府的行政人员形成压力,因为"舆论本身就是一种最大的积极社会力量"(同上,第14页)。密尔把舆论看作促进社会进步的一个动力,有了舆论后进行辩论可以得出真理性的东西,真理愈辩愈明,这种舆论是国民自发形成的,并不是行政干涉的结果,他们经过讨论形成的各种舆论会对行政起到有效的监督作用。

寻国家干预教育的限度。他认为文化的价值在于它能够武装民众的头脑,促使民众去接受信息并且具有批判的精神去反对政府对权力的滥用;另外,通过教育形成强烈的自我意识和自我控制能力的民众会限制自己的生育力度,从而会降低家庭规模和贫穷的程度;犯罪率的降低也是其结果之一;进一步说,知识的传播和启蒙作为一种潜在的力量能够提升人类幸福的质量,这(他已经从他自己的精神危机中学到)要远远优于任何数量上的增加①。

约翰·密尔看到了单纯从知识的量的增加来提升人类的幸福是有弊端的,所以还要重视质的提高。他重视质的原因除了在精神危机中学到的单纯从量上进行积累式的教育不能满足人的需要,还要从人的情感等方面给人以教育之外,还有他心理化学说和精英主义思想的影响。目前的国家在初等教育无论从质的方面还是从量的方面来看都是远远不够的,学校的数量远远不能满足适龄儿童接受初等教育的需要,教师的数量和水平也不能达到全国实施初等教育的要求,国家教育主要控制在教会的手中,国家对教育在资金上支持的力度比较小。1833 年国家对教育进行了第一次拨款,金额为两万英镑,"标志着英国政府真正干预教育的时代的到来"②。从数量上说,教育的提高要相对容易些,但是从质量上说,教育的提高相对比较难。在谈论保护自然美问题的时候,约翰·密尔认为要提高各个阶级的教育水平,但是"从数量上提高教育要比从质量上提高教育要容易得多"③,在教育的数量和质量何者更具重要性的问题上,

①　Francis W. Garforth, *Educative democracy : John Stuart Mill on education in society*, Oxford University Press, 1980, p. 113.

②　徐辉、郑继伟著:《英国教育史》,吉林人民出版社,1993 年,第 140 页。

③　John Stuart Mill, The Later Letters of John Stuart Mill 1849 – 1873, Francis E. Mineka (eds.), *Collected Works of John Stuart Mill* (Vol. 17), University of Toronto Press, 1972. p. 1659.

他更注重后者。

国家干预在教育质量提升方面力度不够,国家应建立公开的竞争机制和成立师范学校。竞争机制的引用能够提高教育水平,尤其是教育质量,要建立校长竞争上岗机制,通过建立师范学校大力培养素质水平较高的教师,文化可以通过教育进行传播,教师水平的提高加上良好的管理,学生的教育质量自然也会提高。在欧洲大陆有很多国家禁止公民举办学校,这是严重抹杀公民自由的一种表现,民办学校是公民自由的一种表现,在某种程度上公学和民办学校进行竞争,可以促进教育质量提高的作用。国家的教育职责是促使父母负起教育孩子的责任,同时监督学校和教师确保教育质量的提高。

作为经验主义者的约翰·密尔通过对国家和教育的观察,非常强调教育的质量。教育传授的不是形式和材料,而是心灵之间的一种交流。人们不是仅仅要生活,而是要活得更好,普及教育或者初等教育提供给我们的仅仅是人类生活所必需的基本知识,而要在智力和道德方面得到更高的层次,仅靠教会学校或者民办学校的力量是不够的,这迫切需要国家为教育提供支持。"说国家对于生为公民的每一个人都应当要求并强迫他们受到一定程度的教育,这难道不几乎是一条自明的公理吗? 可是试问有哪个人不害怕承认并主张这个真理呢?"①国家对于每个人公民都有要求并强迫他们接受一定的教育,这是不证自明的真理。约翰·密尔在这里说的是适当的干预,而不是在教育中全部都由国家说了算。

罗布克提出了"普及国民教育"的计划,提出设立有内阁成员地位的公共教育大臣成立地方教育当局,并建议由中央和地方当局提供税收拨款资助,6~12 岁儿童必须上学,为解决师资匮乏问题创办师范学校,还

---

① [英]约翰·密尔著:《论自由》,许宝骙译,商务印书馆,2012 年,第 125 页。

提供了合理的解决教派争端的方案等等。他说:"总之,我想说的是,必须通过立法使大不列颠和爱尔兰的每一个 6～12 岁的儿童接受正常的教育。如果家长有其他办法为子女提供合格的教育并的确做到了这一点,就不应强迫他们把子女送往公立学校。然而,如果他们不能或不愿为其子女提供合格的教育,那么国家就要干预,强迫家长将孩子送入公立学校接受教育。"①后来他的这番话语成为英国法律中的永恒原则。

约翰·密尔认为,"训练普通人的心灵为的是普通人生活中的事务,公共拨款可能还有用,但不是必须的:没有打算去争论但是实力相当,不具有结论性地去表明它是不可取的"②,他对公共拨款不是持肯定的态度,而是认为公共拨款是在私人捐赠无法满足教育的情况下是必须的,竞争、个人兴趣等方式要比政府的支持有效的多。

强迫式的义务教育可以解决党派之间的斗争。"人们现在把国家应当教些什么、应当怎样进行施教等难题转成党派论战的主题,徒然把应当使用于实施教育的时间和劳力消耗在关于教育的争吵上面;其实只要承认了强行普遍教育的义务,这些难题就一概可告结束。"③在国家应当教什么、怎样进行教育等问题上,密尔认为只需承认国家具有强行普遍教育的义务即可。

约翰·密尔对国家干预的观点依然是有限的干预教育,但实际状况是,政府与教育有着千丝万缕的联系,教育中不可能完全避免国家的影响,他既看到了国家干预对教育带来的好处,同时也看到了国家干预对教育带来的危险。密尔认为初等教育需要政府的监督或干预,自由放任的

①　徐辉、郑继伟著:《英国教育史》,吉林人民出版社,1993 年,第 142 页。
②　John Stuart Mill, Three Essays on Ethics, Religion and Society, J. M. Robson(eds.), *Collected Works of John Stuart Mill*(Vol. 10), University of Toronto Press, 1969, p. 33.
③　[英]约翰·密尔著:《论自由》,许宝骙译,商务印书馆,2012 年,第 126 页。

原则不适用。"自由放任这个一般原则,尤其不适用于初等教育"①,这是因为有些基本知识是所有的儿童所必须掌握的,为的是适应个人生活和社会进步的需要。

父母应给予自己的孩子以教育,这是他们的义务。父母把孩子带到这个世界上来,他们就要承担最低限度的责任,即不要使孩子们成为别人的负担,但是要强迫父母去做这件事有些人就不愿意。"不错,并没有任何人否认,做父母的既经把一个人生在世上,就应当给他一种教育,使他一生对人对己都能很好地尽到他的本分,这乃是他们的(或者照现存的法律和习惯说,只是父亲的)最神圣的义务之一⋯⋯一个人只顾把孩子生育出来而没有不仅能喂养他的身体并且能把他的心灵教练好的相当预计,这对于那个不幸的后代以及整个的社会说来都是一种道德上的犯罪;大家也还没有认识到,如果做父母的不尽这项义务,国家就应当实行监督,务使这项义务尽可能在父母的负担之下得到履行。"②以功利为原则,为了下一代人的身心健康,为了社会的发展进步,乃至为了整个的人类的发展,国家应当进行监督,务必使父母负担教育子女的义务。这一番论述为国家干涉教育提供了一种理由,即为了孩子们的幸福,为了社会的功利最大化,国家就负有监督的功能,去促使父母履行教育孩子的义务。

父母给子女的教育既是责任又是义务,初等教育对儿童自身和对社会成员都是有益的。假如儿童的父母有能力使儿童得到取得基本知识的初等教育,但是没有这么做,那么他们就在两方面失职,"一是对孩子本身

---

① ［英］约翰·穆勒著:《政治经济学原理》(下),胡企林等译,商务印书馆,2005 年,第544 页。

② ［英］约翰·密尔著:《论自由》,许宝骙译,商务印书馆,2012 年,第125～126 页

的职责,一是对一般社会成员的职责"①,如果孩子没有得到这种教育而导致素质低下,就会在社会中使其他的社会成员受到损害,这是父母的严重失职。因此,在父母有能力使子女受教育而没去做的情况下,"政府可以运用自己的权力,规定父母在法律上负有使子女接受初等教育的职责。但要使父母承担这种职责,则政府就必须采取措施确保人们能够免费或以极低的费用接受初等教育"②。政府为了社会的稳定和进步,同时也是为了提高个人的能力,就必须举办初等教育。

有些帮助是长期性的,但为教育提供的帮助不同于其他的帮助,教育的帮助是以提高人的能力为目的,可以说是一劳永逸的。"真正的教育决不会削弱,反而会增强和扩展人的各种机能,无论以什么方式得到教育,都有利于培养人的自立精神……现在提供这种帮助有助于日后不需要人帮助"③。从这里我们似乎可以看到"教育面向未来"的教育理念,以培养人的能力为目的的教育,其成果不仅仅有利于当时的利益,其潜在的作用也是巨大的。

在父母对待孩子的教育问题上有两种情况,一种是父母有能力负担教育经费,但不愿给予孩子基础教育,另一种是父母没能力负担教育经费,无法给予孩子基础教育。对于前一种情况,国家应通过监督促使孩子的父母去履行给予孩子基础教育的义务,并由捐赠教育基金提供支持,但后一种情况则有国家提供资助,以补贴这笔费用,同时教育经费的问题还会涉及经费的来源、教育经费的使用等问题。

约翰·密尔非常重视普通教育的价值。较高的知识水平能增加社会

①② [英]约翰·穆勒著:《政治经济学原理》(下),胡企林等译,商务印书馆,2005年,第544页。
③ 同上,第545页。

财富,但是"知识在人民当中的广泛传播所具有的经济价值"没有被人认识到,普通教育能够提高劳动生产效率,创造经济价值,从而可以提高受教育者的工资。英国的普通教育现状比较低下,"英国的劳动者除了伐木或打水外,从事任何其他工作,都得先接受有关的教育然后才能动手干",他引用了苏黎世的埃歇尔先生对英国和欧洲大陆工人对比的研究,认为"作为工人来说,英国人比较受人喜爱,因为正如我们所看到的,他们全都是专门人才,在有关的领域受过较好的训练,并能集中思想干工作。不过,若是挑选业务人员或一般职员,挑选雇主身边的人员,我则宁愿要撒克逊人和瑞士人,特别是撒克逊人,因为他们受过很全面的普通教育"①。英国人与撒克逊人和瑞士人相比较而言普通教育水平低,所以从事的是专才的工作,而撒克逊人和瑞士人的普通教育水平比较高则可以从事业务人员等职业,可见,普通教育可以提高经济价值,同时还增加了职业选择的自由度。普通教育在增加人的智力和经济价值的同时,还能提高人的修养和道德水平,"劳动者的道德品质对劳动的效率和价值来说与智力是同等重要的"②。总之,普通教育可以提高劳动生产效率、创造经济价值、提高智力和道德水平,从而使人的选择多样化,增加了人的自由度。

工人阶级的教育具有的重要价值在于能够促进生产力的提升。"工人的智力是劳动生产力中一个非常重要的因素……劳动阶级智力和性格的改善,会促进产业的发展"③,但是,在英国这么文明先进的国家,劳动者的教育水平却比较低下,为了改善这种情况,他坚持劳动阶级的普及教育。教育可以培养人爱公如私的道德品质,"历史已证明把很多人教育成

---

① [英]约翰·穆勒著:《政治经济学原理》(上),赵荣潜等译,商务印书馆,2005 年,第131 页。
② 同上,第132 页。
③ 同上,第212 页。

爱公如私是可以做到的"①,教育可以改变农民的特性,"农民具有墨守成规、厌恶革新的特性,如果不通过教育加以改变,毫无疑问(拥护这种制度的人也承认),这会成为改良的一个严重障碍"②。

在英国和大多数的欧洲国家,非熟练工人的普通工资太少,无法支付其子女初等教育的全部费用,即便是有能力,或者迫于生活的压力或者是没有意识到初等教育的重要性,他们也不会出这部分经费让子女接受初等教育,"那些最需要提高知识水平和道德水平的人,却往往最不想提高知识和道德水平,而即使想,靠他们自己也做不到这一点"③。约翰·密尔认为这个问题不应当是政府负责还是私人负责的问题,而是政府资助和自愿资助之间的选择问题,并认为"凡是靠私人捐助已经办得很好的事情,就不应该用强制课征来的税款来办"④,民办教育的数量不能满足初等教育的需要,因此,"政府有义务弥补这一缺陷,资助初等教育,以使穷人家的所有孩子能够免费或以微不足道的费用接受初等教育"⑤。

普及教育和适当的限制社会人口是防止人类处境恶化和防止贫困的主要手段,"其一为普及教育,另一为适当地限制社会人口;没有这两者,不论是共产主义还是别的法规或制度,都不能防止大多数人处境恶化和陷入不幸。如果具备这两项条件,则即使是在现在的社会制度下,也不会产生贫困"⑥。私有制要为个人拥有的财产进行辩护,所以普及教育在提高的智力水平和道德水平,提高遵纪守法的意识,对有产阶级来说是非常

---

① [英]约翰·穆勒著:《政治经济学原理》(上),赵荣潜等译,商务印书馆,2005年,第233页。

② 同上,第340页。

③④ [英]约翰·穆勒著:《政治经济学原理》(下),胡企林等译,商务印书馆,2005年,第545页。

⑤ 同上,第545~546页。

⑥ [英]约翰·穆勒著:《政治经济学原理》(上),赵荣潜等译,商务印书馆,2005年,第236页。

好的。全民教育更具有根本性，"我只希望通过全民教育使人们自愿限制人口，这样穷人的生活或许还好过一点"①。

教育所培养的不应仅仅是只会听说读写的人，而培养的是一种社会人。父母有使孩子成为社会人的义务，"父母有义务使子女成为社会良好和有用的成员，有义务尽力使子女受到教育，尽力为他们创造条件使他们能靠自己的努力在社会上获得成功"②。劳动人民的习惯养成需要通过国民教育来改变，教育可以提升他们的智力水平，同时降低贫困水平。"为了改变劳动人民的习惯，对于他们的智力和贫困，需要同时采取双重行动。首先，对于劳动阶级的子女，要进行有效的国民教育"③。"教育与极端的贫困是不能共存的。对穷困不堪的人进行教育是不可能收效的"④，当前初等教育水平比较低下，"直到最近，甚至只要求有初等教育水平（会认字和写字）的职业，仍然只能从部分阶层中招募人员；大多数人完全没有接受这种教育的机会"⑤，因此亟须国家给予强制性的初等教育，以此来提高民智，解决贫困问题。穷人的道德和宗教意识已经觉醒，"已不再接受他人规定的道德和宗教"⑥，工人阶级拥有了独立的权利意识，懂得他们的利益和雇主的利益是不一致的，因此他们会为了自己的利益而努力，但是约翰·密尔不赞成革命，而是赞成通过改良的手段来改变社会现实。

---

① ［英］约翰·穆勒著：《约翰·穆勒自传》，郑晓岚、陈宝国译，华夏出版社，2007年，第171页。

② ［英］约翰·穆勒著：《政治经济学原理》（上），赵荣潜等译，商务印书馆，2005年，第250～251页。

③ 同上，第425页。

④ 同上，第426页

⑤ 同上，第438页。

⑥ ［英］约翰·穆勒著：《政治经济学原理》（下），胡企林等译，商务印书馆，2005年，第328页。

三、国家教育的干预方式

自耕农制度是普通教育的必要手段。首先,"对于自耕农制度……这就是把这一制度当作进行普通教育的必要手段。书本和办学校对教育来说都是绝对需要的,但是不够"①,学校教育作为一种狭义教育而存在,但是教育是无处不在的,对于农民来说,自耕农制度对他们智力的提高非常重要。其次,"生活中的事务,乃是对人民进行实际教育的最主要部分;书本和学校教育固然是极为必要的,也是极为有益的,但如果没有实际生活的教育,却不足以使人们能很好地处理事务,不足以使手段适合于目的。学校教育只是提高智力的必要手段之一"②。再次,教育的手段还包括报纸和政治书籍,"虽然得自报纸和政治书籍的教育不是最扎实可靠的教育,但同根本没有教育相比,这却是巨大的进步"③,工人阶级的文明程度的提高关系着社会发展的进步,

智力教育的第一原则是培养人精神的主动性。"如果在智力教育中有什么原则的话,则第一条原则应当是使这种训练对精神产生良好的影响,即使精神成为主动的,而不是被动的。"④他重视自由目标的实现,教育不能使人"为了得到平等而放弃自由"⑤,这种教育制度会把人性中的高尚特性自由消除掉,这是一种失败,违背了约翰·密尔所追求自由的

---

① ［英］约翰·穆勒著:《政治经济学原理》(上),赵荣潜等译,商务印书馆,2005 年,第316 页。

② ［英］约翰·穆勒著:《政治经济学原理》(下),胡企林等译,商务印书馆,2005 年,第537 页。

③ 同上,第329 页。

④ ［英］约翰·穆勒著:《政治经济学原理》(上),赵荣潜等译,商务印书馆,2005 年,第317 页。

⑤ 同上,第237 页。

原则。

约翰·密尔认为国家要实施强制义务教育,公开考试是施行这项法律的最好的工具。它要施及所有的儿童,并且对儿童的教育要趁早,可见密尔十分重视儿童早期教育。没有规矩不成方圆,学生入学的考试应该有能力阅读才行,要规定一个年龄,儿童若到了能够阅读年龄而不能阅读,除非父母有充足理由可以得到原谅,否则父母就要接受适中的罚款,也可以用自己的劳动来承担,通过这种方式来承担学生费用。考试的频率应当是每年举行一次,考试的科目要逐渐扩展,强制所有儿童获得普遍具有的最小限度的知识,这能保持社会的稳定和发展。根据考试自愿的原则,应当组织一定规模的考证考试,合格者可以获得相关知识的证书,以证明他获得的知识的水平,这有点类似于语言考试等级或者职业考试等级。在考试的内容上,要防范国家会通过考试来安排对人们意见施加不正当影响,因此,"考试中甚至较高一级的考试中所测验的知识(除那部分工具性的知识如各种语言文字及其用法之类不计外)应当严格地限制在事实和实证科学的范围之内"①。

约翰·密尔在知识论的问题上,受到实证主义孔德等人的影响,认为事实和实证科学范围内的知识具有确定性,同时这些知识来自于经验,从经验中可以得到证明,这是经验主义知识论的一种体现,对于工具性的知识,如语言文字等可以不受限制,因为这类的知识很多是习俗或者语言习惯所形成的。关于宗教、政治或其他有争论的方面的考试,不能去测验意见的真伪。在这种制度下,真理会在一代又一代人的手中会得到传承和发展,他们仍然可以培育信奉国教或者不信奉国教的权利,能够达到信教自由。在信教问题上,国家扮演的角色是使一代又一代人成为有教养的

①　[英]约翰·密尔著:《论自由》,许宝骙译,商务印书馆,2012年,第127~128页。

教徒或者有教养的非教徒,即国家在信教问题上应保持中立。国家不能阻挡在其他各种教育中受到宗教教育,这应在他们父母同意的前提下才行。不但在宗教问题上,在其他有争论的题目上,国家也不能促使它的公民得到倾向于任何一方的结论,作为国家公民有自由选择、自由讨论的权利,国家可以在一些重要的题目上提供为结论所需要的知识。公民对于学习较高水平的各部门知识应该是自愿的,政府不能垄断获得职业资格的权力,获得考试证书的人,可以授予资格证书、学位证书或者是职业证书,这些证书只是证明他们会受到公众意见的重视,但是不能在职业竞争上作为压倒他人的优势条件。这种说法类似于中国的学位制度,在招聘人员的时候不能完全依靠学位来定夺,因为学位、证书并不能完全代表一个人的能力,"考证热"现象只能说明是在证书使用问题上的缺失。约翰·密尔实际上赞成的是能力优先、证书参考的一种制度。考试制度能够促进人类社会智力的发展,扩展学生的思维能力,这种选拔制度体现的是一种公正精神,在社会活动中不再以身份决定人的命运,而是以人的能力来决定人在社会中的位置,这是对人类自身价值的一种尊重,是一种人本主义精神,同时也提高了人在社会中的主体地位。

公开考试制度是功利主义教育实用性特点的一种体现。绅士教育注重培养一种绅士风度,注重礼仪、荣誉等,强调的是文法教学,但是这些在资本主义发展上升时期不具有实用性,而具有竞争性的公开考试则可以适应这种社会发展的潮流,它可以培育人的竞争精神、公共服务精神,如果绅士的孩子不比普通人的孩子的能力强,他们便没有资格拥有较高的社会地位。从能力上选拔人才,而不是把人的出身作为人才选拔的标准,这是人类文明的一大进步。

行政人员应通过具有竞争性的公开考试进行选拔。"最初任命的志愿者举行公开考试的做法……大概是在任何制度下的最好办法。"①在密尔看来,考试制度可以选拔出好的行政人员,同时也可以制止在行政选拔中违法乱纪行为的发生,促进社会公平。主持考试的主考官不应该是任命的,而应该是在智力方面具有较高的专业知识。在道德上具有公德心的人,如此才能保证考试具有公平性。约翰·密尔的建议是,"由不从事于政治并具有和主持大学优等生考试的人同样级别和能力的人来进行"②,这是选拔公共服务人员时所需要的主考官,在教育中的主考官也应该如此。

约翰·密尔担心过度民主会造成大多数人的暴政,并关注民主社会中的教育问题。约翰·密尔坚决反对专制统治,在晚年他对社会主义思想比较感兴趣,在他生活的时代,他认为代议制政府是最好的政府。义务教育、基础教育、劳动阶级教育等方式客观上提高了广大民众的知识水平,自我修养得到提升,经济状况明显得到改善,具有竞争性的公开考试为普通民众社会地位的提高提供了一个重要途径。

约翰·密尔对性别的平等非常关注。在他的很多著作中,甚至在他被选为议会议员期间都坚决主张妇女选举权和女性应受到平等的教育机会。他的著作《论妇女的选举权》和《论妇女的屈从地位》中集中论述了有关妇女的选举权和教育平等问题。约翰·密尔认为女性和男性的差别巨大,这既有自然的因素,也有社会的因素。从自然的方面来说,女性在体力上不如男性,所以在社会中的职业选择中不占有优势。由于历史的原因,在约翰·密尔生活的时代男性占主导地位,这造成了对女性的不公正,妇女从在经济和政治上没有地位,她们基本上没有什么受教育的机会,所以在文化上也没什么地位。妇女在社会上没有什么地位,在家庭中

_____

①② ［英］J. S. 密尔著:《代议制政府》,汪瑄译,商务印书馆,2010 年,第201 页。

担任的是妻子和母亲的角色,是丈夫的附庸品,"人类的半数(译者按:指妇女)完全处于家庭的奴役之下"①,这造成婚姻的不平等。但是男女智力是一样的,他从妻子哈里特身上看到了女性的伟大,在《自传》中认为他的作品《政治经济学原理》和《论自由》受她的思想的影响非常的大,并认为《论自由》是"她的思想与我的思想的完美合璧"②,可见,他是多么的推崇女性在智力上与男性具有平等的地位的观点。在选举权问题上,他主张认为"在同等条件下妇女与男子有权在议会里担任代表"③,他的这一理论促进了妇女选举运动的展开,并取得了有力的发展。这是他对男女平等观点在政治上的一种体现。他从功利主义哲学出发,认为平等教育可以促使女性获得更多的快乐,因此应当给予男女平等的教育机会。

约翰·密尔在1869年《捐赠》一文中谈论了捐赠的使用平等和男女教育的平等问题。"在捐赠基金的使用中,应该为男女教育提供平等的支持……从法律和国家的角度来看,女孩和男孩具有同样的价值,作为社会成员,女性的良好教育几乎甚至比男性的更重要,提供教育手段的一种合理的计划的一个重要组成部分是给予男孩和女孩同样多的利益,不能有所偏爱和偏袒"④。男女在人格上是平等的,接受平等的教育是一种正义的体现,否则就是不正义的,他把自由和幸福作为价值追求的目标,从没有放弃过对平等的追求,这是他作为自由主义者伟大的原因之一。后来罗尔斯在《正义论》中谈论了平等的自由问题,对自由和平等的问题进行

---

① [英]约翰·穆勒著:《政治经济学原理》(上),赵荣潜等译,商务印书馆,2005年,第237页。

② [英]约翰·穆勒著:《约翰·穆勒自传》,郑晓岚、陈宝国译,华夏出版社,2007年,第186页。

③ 同上,第205页。

④ John Stuart Mill, Essays on Economics and Society, J. M. Robson (eds.), *Collected Works of John Stuart Mill* (Vol. 5), University of Toronto Press, 1967, p. 629.

了讨论。即便是在基础教育上获得了平等的教育机会,但是在中等教育和高等教育上女性仍然处于不利地位,对于中等义务教育制度各个党派都不反对,可是实际上公学和捐办文法学校都只招收男性学生,有很多学校在办校初始男女生都招生,但是到了后来都只招收男生,这些问题出现的主要原因是由于国家没有建立一种平等的教育体制。

　　1864 年成立了汤顿学校调查委员会,其中部分职责是调查捐赠的使用情况,提出要建立中等国民教育制度,调整和改革现存的捐赠基金,并且要在可能实行的地方为女子教育扩充设备,就像为男子教育扩充设备一样,1869 年的《捐办学校法》完成了这一提议。① 这个教育法案的一个主要的贡献就是提出了男女平等接受教育的中等国民教育体系,并形成了法案。

　　在密尔看来,即便是女性在中等教育中得到了平等的教育机会还是远远不够的,妇女不应当被排除在高等教育和职业教育之外。他在 1863 年写的一封书信中"高度赞赏提出一个为妇女接受提供测试的意图——这个建议是,我希望给予她们关于毕业证书和学位考试测验(这些是向男性开放的)的事情上同样的益处,如果这些非常有用和必要的手段能够为男性提供有效的教育,那么在女性身上也是如此"②。他对女性获得与男性一样的平等的教育权利非常的期待,并且认为男女应具有同等重要的个人价值和社会价值。他对女性的教育持乐观的态度,并且认为女性应当通过大学教育来提升自己,女性有能力获得全科的医学教育,在很多职业的选择上有些女性甚至优于男性。并且他还提供了一种联合教育的方

---

① 徐辉、郑继伟著:《英国教育史》,吉林人民出版社,1993 年,第 113～114 页。

② John Stuart Mill, The Later Letters of John Stuart Mill 1849 – 1873, Francis E. Mineka (eds.), *Collected Works of John Stuart Mill* (Vol. 15), University of Toronto Press, 1972, p. 864 – 865.

式来促进男女教育的机会平等主张,对男女进行共同培育的方式对双方都有利。女性的实用性在于可以矫正男性化过强的状况,所以这两种类型要通过截然不同的方式来训练,以其中一种类型支持另一种类型的过分行为的矫正方式是非常不完善的,在妇女涉及的领域和男人涉及的领域完全分开的非常情况下,妇女的表现甚至优于男人的表现。①

国家的初等教育体制应当使男孩和女孩具有平等的教育机会。"1870 年前的十九世纪初等教育,主要受到以教派为基础的组织的控制并由这些组织提供资金"②。1870 年,颁布了初等教育法,从此之后初等教育进入了快速发展的阶段,"从 1880 年代起,英国强制性质的义务初等教育已成为一个法律现实"③。直到 1918 年,全免费的初等义务教育才实现,初等义务教育的实现与很多思想家、教育家的呼吁是分不开的,在这个过程中功利主义者功不可没。

普及教育强调的是教育的平等,而精英教育则更注重于发展人的个性,更倾向于强调人的自由。约翰·密尔既希望普通民众得到普及教育,又主张实现人的个性的充分发展,实现人的自由,这就是自由与平等在教育中的体现。约翰·密尔的教育思想实际上是一种普及教育基础上的精英主义教育,说他主张普及教育,而其核心强调的是精英主义教育的重要性。"宗教与理性向来是无法合作的伙伴,而拔尖观念与平等观念也是如此(而平等观念本身还有机会均等与事实均等的争议)。"④实际上普及教

---

① John Stuart Mill, The Later Letters of John Stuart Mill 1849 – 1873, Francis E. Mineka (eds.), *Collected Works of John Stuart Mill* (Vol. 17), University of Toronto Press, 1972, p. 1635.

② [英]奥尔德里奇著:《简明英国教育史》,诸惠芳、李洪绪、尹斌苗译,人民教育出版社,1987 年,第 39 页。

③ 徐辉、郑继伟著:《英国教育史》,吉林人民出版社,1993 年,第 173 页。

④ [英]奥尔德里奇著:《简明英国教育史》,诸惠芳、李洪绪、尹斌苗译,人民教育出版社,1987 年,第 37 页。

育是平等观念的教育,而精英教育则是拔尖教育。

约翰·密尔对人类精神文明的进步持乐观的态度。"在政府和个人的努力下,学校教育的质量和数量都将得到很大改进,人民大众的精神文明程度和依赖于精神文明程度的道德品质,将比过去更为迅速、更为顺利地得到提高"。①工人阶级知识水平的提高一方面会促使他们尊重有才智有知识的人,另一方面会造成自我意识的觉醒,他们不再接受上层阶级的统治,不愿接受上层阶级所指引的道路。他们会去追求自己所要的生活,实现自己的自由,这从功利的角度来说会增加人类的幸福总量。有产阶级会因为教育而受益,随着社会教育水平的整体提高,人们会更倾向于遵守法律,这对保障有产阶级的私有财产更有利,教育促使了劳动阶级权利意识的觉醒和道德修养的提高,也为社会的有序发展提供了机遇。

总之,约翰·密尔是要在英格兰和威尔士建立一种普遍的教育制度。他以幸福和自由作为教育追求的价值目标,以个人主义为原则,提倡个人办学优先于国家教育,国家干预教育的领域只是个人无法办学的地方,如提供经济支持,建立国民教育体系,施行强制性的义务教育或普及教育,重视劳动阶级教育水平等,建议通过多种方式来调高人们的知识文化水平。他看到了女性教育的必然性,认为男女应该得到平等的教育机会,这些措施的目标是提高国民教育的数量和质量,竞争性的公开考试是提高教育质量的主要途径之一。他承认教育在人类社会发展中所起到的巨大作用,能够促进最大多数人的最大幸福。在教育的实施过程中,国家干涉要有一定的限度,主要起到的是监督和支持的作用,但是不能控制教育,否则会造成人的自由、主动性和多样性的丧失,会严重阻碍人类社会的

---

① ［英］约翰·穆勒著:《政治经济学原理》(下),胡企林等译,商务印书馆,2005 年,第330 页。

发展。

第四节　大学的教育

19 世纪英国功利主义者都非常关注大学的改革和发展。他们不满
足于大学教育的现状,批评大学的教派主义教学模式,认为其已经不适应
社会发展和个人的发展。边沁和詹姆斯·密尔是伦敦大学的创建人,约
翰·密尔是圣安德鲁斯大学的名誉校长,他们都具有较为丰富的大学教
育实践经验,约翰·密尔还对大学教育的内涵进行了系统的论证。本节
主要介绍边沁和詹姆斯·密尔对伦敦大学的创建,以及他们三人对大学
的任务、现状等方面的理解。约翰·密尔认为大学是追求真、善、美的地
方,要以博雅教育和科学教育相融合的方式进行教学,他还对课程设置进
行讨论。

一、功利主义者对大学教育的批判

边沁对 19 世纪之初的大学教育深恶痛绝,尤其在对英国国教的态度
上。边沁"刚一正式进入大学,烦恼就开始了;因为他必须为三十九条信
纲签名,而他认为除非自己确信纲要所说的全是真理,否则就无法诚实地
签名"①,但是最终他还是怀着激愤的心情签了名,后来他对这事深恶痛
绝,"边沁对大学里前辈普遍下了一个结论说:有些人放荡奢靡,有些人抑
郁乖僻,大多数人则是毫无生气的"②。相对于大学的学习而言,他更喜欢

---

① ［英］边沁著:《政府片论》,沈叔平等译,商务印书馆,1995 年,导言第 5 页。
② 同上,导言第 6 页。

回家自学,"我认为谎言和虚伪是英国大学教育的必然结果,而且也是唯一得必然结果"①,可以说边沁对牛津大学的教育是痛恨之极,这些经历使他"对传统教育体制深恶痛绝,对未来可能的教育改革充满了信心"②。

　　詹姆斯·密尔呼唤大学的教育改革。他认为大学是促进社会进步、个人智力和道德获得的机构,希望排除大学中的宗派主义教育原则。他指出,现实中的大学习惯于安逸与陈腐的、旧的规定,不思进取,因此大学是改革和进步的敌人。作为功利主义者的詹姆斯·密尔认为大学教育的目的是为有产阶级准备的,"关于既有财力和时间去获得更高智力水平的社会阶级的教育,有一个问题,即每个人必须准备去回答。如果被问及,是否应当为这个阶级的教育建立何种机构组织;可以称为大学、学院、学校或者任何其他机构;他们应该提供永久的进步;这种组织能够保持与人的心灵同步;另一方面,是否它应该被设立成这样,不仅没有提供任何进步,而且一种强烈的反抗精神,反对在黑暗时代建立这种机构的热情,同时反对建议进步之人的仇恨原则;所有对此漠不关心的人将声明这种机构是一种诅咒,而不是祝福……一个为教育而设立的敌视进步机构是人的心灵能够想到的最荒谬、最邪恶的事物"③,詹姆斯·密尔反对大学仅仅是为具有财力和闲暇时间的人学习更高的文化知识的地方,教育要为所有的人服务,大学的作用是提高人的智力和道德水平,使人具有良好的心灵,而当时的大学则不能提供这些,它们不能促进人类知识进步和道德提高,反而成为人类进步的绊脚石。詹姆斯·密尔"所说的大学是真正的学校,这里讲的是被称为国教的社会机构,它以直接的形式去形成对人行

---

　　①　转引自[英]边沁著:《政府片论》,沈叔平等译,商务印书馆,1995年,导言第7页。
　　②　舒远招、朱俊林著:《系统功利主义的奠基人——杰里米·边沁》,河北大学出版社,2005年,第5页。
　　③　Burston. W. H., *James Mill on Education*, Cambridge University Press, 1969, pp. 111 – 112.

为的教育"①。他认为当时国教占主导地位的大学是宗派性质的,以国教为原则的所谓大学排斥其他方式的教育,把自己所谓的知识看成是真理和权威,这些都是詹姆斯·密尔痛恨当时大学的原因。

詹姆斯·密尔对导致大学成为进步的敌人进行了分析。"一些原因倾向于削弱古老而又奢华的教育机构的功用,贪图安逸使他们喜欢简单的事情,如果他们能够从这些简单的事情中获得信任,他们将很难再相信其他事情。因此,他们会把人为的价值加于一些琐碎的事务上,已经变成陈腐的程序使旧的做法要比进步通常会更容易;相应地,他们会反对进步……几乎在教育编年史上欧洲没有任何一个地方的大学没有作为改革的敌人出现过。"②安逸的特性导致对真理追求的缺乏,很容易把已经获得的知识当作绝对真理,从而排斥其他真理的存在,形成一种权威主义,这不利于真理发展、思想自由和社会进步。这些教育机构贪图安逸,倾向于一些琐事所体现的价值。这些邪恶"倾向于无限的增加,当他们与一个教会结果结合在一起时,不论什么样的教会体制中的邪恶,大学在这种情况下的兴趣在于集中所有力量去支持这些邪恶,而这个最终目的是破坏人的心灵,这只能成为提供混乱的协助者,在削弱智力或道德方面,或两者都有"③,因此,通过有力的措施促使年轻人去获得各方面知识是促进人类进步的最大贡献。

詹姆斯·密尔坚持教育是为所有人的同时,还为伦敦大学的课程设置出谋划策。他建议伦敦大学要开设逻辑学,并认为逻辑学是最主要的课程。"公平地说,他坚决主张需要为所有人提供教育,他坚决主张这种

---

① Burston. W. H., *James Mill on Education*, Cambridge University Press, p. 24.
② Ibid., p. 112.
③ Ibid., p. 113.

智力教育是可能成为所有人的。他提出一种课程论,不论是对他的儿子、弗朗西斯·普雷斯的女儿,还是伦敦大学学院,作为正确推理的能力的逻辑在课程中占有重要地位"①。伦敦大学在早期的课程设置中就有逻辑学,并把它列入精神科学的系列②,这与詹姆斯·密尔的坚持不无相关。

大学教育不能适应社会发展的需要,宗教式的灌输是一种理智性的犯罪。詹姆斯·密尔认为进步是人类的一个主要特性,现实的大学不能满足人类的发展,无法跟上时代的步伐,所以他不满大学的教育现状,和边沁等一些功利主义者们一起为了大学改革和新的大学建立而努力,伦敦大学便是极好的例子。詹姆斯·密尔"非常关注伦敦的大学学院的建立,在早年事务中比较积极参与这项活动"③。

詹姆斯·密尔具有相当强的个性,他反对大学的教育方式和内容。"抵制了所有的忠告,接受了边沁反对贵族化和教权主义大学机构的偏见,没有首先通过牛津或剑桥,而是直接将他的儿子送到了印度公司"④,英国的大学贵族化和教权之争非常严重,约翰·密尔和他的父亲一样极度讨厌大学入学前的宗教测试。

约翰·密尔在早期的著作中十分反对牛津大学和剑桥大学的教育方式,积极推行大学改革。他在给孔德的信中提到,虽然他们不是英格兰的居民,但是不居住在英格兰的人已经习惯了把自己的儿子送到牛津大学和剑桥大学去读书。⑤ 因为这里是培养绅士的地方,入学的门槛非常低,

---

①　Burston. W. H., *James Mill on Education*, Cambridge University Press, 1969, p. 36.

②　王承绪著:《伦敦大学》,湖南教育出版社,1995 年,第 25 页。

③　Burston. W. H., *James Mill on Education*, Cambridge University Press, 1969, p. 4.

④　[法]埃利·哈列维著:《哲学激进主义的兴起》,曹海军等译,吉林人民出版社,2006 年,第 530 页。

⑤　参见 John Stuart Mill, The Earlier Letters of John Stuart Mill, Francis E. Mineka(eds.), *Collected Works of John Stuart Mill* (Vol. 13). University of Toronto Press, 1963, p. 663。

只不过是懂得一点几何和代数的知识,因此英格兰的学生在智力上就落后了,这些大学教育出来的学生视野比较狭窄,不能勇于追求真理,并且缺乏好奇心,这与德国和法国的学生相比差距不小。

在《文化》(Civilisation)这篇论文中,约翰·密尔明确指出,大学在过去的两个世纪的教学中只传授学生宗教性知识的缺点。大学成为宗派辩护的地方,其目的不是培养人的心灵,"可以排除的是谁也不会签字放弃他们的思想自由,思想自由被争夺,犹如生活依赖于它,几乎大学的体系中看不到什么痕迹作为其他关心的对象。几乎所有的教授已经堕落为闲职,很少有教授作过一次演讲"①。大学中所教的是宗教教理,对于其他的课程内容漠不关心,他认为教授应以传授学生知识为天职,但是受到宗派教育的影响而没有机会去传授知识,即便是有几个著名的教授诚实地说出了宗派教育在大学的弊端,结果却是,他们要么是不准再授课,要么被驱逐出大学。因此,牛津大学和剑桥大学培养出来的学生几乎是没有什么用处的,所以在牛津大学和剑桥大学所获得的学位也不代表较高的水平,大学教育并不能有效地提高学生的智力和精神水平,英格兰的年轻一代并没有受到良好的教育。"有多少书籍是可以阐述清楚历史和古代的风俗习惯,哲学、艺术或者古人的文学,自从改革后是否这两所大学能解释清楚呢?与此相比较的不仅有德国,而且还有意大利和法国。当一个人通过这种方式被证明具有出色的研究能力的时候,大学怎么办?他们给他以工资,而不是继续学习,不去做任何事情,而是重复做他们已经做过的事:提供的是一种纯粹的僧侣式的生活方式,同时提供了后7年的教会侍从式的生活,他们以很高的报酬贿赂他们准备好武器,但不需要去

---

① John Stuart Mill, Essays on Politics and Society, J. M. Robson(eds.), *Collected Works of John Stuart Mill*(Vol,18), University of Toronto Press,1977,p. 142.

战斗。"①与德国、意大利、法国相比较,英国的大学是比较落后的,英国的大学不是给予具有较高学习和研究能力的人提供继续深造的机会,而是让他们重复做已经做过的事情,这种大学并不能培育人类的心灵。

约翰·密尔还批评大学对学位的垄断权。学位代表的是人的内在品质,他批评把学位当作舒适生活的一把钥匙,认为应该将其作为学习进步的一种凭证。同时他还批评课程的贫乏,传统大学课程的核心是古典语言和古典文学,他虽然认可这两门课的价值,但是仅这两门课的设置对教育目标而言是远远不能不够的。大学的课程设置比较落后,"虽然用丰富的捐赠来吸引教师和提供最好的免费教育,课程依然是 14 世纪的,而不是 19 世纪的"②,因此课程的改革势在必行。

二、伦敦大学的创建

18 世纪末 19 世纪初英国只有牛津和剑桥两所大学,"在牛津,神秘和宗教的倾向占主导;而在剑桥,占主导的是科学和进步的倾向"③。牛津和剑桥两所大学的教权主义和贵族化还是比较严重,因此功利主义者以"最大多数人的最大幸福"为目标,认为要对较低阶级和中等阶级进行知识的传授,并且不满足于这些,"他们要建立一所坐落在首都与牛津和剑桥两所大学同行相对立的新大学,大学的章程将是世俗化的"④,这所大学于 1827 年开始建设,1828 年建成并投入使用。

---

① John Stuart Mill, Essays on Politics and Society, J. M. Robson(eds.), *Collected Works of John Stuart Mill*(Vol,18), University of Toronto Press,1977, p. 143.

② Francis W. Garforth, *Educative democracy*: *John Stuart Mill on education in society*, Oxford University Press,1980, p. 169.

③④ [法]埃利·哈列维著:《哲学激进主义的兴起》,曹海军等译,吉林人民出版社,2006年,第 530 页。

　　人们一般认为边沁是伦敦大学的建校先驱和创办者,而詹姆斯·密尔是伦敦大学最初校务委员会和成员之一。最初的校务委员会有 24 名成员,其中詹姆斯·密尔、格洛特、托克和沃伯顿等人承认边沁的思想,认为自己是边沁主义者。"一般认为,边沁是伦敦大学学院的创办人。但事实上,在筹建伦敦大学时,边沁已年近八十。这位隐居在女王广场街(Queen's Square Place)的哲学家并未亲自公开参与有关创办新大学的讨论,但是他对在欧洲最大的城市和唯一没有一所大学的英国首都创办大学的运动曾给予财政上的支持。伦敦大学的创办人欠边沁一大笔智力债……教育改革、科学进步和攻击英国国教,肯定会使边沁挺身而出。人们相信,在伦敦大学筹办过程中,幕后的讨论一定是频繁的"①,可是边沁是否是伦敦大学的发起者和参与者? 伦敦大学是否是功利主义教育思想的一种实现? 目前还没有定论,不同人有不同的看法,"一些历史学家,特别是哈列维,主张 1828 年建立的伦敦大学是功利主义理想的最终实现。但基本上很少有证据证明这个观点。边沁和大学的联系要比普通民众所想的要少得多:他既不是发起者团体(成员有布洛姆、托马斯·坎贝尔、詹姆斯·密尔)之一,也不是大学最初的校务委员会成员之一。詹姆斯·密尔这两项都参与了,同时还积极参与该大学的事务,包括学术职务的任命和课程的设置。但是,边沁和詹姆斯·密尔这段时间并不是亲密的同事。其原因部分是由于边沁的新助手约翰·灵宝在对边沁的回忆录中并没有掩饰他对詹姆斯·密尔的讨厌,事实上,边沁受到了他的影响"②,虽然哈列维认为伦敦大学是功利主义教育的最终实现,或者说伦敦大学是按照

---

　　① 王承绪著:《伦敦大学》,湖南教育出版社,1995 年,第 22 页。

　　② Jeremy Bentham. Chrestomathia, M. J. Smith and W. H. Burston, *The Collected works of Jeremy Bentham*, Clarendon press, 1983, p. xix.

边沁的功利主义教育思想建立起来的,但边沁既不是发起者也不是参加者,所以伦敦大学并不能称之为功利主义的最终实现。但是作为功利主义者的詹姆斯·密尔却既是伦敦大学的发起者又是创立者,所以从这个意义上说伦敦大学也具有功利主义的性质,"但是仍有可能说大学被看作功利主义学校,它开设于 1830 年,于两年后搬到该大学的一边。财政由一部分私人捐助者提供,坐落于布鲁姆伯利,学校更像是复兴 1825 年的功利主义教育计划。另外,密尔和布洛姆(他曾经是最初功利主义教育计划的建校先驱)都是捐赠者。但是其他方面又很少有相似的地方,这个学校的大纲很少或者说没有受到边沁的《功利主义学校》中提供出的理想的影响。密尔欣赏经典和古典哲学,而边沁则认为古典语言是教育中不必要的和纯粹的装饰部分,学校设置的课程是传统经典,这一点更加符合密尔的思想。另外,第一任校长是一个圣公会的教士(牧师),章程中做了一些对宗教崇拜和圣经阅读的规定,这将不会出现在(边沁)的功利主义学校的课程表里"①,在大学里提倡古典教学,这与边沁注重实用性的功利主义教育思想不相符,但是大部分的课程却与早期的功利主义教育计划是相符的,我们似乎可以认为伦敦大学的课程设置大部分符合边沁的功利主义课程设置。

由此我们可以这么认为,边沁虽然没有亲自参加伦敦大学的实际操作,但是他的思想和财力对伦敦大学的创建起到了巨大的作用,以至于伦敦大学把边沁作为精神的领袖。詹姆斯·密尔是边沁思想的有力支持者,并把边沁的思想发扬光大,"边沁给密尔一种学说,而密尔给边沁的是

---

① Jeremy Bentham. Chrestomathia, M. J. Smith and W. H. Burston, *The Collected works of Jeremy Bentham*, Clarendon press, 1983, p. xix.

一个学派"①。伦敦大学"在筹建过程中多次申请政府颁发特许状,由于排除宗教教学,长期未能解决"②,受教派之争的影响,直至 1836 年 12 月 28 日,在伦敦大学建校 8 年后,国王威廉四世才颁发了特许状。作为伦敦大学创建者的边沁出于自身的意愿,去世之后其遗体在经过特殊处理后存放于伦敦大学,向公众开放,他被公认为伦敦大学的精神之父。伦敦大学的建立改变了传统的教派主义的教育理念,"戈瓦街的伦敦大学对学生入学坚持不作宗教的要求,也不安排宗教的教学"③,伦敦大学提倡学术自由,满足了 19 世纪英国资本主义上升时期自由贸易发展的需求,适应了社会发展的需要。

三、大学是培养自由人的场所

约翰·密尔在 1863 年 1 月 7 日给亨利·胡思的信中谈到了对大学看法的转变,"不管你能意识到期望或者不期望把你的儿子送到两个古老的大学之一,我将告诉你我最终的建议。20 年前我是推荐的最后一个学习的地方就是大学,但是它们现在完全改变了,它为高深的问题提供免费咨询和推测,而不是被镇压或抑制,它们在英格兰比其他地方更具盛行,大学不仅能够通过为了荣誉进行竞争的方式为研究提供更多的设施,而且还能强有力地激发研究"④,大学能够激发学生的兴趣,是一个思想自由的地方。

---

① [法]埃利·哈列维著:《哲学激进主义的兴起》,曹海军等译,吉林人民出版社,2006 年,第 271 页。

② 王承绪著:《伦敦大学》,湖南教育出版社,1995 年,第 33～34 页。

③ 同上,第 33 页。

④ John Stuart Mill, The Later Letters of John Stuart Mill 1849–1873, Francis E. Mineka (eds.), *Collected Works of John Stuart Mill* (Vol. 15), University of Toronto Press, 1972, p. 819.

约翰·密尔在《圣安德鲁斯大学的演讲》中对大学的态度已经由抵制转变为支持的态度。他在《自传》中总结认为,"在这篇演说中,我表达了我生平积累的许多思想和见解,关于属于自由教育的许多学科,哲学学科的功用与影响,以及为使这些学科发挥最有益的影响应该采用的研究方法。为证明旧的古典学科和新的科学学科具有同样崇高的教育价值,必须采取比大多数宣传者所极力主张的更坚定的立场,并坚决认为只有平常教导法的愚蠢无能才使这些学科被人视为竞争者而不是同盟者;我认为这种立场不仅有助于促进在全国高等教育学院中已顺利开始的改革,而且有利于在最崇高精神的培养下传播比我们在受过高等教育的人身上所通常发现的更公正的思想"[①],他在这篇演说中坚持了将自由教育、古典学科与科学学科相结合的思想,深刻地表达了对大学教育的乐观看法。

在《演讲》中,约翰·密尔认为教育的目标可以用自由教育来描述。大学的教育在于培养有个性的、独立的人,不是培养死记硬背的学生,不是被动地接受教师的思想,而是培养学生的独立思考意识,提高智力和道德修养,以及审美能力。但是牛津和剑桥大学培养出来的学生并没有形成自己的独立观点,多是因为他们的教学多是灌输式的教学,这种教学方法导致了对思想的禁锢,他们从来没有考虑学生的感受。

大学有服务于社会的义务。大学有责任使个体学生通过教育的多样性和质量的提高来促进自身和智力的发展,这可以在很大程度上引领社会的发展,并且还可以通过个人的学术、道德等方面的素质来提升社会的普遍修养。教育的启蒙作用对社会的发展至关重要。大学的发展不但可

---

① [英]约翰·穆勒著:《约翰·穆勒自传》,郑晓岚、陈宝国译,华夏出版社,2007年,第221页。

以提高个人的修养,而且可以通过个人素质的提高来促进社会的发展,
"教育普通民众为的是普通人的事务,公众可能是有用的,但不是必需
的……教育可以形成伟大的思想。通过期望众人之上的智力来提高人的
心灵,有能力引导国人在道德、智力和社会福祉方面取得巨大的成就。同
样也可以教育社团中的有闲阶级,他们的参与尽可能地提升人类精神的
质量,促进人类的进步,对教育机构的需求可以提升人类各种各样的快
乐"①,这些就是捐赠大学所期望的目标,如果用好捐赠大学的教育作用,
为学生提供继续深造的机会,进而培养一大批精英,这样可以为促进社会
的进步和发展提供重要动力。同时,捐赠学校向穷人中有能力的孩子提
供了继续教育的机会,这在无形之中提高了社会的整体教育水平。

大学是文化传承的载体,它既要传播和保护传统文化,又要适应时代
的需要发展新的文化。"在这个大学教育目的概念中,约翰·密尔坚持绅
士教育的希腊和文艺复兴的思想,加强这些的同时会带有一些严谨的智
力内容(包括传统经典和作为必要的和补充成分的科学)和一种固有的
道德倾向。"②传统经典是不能丢的,科学也是必不可少,但是传统经典更
具有根本性。纽曼和阿诺德与约翰·密尔一样都赞成古典教学,但是随
着工业革命的发展,他们也越来越深刻地感受到科学在社会发展中的重
要性,若不快速发展科学技术将会导致英国在与欧洲其他国家的工业竞
争中落伍。因此,约翰·密尔赞成设立职业技术类的大学。

在《圣安德鲁斯大学的就职演讲》中,约翰·密尔把人的教育看成人
自我完善的努力和受外界环境影响的合力,"教育中包含了向人格的自我

① John Stuart Mill,Three Essays on Ethics,Religion and Society,J. M. Robson(eds.),*Collected Works of John Stuart Mill*(Vol. 10),University of Toronto Press,1969,p. 33.

② Francis W. Garforth,*Educative democracy:John Stuart Mill on education in society*,Oxford University Press,1980,p. 173.

完善这样一个特定目标一点一点接近的自我努力和为此接受来自他人援助的两个方面"①。按照马克思的观点来分析，约翰·密尔的教育是通过内因和外因来实现的，内因是受教育者自身的因素，人具有自我完善的能力，这一点已经在第二章人性论部分阐述过，而外因则是受自身之外的他者的影响，主要是指受教育者的生存环境，它既包括人的因素，也包括物的因素。

教育分为广义的教育和狭义的教育两个方面。广义的教育包括家庭教育、学校教育、社会教育、国家教育等，狭义的教育主要是指学校教育。从广义的教育角度来说，"对于人的成长产生影响的所有事物——即促成他成为他那样子，阻止他变成其他样子的所有事物都是教育的一部分"②，广义的教育包含的内容非常的多，而且教育并不是一维性的，在教育的过程中，既有促进人自身发展的因素，也有否定自身发展的因素，按照中国哲学思维方式来说，就是既有顺性而为的教育，也有逆性而为的教育思想。从狭义的教育角度来看，"每一代人特意留给他们下一代的文化，以便使后者即使不能提高现有的进步水平，至少也能将其保持下去"③，这种教育主要指的是文化的传承和发展，这种观点首先强调文化的可传承性，人既是文化教育的接受者，又是文化教育的传授者，所以说人是文化教育的载体。国民的大学承载着文化传承的主要任务，这种大学面向的是国家中的所有人，没有阶级、贫富等条件的限制。在他的思想体系中狭义教育写的比较少，大部分是从广义的角度来谈教育。

由于苏格兰大学接收的很多学生在入学前没有受到应有的教育，这就导致进入大学的学生知识水平低下，再加上大学教育的质量不高，大部

---

① ［英］约翰·密尔著:《密尔论大学》，孙传钊、王晨译，商务印书馆，2013 年，第13～14 页。
②③ 同上，第14 页。

分学生毕业时依然无知,这是当时苏格兰大学教育的情况。① 英格兰大学很早重视的是古典语言和数学教育,英格兰大学设立自然科学与道德科学的等级考试制度要晚于苏格兰大学,在这方面,苏格兰的教学要优于英格兰。

大学的功能不是进行职业训练,而是培养有能力的人才。"大学不是进行职业训练的场所,其目的不是讲授人们谋求生计所需要的特殊的知识;大学的目的不是培养能干的律师、医生和工程师,而是培养有能力、有教养的人"②,大学是传承文化的地方,培养的是人的综合性的素质,人是活动的主体,不论什么技能都是指人的技能,因此人的"知性和良心"决定着各种职业人的技能和道德水平的高低,"当你被培养成贤明、有能力的人之后,才能成为贤明的律师、医生,成为从事专门职业的人"③。约翰·密尔推崇博雅教育,认为博雅教育可以探寻事物的原理,而不仅仅是事物的现象,对待职业像对待事物一样,不但要知其然,更要知其所以然,而这个知其所以然就通过博雅教育才能更好地获得,这一点在詹姆斯·密尔对约翰·密尔的教育中得到了体现,"不管他教我学什么,他都尽可能使我透彻地懂得其功用"④,这一点他从对弟弟妹妹的知识传授过程中已经体悟到。"父亲对我的教育本身更适于教我'懂',而不适于教我'做'"⑤,这种教育造成了约翰·密尔懂理论知识,而缺乏实践,这导致他的"脑子和手一样,用在(或本应该用在)实际琐事时总是笨拙万分"⑥。

① [英]约翰·密尔著:《密尔论大学》,孙传钊、王晨译,商务印书馆,2013 年,第 18 页。
② Francis W. Garforth, *John Stuart Mill on Education*, Teachers College Press, 1971, p. 155.
③ [英]约翰·密尔著:《密尔论大学》,孙传钊、王晨译,商务印书馆,2013 年,第 16 页。
④ [英]约翰·穆勒著:《约翰·穆勒自传》,郑晓岚、陈宝国译,华夏出版社,2007 年,第 14 页。
⑤ 同上,第 26 ~ 27。
⑥ 同上,第 27 页。

他从自己的经验中得出,学校只注重理论,而不注重实际操作会培养出眼高手低的学生,这种思想促使约翰·密尔强调职业教育的重要性,但是他认为职业教育不是大学的功能所在,应由职业技术学校来承担这个功能。詹姆斯·密尔对约翰·密尔的教育"似乎只求结果,不问缘由"①,这是典型的功利主义效果论的指导思想。

大学教育的目的是"上升到迎合个人人生目标的各个专业领域"②,这个目标的含义是大学教育要为每个人的人生目标的实现提供良好的教育,每个人的才能和理想是不相同的,其实现的目标也不相同,因此要发挥每个人的特长,因材施教是这种教育的必要方式,

博雅教育的最后阶段是"帮助学生把他们已经分门别类学到的东西综合和联系起来,它包括对科学方法的哲学研究,后者是人类知性从已知到未知的途径"③,博雅教育与文化教育的精神是一脉相承的,首先是文化传承,其次是发展文化,根据已知的知识去探求未知的事物,这就是知识的积累和发展,也是人类文明进步不可或缺的途径。

大学的主要任务不是为了某个专门科目的训练而设立,大学所教的课程主要对人进行综合性的教育,使人成为一个心智健全的人,为以后踏入社会作准备,所以说大学也要担负一部分社会功能。总之,教育首先是要使人成为人,然后才能成为教师、律师、法官,做人要先于做事。

大学的主要任务是培养人的真善美。求真是人类活动的目标之一,它有自身的探求规律、方法以及适用范围。求真是知性教育最重要的目的,"贯穿人的一生的知性,最活跃、最持久发挥作用是在探索真理时,不

---

① [英]约翰·穆勒著:《约翰·穆勒自传》,郑晓岚、陈宝国译,华夏出版社,2007年,第27页。
② [英]约翰·密尔著:《密尔论大学》,孙传钊、王晨译,商务印书馆,2013年,第16页。
③ 同上,第17页。

断要探索什么是有关某一事物真正的真实"①,对于真理的追寻并不是每个人都能胜任的,博雅教育可以提高具有追寻能力的人数,它可以提高人的理解能力。追求真理要讲究方法,"懂得如何判别真理的方法之必要……对于我们来说都是贯穿一生的重要工作"②,不论是农民、商人、律师、法官等各行各业的人,都要在工作中讲求方法,可以说方法在生活中时时处处都存在着,那么发现真理的主要方法有哪些呢? 作为经验主义者的约翰·密尔把观察和推理看作探求真理的方法,"发现真理无非两个途径:观察和推理"③,观察并不仅仅是指我们日常生活中对事物情况的观察,还包括实验,作为观察和推理的主体包括所有的人。在现实中不同的人因能力的不同获得真理的水平也不相同,通过观察和推理而获得真理的领域主要是在自然科学领域,实验科学可以通过观察就得到真理,数学和天文学则需要通过推理论证才能获得真理。

　　自然科学与古典文学是追求真理所必不可缺的。"科学是绝对必要的"④,"科学教育的价值远为重要:这价值在于为了让一个人能把知性适用于自己的工作的训练过程、锻炼过程"⑤,在获得真理的过程中也离不开博雅教育中的古典文学,"古典文学给我们的典范是完美的表现形式,而自然科学为我们提供完美的思维形式"⑥。语言是人类传递信息的主要表达方式(这里说的是口头和书面语言,不包含肢体语言),而提高人的语言表达能力的主要途径就是学习古典语言,古典文学对人的语言表达能力的提升具有很大的作用,例如希腊和罗马的作品,"他们绝不使用

---

①② [英]约翰·密尔著:《密尔论大学》,孙传钊、王晨译,商务印书馆,2013 年,第 45 页。
③　同上,第 46 页。
④　[英]约翰·密尔著:《密尔论大学》,孙传钊、王晨译,商务印书馆,2013 年,第 43 页。
⑤　同上,第 44 页。
⑥　同上,第 46 页。

无意义的词语"①,而且"文章不能冗长"②,就是说古典文学使用的大都是实词,如无必要,则不加修饰,文章短小精悍,词能达意。自然科学是从事实的观察或者推理中来探求真理,在这个过程中锻炼了人的思维能力。

既然知性的主要目的是追求真理,那么如何来界定真理这个概念呢?约翰·密尔认为,"所谓真理,是在一个一个真理的相互关系中诞生的,个别真理也包含在全体真理之中。某一真理与其他真理有矛盾,无论它是怎样的真理,也是值得怀疑的"③。真理之间有整体和部分的关系,不存在两个相互矛盾的真理,这说明真理具有唯一性,不能违背矛盾律,他认为这些概念主要来自于纯数学,"基本真理本身也是由推理来发现的"④,而数学则是这个推理的主要工具。功利主义者认为"几何学的基本原理来源于经验是不争的事实;但几何学是通过演绎的方式进行下去的,没有求助于经验的衡量:它是一种理性科学"⑤。追求真理的方法之一是观察,而"最精确的观察方法是实验"⑥,数学在逻辑推理发现真理的过程中发挥了巨大的作用,实际上"实验科学也具有逻辑价值"⑦。

知性的获得离不开逻辑学的支撑。"逻辑学规定了探求真理的各种普遍原理和各种法则……数学和物理学只有添加进逻辑学之后才能成为完全具有知性的学科。数学和物理学提供实践,逻辑学使之理论化"⑧。逻辑学是人类必备的知识,"没有哪一种科学的教导方法能比父亲教我逻辑学和经济学的方法来得更彻底,或者对培养才能更合适。他尽量(甚至

---

① [英]约翰·密尔著:《密尔论大学》,孙传钊、王晨译,商务印书馆,2013年,第38页。
② 同上,第40页。
③ 同上,第48页。
④⑥ 同上,第49页。
⑤ [法]埃利·哈列维著:《哲学激进主义的兴起》,曹海军等译,吉林人民出版社,2006年,第543页。
⑦ [英]约翰·密尔著:《密尔论大学》,孙传钊、王晨译,商务印书馆,2013年,第50页。
⑧ 同上,第52页。

达到夸张的程度）调动我的智力活动,让我自己解决一切问题,事先不向我解释,而是在我全面体会到困难的阻力之后才向我解释"①。受自身教育经历的影响,约翰·密尔把逻辑学和经济学的学习看作人的才能训练的最好方式,这种方式需要通过人的独立思考的方式来实现,在思考的过程中会遇到难题,然后通过自身或者他人来解决这个矛盾,这种方式实际上适应了"矛盾是促进事物发展的动力"这个原理,即学习是一个不断遇到矛盾解决矛盾的过程,在这个过程中人的思维会得到极大的提高。密尔坚信:"在现代教育中,没有什么比恰当地运用经院派逻辑更能造就真正的思想家,他们赋予每个词和命题以精确的含义,不会被模棱两可或含糊不清的词句所蒙蔽"②,"在纯智力学科中,最高的位置属于逻辑学与精神哲学。一个是耕耘所有科学的工具;另一个是所有科学得以成长的根源"③。

人类追求真理离不开逻辑学。约翰·密尔和其他功利主义者一样也是经验主义者。他们"认为全部真理都来自于经验;但是,他们依然肯定演绎或综合方法的合理性和必要性"④。逻辑科学有归纳逻辑和演绎逻辑,归纳逻辑是从观察中得出结论,演绎逻辑是从前提出发进行推论,知性教育中的最高价值就是演绎逻辑,它虽然不能为我们指出正确的方向,但是可以避免我们走入错误的方向,"逻辑学可以驱散我们思维上的模糊和混乱"⑤。虽然约翰·密尔认为演绎逻辑的价值在培养知性时较好,但

---

① 〔英〕约翰·穆勒著:《约翰·穆勒自传》,郑晓岚、陈宝国译,华夏出版社,2007 年,第 21 页。
② 同上,第 15 页。
③ 〔英〕约翰·密尔著:《密尔论民主与社会主义》,胡勇译,吉林出版集团有限责任公司,2008 年,第 80 页。
④ 〔法〕埃利·哈列维著:《哲学激进主义的兴起》,曹海军等译,吉林人民出版社,2006 年,第 543 页。
⑤ 〔英〕约翰·密尔著:《密尔论大学》,孙传钊、王晨译,商务印书馆,2013 年,第 53 页。

是他更加注重归纳逻辑,坚持归纳逻辑和演绎逻辑的结合,只不过归纳逻辑为主,演绎逻辑起到的是协助的作用。"演绎逻辑学并不只借助演绎就完成了,还需要在归纳逻辑学协助下,进一步避免普遍性的谬误——错误的概括"①。演绎不能增加知识,能够从正确的前提进行推论,可以保证知识的确定性,但是不能增加新知识;归纳可以增加新知识,但是不能保证知识的普遍有效性。"没有受过逻辑训练的人,想从自身经验引出普遍结论时显得极度无能"②,这句话一方面强调了逻辑对知识获得的重要性,同时,另一方面也说明作为经验主义者的约翰·密尔承认人类能够通过逻辑等工具从经验中获得普遍的知识。

学科的完善可以提高人的知性能力,进而能够正确使用规则。生物学"是一门研究动物生命法则的学科,特别是人体的结构和功能……生物学的训练能让我们认识到社会、政治领域的难题"③。生物学研究的主要是动物,但是其主体是人,人既有自然属性也有社会属性,作为具有精神属性的人类相对于其他生物来说更加复杂多样,因此通过生物学的研究可以形成某种规律和法则,为人类的活动提供指导。

约翰·密尔认为,生物学研究的上限接近于心理学,生物学是通过研究人体的结构和功能去形成法则,而心理学则是"研究关于人性的各种法则的知识"④。这门学问从法则上看是实证的,但是它有超越了我们可认知的范围,有些问题会进入形而上学的领域,通过"已经解决的问题可以发现还存在未解决的问题"⑤,由已知到未知的学习途径非常有利于教育

---

① [英]约翰·密尔著:《密尔论大学》,孙传钊、王晨译,商务印书馆,2013年,第55~56页。
② 同上,第56页。
③ 同上,第58页。
④ 同上,第59页。
⑤ 同上,第60页。

的发展,教育在为普通人服务的同时还能够训练促进社会发展的精英主义者,比如思想家。而形而上学则在这个过程中起到了重要的作用,"几乎再也没有比由形而上学争论导出的思维训练能更好地教育这部分人了"①。

伦理学和政治学是知性教育中最重要的目的,看重的是人的社会和政治生活,为了人类社会的道德和人类社会的发展谋利益。科学的政治学很难得出一个可以适用于任何一个社会的普遍结论,所以"要求我们用科学的精神去思考,在每一种特定情形下发现与之相适应的真理"②,在政治学的研究中要根据不同时间和不同的地域来研究,在研究的过程中所使用的方法不尽相同。

教育不能是灌输性质的。教育要为学生提供材料和学习的方法,发挥学生的积极性和主动性,进而形成自己的观点。"教育只是为学生提供自己思考的材料,教育他们如何利用这些材料的方法。学生教育通过这样的教育能够得知各种各样的观点、有关问题的思考之中特别优秀的想法。"③这是教育中学生自由的一种体现,教育培养的是能够具有独立思考能力,同时具有独立人格的人,不能把观点灌输给学生,灌输的教育方式能够让学生的观点达成一致,但在客观上抹杀了学生的创造性。提供给学生不同材料和研究方法能够得出不同的观点,有了差异才能彼此之间进行讨论,通过讨论使真理越辩越明。判断一门学科的价值在于能否适合博雅教育,提高人的能力。

历史学在大学的课程设置中占有一席之地,大学中所传授的历史不是简单的历史事件,而是要研究历史发展中各个阶段的特征以及历史事

---

① [英]约翰·密尔著:《密尔论大学》,孙传钊、王晨译,商务印书馆,2013 年,第 61 页。
②③ 同上,第 63 页。

实所具有的意义。

经济学是一门科学，它是"学习关于有助于类群体的财富、物质繁荣的源泉和条件之知识"①，通过对经济学的学习和研究可以增加物质财富，为人类提供更好的生活条件。针对有人把经济学看作是缺乏感情、自私自利的看法，约翰·密尔认为只要作为学习经济学主体的人不是自私自利的，那么经济学也不会是自私自利的。可见，经济学只不过是人类用来增加幸福的一个手段，人是掌握这个手段的主体，可以让经济学更好地为人服务。

边沁非常重视立法的工作，受边沁影响，约翰·密尔认为大学课程中应设立法学课。对于法学的研究"不仅是政府的主要任务，也是所有公民应该关心的重大事情"②，公民只有学法、懂法，才能更好地守法。法律既是政府行政管理的合理依据，也是公民行为所遵守的规则，所以政府和公民都有权利和义务研究法律，完善法律的建设。

教育应使人做到知行合一。只拥有知识并不是教育的目的，善也是人类所追求的目标。"给予学生知识，教育仅仅完成了其一半的任务，剩下的任务是让学生自己进一步求知，以坚定的意志去实践。"③教育需要培养人的意志，而意志的培养需要道德教育或宗教教育，"没有意志训练的教育依然是不完全的教育……直接实施这意志教育的，那就是道德教育或宗教教育"④。但是大学不是宗教教育和道德教育的地方，"对学生进行道德或宗教教育是学校所不及的。道德和宗教教育在于培养情感和日常行为习惯，而这些基本上超出了公共教育的控制范围。正是家庭给

①　[英]约翰·密尔著：《密尔论大学》，孙传钊、王晨译，商务印书馆，2013年，第65页。
②　同上，第66页。
③　同上，第69页。
④　同上，第70页。

予我们以道德或宗教教育"①。虽然学校不是道德教育和宗教教育的职责所在,但是在大学里,"每一门课程教学都必然是渗透了(道德或宗教)义务感的教育"②。

　　虽然大学不是道德教育和宗教教育的主要场所,但是应该开设道德哲学课,以培养学生独立的意志,帮助学生形成自己的信仰。传承文化是大学的主要功能,宗教和道德中所包含的不同观点,对人类思想的发展均具有启迪作用。"大学都应该专门开设道德哲学……希望这门课少些评判和教条,多些阐释。应该授予学生的是至今为止一直对人类实际产生影响的道德哲学相关知识,应该让学生倾听支持各种体系人们的不同观点"③。对于大学中宗教哲学的教学不能是灌输式的,而应该是经过教师的传授后进行讨论式的学习,观点有所不同才能在彼此之间进行讨论,这是真理进步的必由之路,"即使某个体系完全是错误的,如果它能让人们关注启发出该体系的那部分真理,它仍然有价值"④。

　　经由前文的论述可以看出,大学在求善的道路上要保持学术观点的自由,培养学生具有判断力和独立思考能力,而不是要培养会说话的机器。"不是把自己的判断强加给学生,培养、助长学生的判断力反倒是教师重要的任务"⑤,教师"对学生绝不能讲授他自己事先已经选定了的信仰的宗教,必须让学生以自己的意志选择将来的宗教信仰……大学的任务……是授予知识的训练,帮助他们形成自己的信仰"⑥。思想自由和讨论自由是约翰·密尔一直在《论自由》中一直坚持的,大学应该是学术自

---

① 任钟印主编:《世界教育名著通览》,湖北教育出版社,1994年,第802页。
② [英]约翰·密尔著:《密尔论大学》,孙传钊、王晨译,商务印书馆,2013年,第70页。
③ 同上,第71页。
④⑤ 同上,第72页。
⑥ 同上,第74页。

由、思想自由和讨论自由的地方,但是现实中是"最主张自由思想的人们,往往是在实施强制性授课的神学接受教育的"①,教条和灌输式的教育是自由最大的敌人,权威式的教学亦是。教育需要保持观点的多样性。"观点的多样性其实也是对有良知的教师发出的一个警告:让他们深感自己没有权威地把自己的观点强制灌输给学生的权力。授课不能取教条的态度,而应该以探索的精神来讲解"②。在对待大学中存在的宗教教学问题上,他认为宗教教理会随着社会的发展变得逐渐缓和,宗教迫害也会变得越来越少,对宗教自由持乐观态度。

　　总之,大学在道德和宗教教育方面是通过道德哲学的教学,让学生接受不同的道德和宗教观点,形成对不同的宗教信仰和道德行为的选择。大学在宗教和道德观点上要保持思想自由和讨论自由的良好氛围,这是人类自由进步所不可缺少的。知性能力和道德能力是人类所必不可少的两种能力,具备这两种能力能够提高人的修养,但这两者并不是全部,还有第三个领域,即美的领域,真、善、美的统一才是一个具有高度修养的人所应达到的境界。

　　美对人格的形成与真和善具有同样甚至是更重要的作用。美"大多是通过诗和艺术的体验获得的"③,这个领域具有很高的价值,能够培养人的情感,陶冶人的情操。对于美术,主要指的是两种艺术形式"绘画和雕塑",现实是"对于这两种艺术,英国人并没有表示出特别的关心,甚至包括有教养的人们,他们认为那只是室内装饰的一部分,只是一种优雅的装饰品"④,英国人没有看到美术对人类的使用价值。诗虽被称为艺术的

---

① 　[英]约翰·密尔著:《密尔论大学》,孙传钊、王晨译,商务印书馆,2013年,第74页。
② 　同上,第73~74页。
③ 　同上,第77页。
④ 　同上,第78页。

女王,英国人也因莎士比亚、弥尔顿等自豪,但是他们骨子里还是不认同诗的价值,认为诗只能作为一种消遣。约翰·密尔对此却持相反的态度,他认同诗的价值,因为他是在对诗的学习和体悟中度过了自己的精神危机,"诗之所以被给予比其他艺术更高的地位,不外是因为诗歌创作对头脑的要求更高"①。与英国相比,其他国家将艺术置于更高的位置,"在理论上人们都承认艺术作为创造文明的诸要素,形成人的价值观的诸要素,和高级学术、研究、科学知识等完全拥有同等的地位,绘画和雕塑也被看作对社会具有很大影响力的东西"②。

人类应该拥有崇高的理想,不进则退。"有必要通过训练让他们认识到,不仅真正的恶和低贱是可鄙和堕落的,缺乏崇高目标和努力同样如此。"③但是要反对人类自身的狂妄自大,希望通过诗的学习来调节个人和社会之间的利益关系。"人类具有的各种各样的特性中最普遍的一个特性就是自我为中心的野心"④,自我中心主义不但会把非人类的其他物种看低,同时也会为了自己的利益排除同类中的他者,为了自己利益的实现而不把其他人的利益放到心上,无法将个人利益和他人利益协调起来。在其他很多国家,"追求人类进步和个人自由,同时伴随着深深的热爱美德之心"⑤,能够把个人的崇高目标追求与他人的目标追求达成一致。诗可以激发人性中善良的部分,约翰·密尔对诗特别推崇,"获得诗的教养的陶冶,不仅可以培养成高尚的、英雄的情感,诗中还有培养与使得灵魂昂扬或同样的能使灵魂平静的感情,具有培养高昂和稳重两个方面感情的伟大力量。它呈现了所有我们天性中不自私的方面,引导我们把自己

---

① 　[英]约翰·密尔著:《密尔论大学》,孙传钊、王晨译,商务印书馆,2013 年,第 78 页。
② 　同上,第 79 页。
③ 　同上,第 81 页。
④⑤ 　同上,第 80 页。

的喜悦和悲伤与我们所在系统的幸福和不幸等同起来"①。对诗的学习能够让人的灵魂得到净化，能够培养人的崇高性，进而把个人的幸福和集体的幸福等同起来，他还举了但丁、华兹华斯的例子，认为读了他们的诗之后，"谁最终都感到自己变成更善良的人了"②。华兹华斯的诗对他的一生影响非常巨大，使他渡过了精神危机的难关，对他以后思想的形成和发展产生了重要影响，从他的《论自由》等作品中可以明显看到诗所起到的作用。

美与善相近，但是美高于善。约翰·密尔引用了歌德的话："美比善还要伟大，为何这么说，因为美中间包含着善，补充了善之欠缺。所谓美，是完成了的善"③，"'艺术'之中完美性是其本身的目标，若我来给艺术下个定义的话，我想这么说：'执行中的追求完美的努力'"④，对完美性的追求是艺术所要追求的目标，也是追求美的目标，"真正的艺术教养（而非仅仅是艺术实践）要求人们一旦感知了美的理想，就要永远以它为目标，即使超出了自己的能力范围"⑤。实际上这种追求就是人生崇高境界的追求，中国哲学中也有类似的观点，即"高山仰止，景行行止。虽不能至，心向往之"，这也许就是约翰·密尔对美的追求的一种较好的体悟。

总的来说，大学的课程至少要包括逻辑学、经济学、数学、古典文学、历史学、经济学、生理学、心理学、伦理学、政治学、法学等，这些课程主要是培养学生的知性，其目的是求真。

在博雅教育与科学教育之争的问题上，约翰·密尔采取了兼容并包的态度，"对高等教育的争论，我只能回答大家为何对这两方面不兼收并

---

① ② ［英］约翰·密尔著：《密尔论大学》，孙传钊、王晨译，商务印书馆，2013 年，第 82 页。
③ ④ 同上，第 84 页。
⑤ 同上，第 85 页。

蓄呢。因为我认为不包含文科和科学两方面的教育都不能称作优秀的教育。科学教育是教我们如何思考,文学教育是教我们如何表达思想"①,科学教育与文学教育可以比作人的两条腿,能够相互扶持、共同进步,他把两者的关系看作做衣服时先做裤子与先做上装的关系,先做哪一个都没有区别。

实际上,约翰·密尔还是坚持博雅教育的优先性。他坚持博雅教育的原因,一方面与儿童时期有关,这段时期他学习了希腊语以及古典文学,懂得古典文学的价值;另一方面是源于发生在 1826 年的精神危机,在这一时期他看到了功利主义教育以量的积累为目标的缺点,更加深刻地懂得了情感在教育中对于人的心灵的作用。

传统经典和文学的训练对人的心智会有极大的提高,这是自由教育中所必不可少的。但是传统经典和文学并不能为工业的发展提供知识和技能的支持,因此必须在提供传统教育的同时确保提供科学教育,否则教育会脱离社会的需要,成为一种无用的休闲方式。虽然有些人批评约翰·密尔不重视职业教育,但是在《圣安德鲁斯大学的就职演讲》中他坚持博雅教育,明确提出了古典人文教育与科学教育相结合的思想。密尔把教育和职业的目标作了明确的区分,认为这两者是不可融合的,他更倾向于古典自由主义传统以及他自己接受的高级的不具有实用性的教育经历,这导致了他无法获得快速改变的社会急需的知识。② 但是,他深刻地指出了大学的功能,即大学是追求真、善、美的地方,具有为社会服务的功能,为社会的发展提供智力支持的功能。大学是培养人的自由心灵的地

---

① [英]约翰·密尔著:《密尔论大学》,孙传钊、王晨译,商务印书馆,2013 年,第 20 页。

② 参见 Francis W. Garforth, *Educative democracy: John Stuart Mill on education in society*, Oxford University Press,1980,p. 175.

方,思想自由和讨论自由是大学自由教育的一大特征,学生在大学里打下的是一种综合素质,而不是专门的职业教育。

总之,约翰·密尔对大学功用的态度从批判、反对到赞成,指出了大学教育的功用在于求真、求善、求美,强调"大学应该是自由思考的场所"①。在古典人文与科学教育的争论中,他主张两者间相互配合,从最根本上来说,约翰·密尔坚持的是博雅教育,即人首先是人,人品要重于学品。大学的教育经历了从宗派之争到无宗教教学的转变,将其定位于一种世俗教育。这种由不实用的绅士教育向实用的功利教育思想的转变,适应了社会发展的需要,促进了社会的进步和发展。

第五节 个性的教育

边沁和詹姆斯·密尔在教育中从量的角度看"最大多数人的最大幸福"原则,强调量的积累,赞同教育普及化的大众教育。约翰·密尔在看到大众教育取得成绩的同时,也看到了教育中存在的质量问题,他认为教育的普及如果不注重质量的提高、注重个性的培养就容易造成集体的平庸。约翰·密尔认为教育的核心是培养有个性的公民,个性是公民的主要品质之一。约翰·密尔认为对个性的态度决定了我们对教育的态度,由于个人是具有社会性的人,所以国家对个性的态度也会影响到个性的发展。在学校、社会和国家中,个性的发展是一项非常重要的事情,从个性的历史、现状和未来角度来看,个性不论对于个人自由还是社会进步都是一个永恒的主题。个性不但是约翰·密尔教育思想的核心,而且也是他整个思想体系的核心之一。本节将从个性含义、个性的作用、首创性和

---

① [英]约翰·密尔著:《密尔论大学》,孙传钊、王晨译,商务印书馆,2013 年,第 74~75 页。

天才的重要性、自主性，个性形成条件、自由与权威等方面加以论述。

一、个性的释义

要了解约翰·密尔的个性教育理论，首先我们应当知道他对个性的看法。在《论自由》中，"individual""individually""individuality"①三个词共出现了一百三十多次，并把"individuality"作为第三章题目中的关键词②。约翰·密尔在大多数情况下并没有把这几个词进行细致的区分。加福斯对这三个词的适用性进行了分析，他认为名词"individual"是"个人"的意思，其复数"individuals"的意思为"个体"，与"阶级"和"国家"相对，"individual"形容词的用法为"个人的"意思，有时候还指"特殊的"等。"individually"是个副词，在文中并不常用，其意义为"个别地"。"individuality"则是约翰·密尔最常用的，如"社会的权威又在哪里开端呢？人类生活中有多少应当派归个性，有多少应当派归社会呢？"③他对个性的用法是与人的社会性相对而言的。加福斯认为对于个性有描述性的和说明性的两种用法之分，这里主要指的是描述性的。黄伟合主张约翰·密尔个体性和个性的概念基本上是可以通用的，认为密尔的个体性具有自我发展的性质，主要包括三个方面：第一是个人有合理选择的能力，第二是个人可以根据自我意志进行自主选择，强调的是自我属性；第三是个人的

---

① 这三个词的不同加福斯在教育民主中进行了分析，"individual"既可以作为名词，也可以作为形容词，名词的意思为"个体"或"个人"，形容词的意思为"个体的"或"个人的"；"individually"为副词"个别地"；"individuality"可以译为名词"个性"。

② Francis W. Garforth, *Educative democracy: John Stuart Mill on education in society*, Oxford University Press, 1980, p. 78。

③ ［英］约翰·密尔著：《论自由》，许宝骙译，商务印书馆，2012 年，第 89 页。

不断完善,这主要指的是发展属性。①

约翰·格雷则认为,约翰·密尔的"个性理论统合两个主张,一方面认识到他自己的创造者,另一方面对每个人而言都存一个有待发现的本质"②。黄伟合将"个体性"翻译成与"社会性"相对,本书在这里采用个性与共性相对的观点,实际上就是将其视为特殊与普遍的关系,因为个性是具有社会性的个性。

胡里奥·沃瑟曼认为密尔的个性有两个密切相关的组成部分,一个是指一种独特而又鲜明的性格,另一个是指人类特有能力(faculties)的发展。③ 有的学者把个性等同于自由,个性在作为自主时等同于自由,这种自主是自我发展的主要条件和重要成分,但个性并不是无限度的自由,"个性的限度正是个人自由的限度"④,这也正是在自主的条件下,把自由等同于个性。

总之,我们从这几位学者那里可以看到,约翰·密尔的个性理论中包含着这样的几个特点,即自主性、自我完善性、选择性、潜能的多样性等。实际上,约翰·密尔把个性看作人性发展的一个理想性品质。

密尔的个性理论是价值性的而非事实性的。在很多有关教育的论述中,忽视了个性理解的区别,即个性是描述性的还是说明性的? 是事实性的还是规范性的? 对个性的不同理解会造成在教育的培养中理论和实践的不同。如果把个性看成事实性的,那么教育中就会忽视人的主动性、积

---

① 黄伟合著:《英国近代自由主义研究:从洛克、边沁到密尔》,北京大学出版社,2005 年,第 56 页。

② [英]约翰·格雷、G. W. 史密斯著:《密尔论自由》,樊凡、董存胜译,吉林人民出版社,2011 年,第 95 页。

③ Julio Sharp - Wasserman, Happiness and Individuality in Mill, *Pharmakon Journal of Philosophy*: 3rd, Issue, p. 6.

④ 余艳红:《密尔论个性》,《中共中央党校学报》,2011 年第 1 期。

极性和选择性等价值因素。约翰·密尔的"个性"是可以用一些纯粹描述性的词语来表示,如无限制的选择、人的独特性、成长、发展和变化等;但是这仍是一种有形式无内容的正规模式,不能作为实际的指导原则。①那么我们就会问选择的内容是什么? 成长的指向是什么? 等等问题。事实与价值的统一性问题始终是哲学研究的一个主题,在个性问题上也存在着这一问题,即我们如何从现实中得到我们所要求的规范性和价值性?密尔在《论自由》和其他著作中把他的价值性的个性赋予了实际的意义,如真理、幸福、公正、善、美丽等。他认为"成长"和"自然生长"的教育观点没有进行规范性的限制是一种错误的观点,因为从非理性的角度来看,"所有在变化中的人类行为以及正在发展中的有用的行为都包含着自然的自发过程"②,而人类恰恰是要在自发性的基础上发展成为人的自觉性。

那么在约翰·密尔的思想体系中,个性是作为一种我们所要追求的目的还是一种手段? 其价值是内在的还是外在的? 其价值本身是目的还是社会发展的一个工具? 在《论自由》等著作中,密尔论述了个性的目的和手段的问题,他认为个性的发展不论是对拥有个性的人,还是对社会和国家都具有重要价值。个性的发展能使人类的生活更加丰富多彩、更具活力,帮助提高人的思维能力和感觉的敏感性。总之,个性的发展能提高个人的生活品质和智力水平,为社会的发展提供更好的智力和道德支持。

在本文第二章"理论前提"中人性部分我们已经论述了关于人性的特点,指出人性具有多样性、可完善性、自我选择性等特质。约翰·密尔

---

① 参见 Francis W. Garforth,*Educative democracy:John Stuart Mill on education in society*,Oxford University Press,1980,p. 82。

② John Stuart Mill,Three Essays on Ethics,Religion and Society,J. M. Robson(eds.),*Collected Works of John Stuart Mill*(Vol. 10),University of Toronto Press,1969,p. 402.

始终相信人类具有自我发展的能力,如果我们能够给予人类适当的环境和教育,人类就能获得自己所要的性格,尤其是个性。在《论自由》中他对人性有着较为经典的论述:"人性不是一架机器,不能按照一个模型铸造出来,又开动它毫厘不爽地去做替它规定好了的工作;它毋宁像一棵树,需要生长并且从各方面发展起来,需要按照那使它成为活东西的内在力量的趋向生长和发展起来。"①人的个性品质是内生性的。

二、个性的作用

约翰·密尔在《代议制政府》一书中把个性看成社会进步、道德提升,乃至个人自由的主要因素之一。同时也将个性作为判断政府好坏的重要标准,他声明,政府成为好政府的主要原因和条件在于"组成作为统治对象的社会的那些人的品质"②,社会的发展要有"精神自由和个性",一旦缺乏这两者,社会发展就会停止下来。在《政治经济学原理》中,他写道:"维护人类精神的创造性和每个人的个性,因为这种创造性和个性是所有真正进步的唯一源泉,是使人类远远优越于动物的最重要的品质"③。在他看来,创造性和个性不但是社会发展的标志和动力,加上"唯一"这个定语足以显示出创造性和个性的重要性,而且可以将这两者看作人与动物的主要区别之一。受哈里特的影响,他在《论妇女的屈从地位》中论述了男女平等的问题,在《论精神科学的逻辑》中探讨了人的性格形成规律的问题,认为"人类没有一种普遍的性格,但是存在着性格形成的

---

① [英]约翰·密尔著:《论自由》,许宝骙译,商务印书馆,2012年,第70页。
② [英]J. S. 密尔著:《代议制政府》,汪瑄译,商务印书馆,2010年,第25页。
③ [英]约翰·穆勒著:《政治经济学原理》(下),胡企林等译,商务印书馆,2005年,第533页。

普遍规律"①,人们可以通过研究性格形成的规律来培养个人和社会所需要的品质,这为人的个性的培养提供了理论依据。在《论自由》中的第三章"论个性为人类福祉的因素之一"集中对个性问题进行了讨论,涉及的主题主要有个性与发展、天才的作用、个性的价值、个性的自主性等问题,其主要的目的在于提醒人们重视个性的保持与发展,个性的发展有利于个人也有利于他人,"相应于每人个性的发展,每人也变得对于自己更有价值,因而对于他人也能够更有价值"②,新的事物都是由具有创造性的个人创造出来的。约翰·密尔不止一次地强调由于专制、国家过多干涉教育等方面的影响导致个性的丧失,同时他通过历史与现实的方式来考察个性问题。

个性具有自我发展的潜能,这种潜能能够促进自身发展和整个人类自身的发展。"个性与发展乃是一回事,已说明只有培养个性才能产生出或者才能产生出发展得很好的人类"③,习惯使人遵守制度,维持社会秩序,有利于统治者的统治,但是不利于社会的发展进步,而且习惯会导致社会的退步。有个性才能有发展,有了个性才能有创造力,有首创性才能促进社会的发展,所以密尔认为个性与发展是一回事。"人类中在快乐的来源上,在痛苦的感受性上,以及在不同物质的和道德的动作对于他们的作用上有如此多般的不同,所以人类除非在其生活方式方面也相应地有如此多般的歧异,他们就既不能获得其公平的一份愉快,也不能在精神方面、道德方面和审美方面成长到他们本性能够达到的体量。"④由于人类

---

① [英]约翰·斯图尔特·密尔著:《精神科学的逻辑》,李涤非译,浙江大学出版社,2009年,第39页
② [英]约翰·密尔著:《论自由》,许宝骙译,商务印书馆,2012年,第74页。
③ 同上,第75页。
④ 同上,第80页。

在对快乐和痛苦的来源与感受性上受主观因素和客观因素的影响,会出现多种多样的形式和内容,在物质和道德的问题上也是如此多姿多彩,不同的人拥有不同的人生,所以人类追求快乐和避免痛苦的方式也具有多样性。人类如果要想在精神、道德和审美方面达到自己潜能所欲求的目标就需要发展人的个性。

培养人的个性与功利主义的教育目标休戚相关。功利主义者认为教育的目的是为了实现最大多数人的最大幸福,但是不同功利主义者之间对幸福的内容理解不同。边沁和詹姆斯·密尔注重从量的角度提高幸福的水平,约翰·密尔则不同于边沁和詹姆斯·密尔,他在重视量的基础上更加注重质的提高,认为社会的发展主要是由具有个性的人在推动的。因此,约翰·密尔把个性教育看作教育的核心。

三、天才、首创性与社会发展

具有独创性的人或天才对人类社会进步起到了巨大作用。具有首创性的人非常少,约翰·密尔把他们看作是"地球上的盐,没有他们,人类生活就会变成一池死水"[1],"有天才的人……是比任何人有较多个性的"[2],天才的发展"却必须保持能让他们生长的土壤"[3]。天才具有比常人更多的个性,具有更多的首创性,这种首创性非常重要,它们使社会不至于成为一潭死水,但是它们却更易被他人误解成为社会压迫和约束的对象。天才具有更多的个性,个性能够产生更多的首创性,首创性促进社会的发展。天才是怎么形成的? 或者说是天才是天生的还是培养出来的? 如果是天生的,那么就承认了人的先天性问题,如果是后天的就是经

---

①②③　[英]约翰·密尔著:《论自由》,许宝骙译,商务印书馆,2012 年,第 76 页。

验的。密尔是经验主义者,他既重视先天也重视后天,似乎他所说的天才就是既具有天赋和更多个性的人,又受到了良好的后天培养的人。

约翰·密尔非常重视天才。"我这样强调地坚持天才的重要性,坚持让它在思想上和实践上都得自由舒展的必要性,我深知在理论上没有人会否认这个立场,但是我也深知在实际上却是几乎每个人都对它漠不关心的。"①在天才的重要性的问题上,应当让它不但在理论上,而且在实践中都应该得到自由的舒展,平凡的人没有意识到天才的重要性。天才的重要作用就是在于首创性,在很多平凡的人眼里没有它照样生活得很好,这是因为"首创性这个东西,是无首创性的心灵所不能感到其用处的"②。平凡人看不到首创性的作用,所以,有首创性的人首先要做的事情就是把平凡之人的眼睛打开,这样,他们也会有机会成为具有首创性的人,进而重视首创性,重视天才。"人们都要记住,没有一件事不是有某一个人第一个做出来的;人们还要记住,现有的一切美好事物都是首创性所结的果实……自己愈少意识到缺乏首创性就愈多需要首创性。"③凡事都会由第一个人首先来提出,首先来做的人便具有首创性,先会的人去教不会的人,从而会提高普遍的民智。在《代议制政府》中,密尔一直在强调民智在社会发展中的作用。从政治上说,民智的普遍提高也是民主的主要条件。密尔把首创性作为现有一切美好事物形成的原因,不可否认这有合理的成分,但是如果把所有的成果都归结为首创性似乎不太符合实际。美好事物是首创性与普通民众共同创造出来的,只有首创性,人们不接受,那就无法推广,它只不过就是一种极少数人的事物而已。如果缺乏首创性就不会有新鲜事物的产生,也不会产生美好事物,所以说,美好事物是首创性和普通性的辩证统一。当人们愈是无法意识到首创性的重要,

---

①②③　[英]约翰·密尔著:《论自由》,许宝骙译,商务印书馆,2012年,第77页。

愈是缺乏首创性的时候,就愈需要首创性。约翰·密尔对首创性和天才的重视具有很重要的意义,但是他过于强调首创性和天才的重要性,忽视了人民群众在社会和历史发展中的作用的倾向,这是不明智的。

对于约翰·密尔的天才思想,我们可以思考天赋是如何得来的? 按照他的论述似乎天才的天赋是先天的倾向性比较大,那么既然是先天的,天赋如何分配,即天赋是属于个人还是属于社会,天赋作为一种潜能如何分配? 在功利主义者那里只是考虑到天才的天赋可以促进社会的发展,但是没有考虑到天赋的分配问题,这是其思想中的一个弱点,用个比喻来说就是考虑的是如何做大蛋糕,但是没有考虑如何公平地分蛋糕。这反映到教育中,就是人的天赋的不同导致在教育中的领悟能力不同,那么如何才能使具有不同天赋的人得到适当的发展? 这是教育中必须考虑的问题,既不能压抑了天才个性的发展,又不能放弃对资质愚钝者的教育,同时还要考虑到中等资质之人的发展。人具有理性的理解力,具有自主选择的能力,这种选择是一种自由选择,"自由选择不仅应该是自觉的,而且应该是自愿的"①,其动力来自于人自身的内在力量。

首创性为人类社会的发展提供智力支持,其价值是不可估量的。"任何人也不会否认,首创性乃是人类事务中一个有价值的因素。永远需要有些人不但发现新的真理,不但指出过去的真理在什么时候已不是真理,而且还在人类生活中开创一些新的做法,并做出更开明的行为和更好的趣味与感会的例子。"②首创性在人类事务中具有价值,它具有时代性,会受时代条件的限制,没有人会发现永恒真理,因为真理是一个发展的过

①　黄伟合著:《英国近代自由主义研究:从洛克、边沁到密尔》,北京大学出版社,2005 年,第 58 页。
②　[英]约翰·密尔著:《论自由》,许宝骙译,商务印书馆,2012 年,第 75～76 页。

程。社会需要首创性,我们需要懂得发现新的真理,指明过去过时的真理,进而来开创新的做法。首创性是社会发展进步的阶梯,它不但传承了历史中优秀的文化知识,而且开创了未来个人和社会发展所需要的文化知识,起到承上启下的作用。

在社会对待首创性与平凡性的态度上,约翰·密尔认为现代社会平凡性占主导地位是主要倾向。"说句清醒的真话,不论对于实在的或设想的精神优异性怎样宣称崇敬甚至实际予以崇敬,现在遍世界中事物的一般趋势是把平凡性造成人类间占上风的势力。"①平凡性占据主要倾向会导致社会的平庸化,民主政治倾向平等,而个性化的发展要求的是一种自由,如何调节民主基础上的自由,也就是自由与平等的关系,这是约翰·密尔所要解决的问题。"但是那并不足以阻挡平凡性的统治之成为平凡的统治。从来没有一个民主制或多数贵族制的政府,不论在它的政治行动方面或者在它所培育的意见、品质以及心灵情调方面,曾经升高或者能够升高到平凡性之上,除非最高统治的多数人能让自己接受具有较高天赋并受有较高教养的一个人或少数人的指导(在他们最好的时候总是这样做的)。"②在约翰·密尔看来,平凡性的统治主要指的是多数人的统治,它首先不能是一种专制,民主制或多数贵族制的政府肯定优于专制的政府,但是社会中具有个性和首创性的人比较少,平凡性的人比较多。约翰·密尔担心托克维尔所说的大多数人的暴政的方式的民主,所以他认为最好的统治方式是由具有高的智力和道德的人来组成民主制或多数人的贵族制政府,然后再让具有更高天赋或者更具个性的人来进行统治。这是他对民主制与精英制的一种巧妙的结合,实际上,约翰·密尔受古希

---

① ［英］约翰·密尔著:《论自由》,许宝骙译,商务印书馆,2012 年,第 77 页。
② 同上,第 78 页。

腊文化的深刻影响,在他的心目中坚持的是一种民主基础上的精英主义统治,《代议制政府》就是按照精英主义的模式来构建的统治方式。

约翰·密尔用历史和现实的角度来研究个性在不同历史时期的价值。在早先时期,社会没有形成共同的法律或共同的原则,欲望和冲动超出了社会的控制力量,自动性和个性超出了权威的控制,造成自动性和个性成分过多,社会失序,动荡较多,这时就需要建立"法律和纪律就确定一种驾于个人整体的权力"①,去控制个人的生活乃至性格。但是随着社会控制的权力的增大,"社会已经相当战胜个性了"②,这时候对人性的危险就不是个性过多,而是个性过少、权威过大,从而压抑了个性的发展。而到了我们生活的时代,从社会的上层到底层,在涉他和涉己的事情上都受到了限制,这严重地制约了个性的发展,相应地也制约了社会的发展。

当前个性受压制的状况已经出现。人们并没有意识到这个问题的危险性,相反公众意见却表现出了对"特别适于使它对个性的任何显著表现不能宽容"③,这种不宽容更不利于个性的发展。出现问题并不可怕,可怕的是大多数人没有意识到这是一个问题,反而把问题当成是一件适合自身发展的好事。"中材之人"的势力较大是其主要原因,"中材之人"在智力上和意向上都比较平庸,没有充足强烈的愿望去做任何不平常的事,他们不能理解具有个性之人的野性难驯和不知节制的性格,并且还会鄙视有个性之人。约翰·密尔对于中材的提法似乎和中国对人性的上中下三等的划分类似,儒家思想中把人性分为圣人之性、中民之性和斗筲之性三等,圣人之性不用教,乃是天才,斗筲之性不可教需要刑罚,中民之性可教,但是平庸。密尔所说的天才具有圣人之性,中材具有中民之性,至于

①② [英]约翰·密尔著:《论自由》,许宝骙译,商务印书馆,2012年,第71页。
③ 同上,第81页。

庸才或者智力未成熟之人在这里他没有涉及。"正是这个时代的这些趋势使得公众比在以前多数时期中更加倾向于指定行为的普遍规律,并力图使每人都适合于被认可的标准。"①这个趋势是指适合于普遍规律的行动,也是指对个性的一种压抑之行动。它使人们把普遍的行为作为正确的标准,从而压抑了个性,这种生活方式提高了社会的稳定性,但是不利于社会的进步发展。

总之,从历史的发展来看,个性经历了古时候放纵到现在受压抑的一个转变过程,现在英国的个性发展形势十分不好,亟须培养个性、发展个性。

约翰·密尔认为同化是扼杀个性的危险之一。密尔从政治、教育、交通工具、商业和制造业、公共意见方面来讨论同化问题。"而这种同化还在进行中。时代中的一切政治变化都在促进同化,因为所有这些变化都趋向把低的提高而把高的降低。教育的每一扩展都在促进同化……交通工具的改善也在促进同化……商业和制造业的增加也都在促进同化……因而向上爬的欲望就不再只是一个特定阶级的性格,而成为一切阶级的性格。在促成人类普遍同化方面还有一个甚至比所有那些因素都更有力的动力,就是公众意见在我国和其他自由国度里已在国家中确立了完全的优势。"②密尔在这里讨论同化问题的几个方面,政治上把低的提高,高的降低,趋于共同的水平;教育上,每一扩展都会把受教育者放到相同的背景下,接受相同的教育理念,相同的教育行为,受到相同的影响,把人们放到一般事实和一般情操的汇总之下,教育的同化会导致人的个性的丧失。在交通工具、商业和制造业中也是如此;密尔对公众意见强调的最

---

①　[英]约翰·密尔著:《论自由》,许宝骙译,商务印书馆,2012 年,第 82 页。
②　同上,第 86~87 页。

多,因为他相信"舆论本身就是一种最大的积极社会力量"①,公众意见的趋同会导致社会的一元化,这会导致社会停止进步。

约翰·密尔认为个性受同化的影响会愈来愈危险,是到了该努力为保持个性而奋斗的时候了。首要的问题是应当让公众的头脑中能感觉到个性的重要性,懂得个性为个人和社会的进步带来的好处,至少能让公众感觉到拥有个性并没有坏处。要解决同化的问题就应该在较早的阶段进行,如果到了同化问题严重的时候再想到保护个性,那么困难就会增大。"如果抵抗要等到生活已经几乎磨成一个一致的类型之后再来进行,那么一切岔出那个类型的生活就将终至被认为不敬神、不道德、甚至是怪异和违反本性的。人类在有过一段时间不习惯于看到歧异以后,很快就会变成连想也不能想到歧异了。"②

四、自主性

人有能力选择自己的生活。如果一个人是顺着自然的方向发展,不想去改变世界和自身,那只是像动物一样依靠本能来生活,可是具有自主性的人则不同,"他必须使用观察力去看,使用推论力和判断力去预测,使用活动力去搜集为作决定之用的各项材料,然后使用思辨力去作出决定,而在作出决定之后还必须使用毅力和自制力去坚持自己的考虑周详的决定。他需要和运用那些属性,是随着其行为当中按照自己的判断和情感来决定的部分之增大而与之恰正相应的"③。人有能力选择自己的生活,

① [英]J. S. 密尔著:《代议制政府》,汪瑄译,商务印书馆,2010 年,第 14 页
② [英]约翰·密尔著:《论自由》,许宝骙译,商务印书馆,2012 年,第 88 页.
③ 同上,第 69 页。

如果自己的生活处在被动的状态中,听凭世界或者自己属于的一部分世界来代替自己的生活,那么人生将如猿猴一样不需要其他的能力就可以生活,这便把人降低到了动物,人也终究会失去了自主性,即自我选择的能力。如果人要成为真正的人,就要用自己的能力去选定自己的生活方式,如运用观察力、推论力、判断力、活动力、思辨力、毅力、自制力等能力来考虑周详的决定,同时在选择的过程中也需要判断和情感的适应性问题。人在运用自己的能力的时候才能发展自己的能力,在发展中充实自己,壮大自己。在这里约翰·密尔把自我决定的能力看作是人与动物的区别之一,动物是适应环境,而人类不但可以适应环境,而且可以改造环境,他认为人生活的价值在人自身。"在人的工作当中,在人类正当地使用其生命以求其完善化和美化的工作当中,居于第一重要地位的无疑是人本身。"①人本身的价值是第一位的,这就是康德的"人是目的"的一种解释,在这里,约翰·密尔提高了人的主体地位。

教育能发展人的能力,尤其是自我选择的能力。人的官能在选择中才能运用、发展,照着习俗办事不会有选择,智力和道德的能力也不会有发展。"人类的官能如觉知力、判断力、辨别感、智力活动、甚至道德取舍等等,只有在进行选择中才会得到运用。而凡因系习俗就照着办事的人则不作任何选择。因而他无论在辨别或者要求最好的东西方面就都得不到实习。智力的和道德的能力也和肌肉的能力一样,是只有经过使用才会得到进展的。"②约翰·密尔把人的理性选择看作人的自主的一个重要品质,具有多样化的人性必然会拥有多样性的选择能力,这就是人的自我决定,人的自主。人的感官能力如果不经常使用,不经常锻炼,就很有可

---

① [英]约翰·密尔著:《论自由》,许宝骙译,商务印书馆,2012年,第69页。
② 同上,第68页。

能退化。不论从人的智力还是道德方面来看,都存在着选择的问题,因为人的快乐和痛苦既有被动的一面,又有主动的一面,人的自主选择是人自由的一种表现。

人们能够认可人类的理解能力。"人运用其理解力是可取的……总之,说到我们的理解力应当是我们自己的,这在某种程度上能得到人们的认可。"①这种属于自己的理解能力对于人类来说至关重要,因为人类的理解能力是不但能知其然而且能知其所以然。

相比而言,有三种人的发展理论。如果相信人是由善的存在创造出来的,那么,我们就应该相信,善的存在和创造是要求人类发展、培养人类的官能,使"他们受到培养,可以舒展",而不是打压,这是顺应人的发展的第一种观点;第二种是"异教的自我主张"和"基督教的自我否定",认为自我否定和自我主张具有同等重要的价值,这种观点以否定人的自主性为前提,对人的思想和行为进行干涉;第三种主张是认为希腊型的自我发展的理论,这种理论强调人的自主性,约翰·密尔在教育中强调人的自我发展,这与希腊型的自我发展理论比较接近。②

人类具有自我纠错的能力。"人类判断的全部力量和价值就靠着一个性质,即当它错了时能够被纠正过来;而它之可得信赖,也只在纠正手段经常被掌握在手中的时候。"③人类可以判断、纠正错误,知错有能力改,人有自主性是促进人类自我改正的主要因素。必须"真诚对待他的意见和行为的批评"④。人类在判断的问题上需要自己本身的知识,再加上

①　[英]约翰·密尔著:《论自由》,许宝骙译,商务印书馆,2012 年,第 68 页。
②　参见[英]约翰·密尔著:《论自由》,许宝骙译,商务印书馆,2012 年,第 73～74 页
③　[英]约翰·密尔著:《论自由》,许宝骙译,商务印书馆,2012 年,第 23 页。
④　同上,第 23～24 页。

"讨论和经验能够纠正他的错误"①,密尔相信真理愈辩愈明,有经验的人可以通过自己的经验来检验,同时也可以通过不同的主体之间的讨论使真理显现,以此来纠正各种错误。

人有能力选择自己生活方式的权利。自我选择的生活方式是最值得过的生活。"一个人只要保有一些说得过去的数量的常识和经验,他自己规划其存在的方式总是最好的,不是因为这方式本身算最好,而是因为这是他自己的方式。"②不论人的精神优越性的高低如何,每个人都有权利选择适合自己的生活方式,适合自己的生活方式才是最好的。密尔这里所说的人是具有基本的常识和经验的理性的人,具有选择的能力,密尔承认人的个性的多样性,生活方式的多样性,并认为每个人选择自己的生活方式是他自己的自由,只要没有涉及干涉他人的自由,他们的选择是不能被强制性地干涉,这是个人自由至上的一种体现。在教育中也涉及此类问题,人在为达到具有自我选择的能力之前,个人的教育受到家庭等因素的影响,一旦具有自我选择的理性能力,他就可以选择适合自己的教育方式(因为教育方式包含在生活方式之内),动物,如羊都具有多样性,何况是人呢? 因此教育对个人的个性的培养具有十分重要的地位,因为教育可以引导和形成个人去选择适合自己的生活方式,只有生活方式是自己选择的才是最值得过的。受约翰·密尔的影响,伯特兰·罗素也非常看重人的主动性在人的生活中的作用,在《权威与个人》中,罗素认为:"要想把生活从只能由灾难来缓解的无聊状态中解救出来,就必须找到恢复个人主动性的手段,不仅在琐碎的事情上,而且也在真正重要的事情上"③。

---

① [英]约翰·密尔著:《论自由》,许宝骙译,商务印书馆,2012年,第23页。
② 同上,第80页。
③ [英]伯兰特·罗素著:《权威与个人》,褚智勇译,商务印书馆,2010年,第51页。

总之，人有理解的能力，通过自主性选择自己想要的生活，这是个性发展的多样性、特殊性、创造性等特点所需要的能力因素，反过来，个性的发展促进了个人的自由和社会的进步。

五、个性形成的条件

个性的形成具有条件性。最文明的社会造就最伟大的个性，同时个性在组织发达的社会也会受到强有力的压制，因此要避免使人成为机器。缺少有个性的伟大人物是因为"社会是为了钱而不是为了任何其他目的才组织起来的"[①]，同时，约翰·密尔也担心过度的商业化会造成个性的侵害。

约翰·密尔对天才非常重视，但是社会中大部分人是平庸之人，对个性的理解就需要涉及人是什么的问题？对于这个问题不同的哲学家对此有不同的理解，有的哲学家把理性作为人的本质，有的把劳动、工作等因素看作人的本质，在密尔那里，他首先把人看成是自然的一部分，受到因果律和自然法则的支配。这将会在他的个性观中产生两个相互冲突的问题，作为科学的逻辑学家和哲学家的密尔倾向于决定论；但是作为诗人、艺术家或者道德家的他则反对决定论，而倾向于自主、选择、创造和自由。[②] 在约翰·密尔的思想体系中，尤其是从《论自由》中的论述来看，他把人的自主选择作为区别于自然界的其他动物，人类有更高的精神享受的发展倾向，这是动物所不具有的，因此人和动物存在质的不同。

---

① ［英］圭多·德·拉吉罗著：《欧洲自由主义史》，R. G. 科林伍德英译、杨军译，吉林人民出版社，2011 年，第 119 页。

② Francis W. Garforth，*Educative democracy：John Stuart Mill on education in society*，Oxford University Press，1980，p. 96。

　　既然人是自然的一部分,那么人的发展就要受到人本身的天赋以及人的生活环境的影响。因为人是一个未完成物,人的天赋是人发展的内在潜能,这就需要教育。在约翰·密尔看来教育是使人成为人的主要途径,同时环境在人的发展中也会起到一定的影响。在本书第二章的第一节我们已经论述了人性的可教性、可改变性、可自我完善性,人具有理性的特点,针对不同的人要用不同的教育方式,我们必须为每个人提供教育,这包括各种正规教育和非正规的教育,即狭义的教育(指学校教育)和广义的教育(包括家庭教育、社会教育等)。人类的文化是可传承的,"前一代人有目的地性地向后一代人传承文化,为的是使后一代人至少能够保持(还有可能提高)现有的文化发展水平"①,所以,我们要重视教育在人类发展中的作用,文化的可传承性为个人和社会向美好的方向发展提供了理论支持。

　　教育从某种程度上说是在适当的环境下发展人的自然天赋,那么就会涉及自然天赋的平等问题。我们说人生而平等,主要是指人格上的平等,但在现实中每个人的实际天赋是不同的。对于个性而言,基于对社会和政治等因素的考虑,对不同的个性的价值应持平等的态度,要确保每种个性的价值得到合理的发展,这包括每个公民应当有平等地接受教育的权利,应当有平等地参与政治的权利等。但是在约翰·密尔的思想体系中始终抱有对受教育者的偏爱,给予受教育者更多的政治参与权,"建议选票的多数……给予证明受过教育的人"②,同时还要限制未受过教育的人的投票权,这样做的原因在于智力是个人和社会发展的动力,同时给予

---

　　①　John Stuart Mill, Essays on Equality, Law, and Education, J. M. Robson(eds.), *Collected Works of John Stuart Mill*(Vol. 21), University of Toronto Press, 1984, p. 219.
　　②　[英]约翰·穆勒著:《约翰·穆勒自传》,郑晓岚、陈宝国译,华夏出版社,2007 年,第188 页。

受教育之人的多数票可以保证他们引领社会的发展方向,这符合功利最
大化的原则。他于1851年与哈里特结婚,"许多年来她无与伦比的价值
使她的友谊"成为约翰·密尔"幸福和进步的最大源泉"[1]。其在与哈里
特的交流和讨论中得到了很多的具有启发,他自认为著作之一《论自由》
是和哈里特讨论的结果,这使他看到了妇女在智力上不比男人差,具有同
等的智力。因此,他在《论妇女的屈从地位》中为争取妇女平等的权利而
斗争,这里他追求的是性别平等。虽然在人的自然天赋上约翰·密尔倾
向于是平等的,但是由于人后天生活的环境不同,以及受到的教育程度不
同,就会造成个人的能力不同。综上所述,我们可以得出这样的结论:约
翰·密尔所说的平等是有限的平等,并非绝对平等,他的总体倾向还是精
英主义。

　　人一出生就会被打上历史的、社会的各种烙印。人不但是一种自然
的存在,同时更重要的是人同时也是一种历史的、社会的和世界的存在。
人作为自然的存在为人类的发展提供了一种潜能,人作为历史、社会和世
界的存在则强调人的本质。人是历史过程的一部分,正是由于历史的发
展才造就了人,人在历史中成长,自从我们出生那一刻就决定了我们是历
史进程中的一分子,至于未来我们无法精确预测,但是我们可以通过自己
的努力去进行创造,这是从时间的角度来考虑人的存在。人具有社会性,
生活在社会中的人的"社会情感"是具有"与其他同类结合在一起的渴
望,这是人性中的一个有力原则"[2],社会性是人的本质,人是社会的人,
社会是人的社会,人是文化的传承者,同时也是文化的创造者,个人和社

---

① [英]约翰·穆勒著:《约翰·穆勒自传》,郑晓岚、陈宝国译,华夏出版社,2007年,第177页。

② John Stuart Mill, Three Essays on Ethics, Religion and Society, J. M. Robson (eds.) , *Collected Works of John Stuart Mill* (Vol. 10) , University of Toronto Press, 1969, p. 231.

会之间具有权利和义务的关系。从更大的空间角度来说,人还是世界的一部分,"人类的生存充满了神秘性:我们经验到的狭小的区域相当于无边无际大海中的一个小岛,它可以通过它的广阔和隐匿令我们肃然起敬,并激发我们的想象力。更神秘的是,我们早期的存在域不但是无限空间中的一个小岛,同时也是无限时间中的一个小节。过去和未来都同样被占据我们的所有:我们既不知道起点在哪里,也不知道终点在哪里"①。

　　詹姆斯·密尔在对约翰·密尔的教育过程中强调自我学习和独立思考能力的培养,给他"一个最高标准的知识教育"②,在詹姆斯·密尔教给约翰·密尔的所有的知识方面,约翰·密尔认为,"不管父亲教给我什么,他都尽最大努力让我理解和懂得其用法"③。因此,虽然约翰·密尔埋怨过他父亲没有关注他的情感教育,导致他的精神危机。但是,从他的言谈之中可以看出他承认父亲的教育方法是成功的,"我相信,没有哪一种科学教学法能够比我父亲对我传授逻辑学和政治经济学的方法更彻底,或在培养才能上更加合适。他不但给我两者精确的知识,而且让我自己思考,事先不对我解释,而是当我遇到无法解决的困难时向我解释……几乎从一开始我就独立思考问题,偶尔我想的与他有分歧,虽然长期以来仅在细小问题上有分歧,但最后还是以他的意见为准。后来,我有时也能说服他,在一些细节上改变他的看法。"④从约翰·密尔的一生来看,他父亲对他的教育是成功的,通过传授逻辑学和政治经济学的方法锻炼了约翰·

---

　　① John Stuart Mill, Three Essays on Ethics, Religion and Society, J. M. Robson (eds.) , *Collected Works of John Stuart Mill*(Vol. 10) , University of Toronto Press, 1969, pp. 418 – 419.

　　② [英]约翰·穆勒著:《约翰·穆勒自传》,郑晓岚、陈宝国译,华夏出版社,2007 年,第4 页。

　　③ John Stuart Mill, Autobiography and Literary Essays, J. M. Robson (eds.) , *Collected Works of John Stuart Mill*(Vol. 1) , University of Toronto Press, 1981, p. 54.

　　④ Ibid., p. 57.

密尔的分析和理解能力,培养独立思考的能力让他具有了独立的人格和创造性的思维,这都是人的个性中所具有的品质。后来他度过的精神危机,可以看作是对自我的一种超越,也正是因为这次危机,造就了约翰·密尔的伟大,他从中看到了情感培养的重要性,从质的方面对快乐进行了区分,认为精神享受要高于物质享受。人的培养不能只重视环境等外在因素的作用,也应当重视人的情感和内在文化的培养,这为约翰·密尔的"自由教育"或"选择教育"的观点打下了基础。

　　在上面的论述中我们讨论了个性的含义,个性的历史与现实状况,以及对人的理解等方面,知道当前社会亟须培养出有个性的人,因此就涉及在教育的理论与实践中如何培养个性的问题。

　　对个体的强调在英国非常普遍,这反映到教育中会把儿童作为教育过程的中心,这在当代的教育理论中已经变得非常普遍。在儿童教育中存在着几种不同观点,即教师中心主义、儿童中心主义和师生互动等。作为近代自由主义集大成者的约翰·密尔在人性理论中强调个性的自主性,包括自我选择、自我完善等特征,所以在他的儿童教育理论中十分强调儿童的自主性,以此来培养他们自我选择的能力,因为教育的主要目的是培养人的能力,尤其是实践中的能力,这必然会认可儿童中心主义的教育理论。在约翰·密尔的思想体系中,他并没有把个性理论付诸实践行动,但是他在很多著作和演讲中对个性理论已经阐释得比较清楚。他在比较英国和法国的"自由体系"的时候,认为英国学校的孩子们在爱、个人实践和政治自由方面要优于法国,并认同胡可博士的真正教育的理论是"把人的活的灵魂联系起来"[1],即教育不仅仅是技能的学习,也是一种

---

① John Stuart Mill, The Later Letters of John Stuart Mill 1849 – 1873, Francis E. Mineka (eds.), *Collected Works of John Stuart Mill* (Vol. 16), University of Toronto Press, 1972, p. 1304.

心灵的培育。他在《圣安德鲁斯大学的就职演讲》中对"自由教育"进行了集中论述,认为教育就是发展人的各方面的能力,包括感觉和精神方面能力的发展,如潜能的挖掘、智力的发展、敏感性的培养以及精神训练等。[①] 教育的真正目的不是培养教师、建筑师等技能训练,而是要把学习的精神深入到自己的灵魂当中。儿童中心主义是功利主义个体优先,注重个人价值的生动体现,实际上儿童中心主义就是个体中心主义,因为社会和国家的价值就在于个人的价值,"国家的价值,从长远看来,归根结底还在组成它的全体个人的价值"[②]。国家存在的价值是为整个国家的个人谋取利益,密尔是自由主义者,他认为个人的利益高于一切,国家应为国民谋利益,否则将一无是处。

对个性的重视不论在教育理论和教育实践中都大量的存在,这是一个不争的事实。具有个性的孩子不同于普通的孩子,他们具有普通孩子所不具有的独特品质,比如首创性、超强的自主性等。具有个性的孩子成长在不同的教育和环境下会得到不同的结果,如果父母或教师在教育中能够发现、欣赏孩子的首创性精神,并且给予适当的引导,给有个性的孩子以更大的发展空间,这种教育就是成功的,但是假如父母或者教师无法理解或欣赏具有个性的孩子,那么就极有可能会压制他们的成长,从而埋没了人才。我们在前面论述过人是一种历史性和社会性的存在,孩子既是父母爱的结晶,也是过去的历史的一种结果,从人的生产的角度来说孩子具有传宗接代的功能,从文化传承的角度来说孩子是文明的传承者,他们是连接过去和未来的中介。教育也是一个过程,不论是具有再高天赋

---

① Francis W. Garforth, *Educative democracy: John Stuart Mill on education in society*, Oxford University Press, 1980, p. 100。

② ［英］约翰·密尔著:《论自由》,许宝骙译,商务印书馆,2012年,第137页

的天才都不可能生而知之,需要通过教育来培养他们的个性,激发他们的潜能,从而去塑造社会的新一代人。个性对社会的发展具有引领作用,能够决定着未来发展的水平。当然个性的发展与社会的发展具有辩证的关系,个性在促进社会发展的同时,也需要社会为个性的发展提供良好的环境。个性的发展不可能脱离社会进程而存在,个性的发展是历史进程中的一部分,只有适应社会发展潮流的个性才能促进社会的发展。

约翰·密尔赞成用历史的维度来看待个性的发展,强调了学习历史的作用。在《圣安德鲁斯大学的就职演讲》中,他发表了对学习历史的目的及其作用的看法,认为学习历史就是培养对历史的兴趣,这种兴趣不仅仅是描述性的,而是通过因果链,把历史展现在我们眼前,尤其是对于我们和后代具有重大意义的事件。历史教授所要传授的知识因不同历史阶段和不同地点而不同,要描绘出在人类发展的不同阶段人类自身的生活和人类生活的构想,还要区分在所有时代的共同点和进步的地方,进而形成对进步的原因和规律的初步想法。① 对于一个受教育者"所需要的不是从小就有人教他,而是有大量可供他阅读的书籍"②。由此我们可以看出约翰·密尔所赞成的不是"全能式的教育",而是一种"选择性教育"方式。与此同时,他也反对卢梭的"自然教育",卢梭的自然教育是建立在人性本善的基础上的,如果儿童完全顺其自然的发展,则所有的事情都是好的,如果有人为的干涉则会变成恶的,这种教育方式与公民教育大不相同。卢梭的自然教育是为了反对专制对人性的压迫而提出的,希望孩子能够得到平等、自由的教育,但是他的教育思想无法付诸实践,因为作为社会存在的人不能脱离社会而生存,一味地强调人的自然教育会把人的

---

① Francis W. Garforth, *John Stuart Mill on Education*, Teachers College Press, 1971, p. 205.
② 任钟印主编:《世界教育名著通览》,湖北教育出版社,1994 年,第 802 页。

价值降低。卢梭的自然教育不但遭到约翰·密尔的反对,也遭到黑格尔的反对,在《法哲学原理》中,黑格尔指出教育首先就是要去除人的自然质朴性,去追寻自由的状态。

约翰·密尔没有对自然进行过多的解释,他认为教育者应当按照人的自身规律去促进人的发展。他把人性比作树,其生长应按照树自身的生长规律去发展,无须过多的人为干涉,约翰·密尔分析自然首先是与法律相比较进行的,他认为人类文化的发展不可能完全依靠自然,而是需要自然法来干涉人类的生活,并去提高人类的知识水平。培育人类就像是园丁培育花草一样,既需要花草自身的成长,也需要教师的引导,即使再有天赋的人或者组织,也不可能完全是一种自我文化。这种人为制造或至少人为地完善了最好的和最高尚的人类的本性,就是它是有史以来遵循的唯一自然的东西。①

自然教育和全能教育是教育理念的两个极端。自然教育意味着人在教育中没有限制,基本上按照自然规律成长,教育者在教育中起到的作用比较小;全能教育则过多干涉受教育者的自发性,忽视了人的精力的有限性。约翰·密尔在教育中强调"选择性教育"或"自由教育"。这将涉及自由的问题,即在教育中如何处理人的自由。约翰·密尔在《论自由》中论述了自由的限度。自由是意味着在教育中完全的不干涉,还是一种适度的干涉?同意在教育中可以对受教育者进行干涉的就会强调权威或纪律的问题,认为教育就是一种不干涉主义的则反对教育中的权威和纪律,这两者的观点截然相反。实际上,反对教育的干涉在某种程度上就是反对教育中的权威和纪律。前面已经论述过人是自然、社会、历史和世界的

---

① 参见 John Stuart Mill,Three Essays on Ethics,Religion and Society,J. M. Robson(eds.),*Collected Works of John Stuart Mill*(Vol. 10),University of Toronto Press,1969,pp. 396 – 397。

一部分。人是文化的传承者,教育是文化传承的工具,教育可以提高人的智力和道德水平,教育的过程实际上就是塑造人的过程,使受教育者形成特有的价值观,并促使他们选择自己所要的生活方式。

密尔的教育是一种"自由教育",并不是一种"全能教育"或者是"充分教育"。教育是一种可能,即把人的潜力通过教育的方式去实现。密尔的教育理念是一种"选择性的教育",并且认为他的教育观点要胜于洪堡的"人类最丰富的而多样的发展"的原理。这是因为在他看来,人的精力是有限的,人不可能在所有的方面都有建树,所以人的自由发展所涉及的范围也是有限的。相应地,个性发展也具有它的有限性,个性的发展要在尊重他人的权利和利益的条件下才能进行。

如何处理个性和最大多数人的最大幸福的关系?按照功利原理①,一个行为的"是非"是要用最大幸福的标准来考量行为的结果,而个性则是以个人的利益为出发点,两者之间存在着矛盾。笔者认为约翰·密尔的个性教育目的是为了个人的自由发展,使个人具有了首创性、更加自主等,同时,个性教育是促进社会进步、道德水平提高的一个主要因素,这与最大幸福原则是一致的,所以从他自身的思想中我们可以知道,最大幸福原则是最终考量的基本原则,个性的考量原则为从属原则,从属原则要服从基本原则。因此,个性和最大幸福原则是不冲突的。

密尔的个体性是具有社会性的个体性,不是一种完全排他的个体性,是与社会具有一定相互作用的个体性。他"确信人们不是自然地或简单地追求个体性,而是能够被相当不自然是同质的个人主义者的少数作为

---

① 功利原理与最大幸福原则在文中为同义。

社会一员而激励和教育其来追求个体性"①。

约翰·密尔虽然强调人是一种社会性的存在,但是在个性与社会性何者优先的问题上,他倾向于人的个性。如前所述,他认为个人自我选择的生活才是最值得过的生活,那么具有个性的人就能够通过自我选择获得更大的发展空间,会为人类谋取更大的幸福。与此同时,因为社会是由个人组成的,社会的幸福相应的就是个人幸福的总和,因此他在强调平衡个性和社会之间的关系的同时,更加重视个性。"能够区分高级与低级快乐并且将选择前者的人当然是《逻辑学》中讨论的具有自由意志的自主的人,也是《论自由》中的个人主义者。"②

六、自由与权威

约翰·密尔坚持功利主义把幸福作为最终目的的原则,把快乐作为功利主义的追求目标之一。但是他在《论自由》中有时也把自由和个性作为最终价值来看待,在他的理论体系中把幸福、快乐和功利作为同义词来用,这种讨论的方式导致他在对待幸福、自由、个性等价值诉求的时候也没有对它们的区别和联系进行过多的分析。约翰·密尔关注更多的是自由的限度,或者是自由和权威的关系,认为自由是有限度的,要符合两条原则:第一条原则是"个人的行动只要不涉及自身以外什么人的利害,个人就不必向社会负责交代"③,这条原则主要指的是一种涉己的行动;第二条原则是"关于对他人利益有害的行动,个人则应当负责交代,并且

---

① ［英］约翰·格雷、G. W. 史密斯著:《密尔论自由》,樊凡、董存胜译,吉林人民出版社,2011 年,第 141 页。
② 同上,第 143 页。
③ ［英］约翰·密尔著:《论自由》,许宝骙译,商务印书馆,2012 年,第 112 页。

还应当承受或是社会或是法律的惩罚"①,这是一种涉他的行为。从积极自由和消极自由②的角度来看,第一条原则是属于积极自由,在只关涉自己的领域内我可以做自己想做的事情,而第二条原则是一种消极自由,在涉及他人的利害关系时,我的行动将要受到限制。约翰·密尔把自由的领域划分为三种:第一种为思想和意见的自由,第二种为趣味和志趣的自由,第三种为社会活动的自由。③ 以赛亚·伯林认为约翰·密尔是消极自由的代表,但实际从上面的论述看来,在密尔的思想中具有积极自由的因素。约翰·格雷认为:"各种合理的幸福观都是建立在多样化的个性基础之上的"④,这种看法实际上是认为在约翰·密尔的思想中幸福的价值要高于个性的价值,幸福更具有最终价值性。G. W. 史密斯认为在约翰·密尔的《论自由》中"个体性明显是作为自我发展的自由的一个变形"⑤,这里是把自由看作要比个性内涵更大的一个概念。实际上,幸福、自由、个性在约翰·密尔那里都具有去追求的价值,但是他们作用各不同,幸福是功利主义者们共同追求的价值诉求,但是纯粹的说去追求幸福则显得比较空洞,于是就需要一些可操作性的次要价值来支撑,在现实中,具有个性的人去追求自由实际上就是一种幸福,因为自由"是人不受阻碍的选择自己的崇拜对象与崇拜方式"⑥。古特曼在论述功利主义教育时候认

---

① 　[英]约翰·密尔著:《论自由》,许宝骙译,商务印书馆,2012 年,第112 页。
② 　在积极自由和消极自由的划分上,伯林在《两种自由概念》中,将消极自由(the absence of interference by other human agent)定义为个人行动不受他人干涉的区域;积极自由被看作为个人自主选择自己而的生活而不是由异己的力量所决定。
③ 　参见[英]约翰·密尔著:《论自由》,许宝骙译,商务印书馆,2012 年,第14 页。
④ 　[英]约翰·格雷、G. W. 史密斯著:《密尔论自由》,樊凡、董存胜译,吉林人民出版社,2011 年,第92 页。
⑤ 　同上,第141 页。
⑥ 　[英]约翰·格雷、G. W. 史密斯著:《密尔论自由》,樊凡、董存胜译,吉林人民出版社,2011 年,第48 页。

为,"自由比快乐提供了一种更好的标准,来决定对孩子们教什么和怎么教"①。这符合约翰·密尔对教育的看法,在他的教育思想中,把"自由教育"和"选择性教育"看作是教育的主要理念,符合把自由作为终极价值的标准。我们由此似乎可以得出,在约翰·密尔那里幸福是最高的价值诉求,其他的则是次要的价值而已,仅是实现幸福的手段。

　　教育是一个培育的过程,虽然强调学生在教学中的中心地位,但是不能把教育看成是不需要权威和纪律的,不论在社会或者教育中都必须有权威或纪律的存在。权威是维持社会安定有序的一个稳压器,如果没有权威,社会将会失序,人们将没有什么可遵守的标准。权威与权力有关,是约束人的一种力量,但权威不等同于权力,权力有正当和不正当之分,而权威则主要指具有正当性的权力。权威作为规范人的行动的一种正当的标准,规范着社会中的人的行为。密尔首先赞同他们性格和期望的多样性一样,民主社会中的公民声称他们的个性能够讯问、批评和做出决定和选择,这些都是依靠具有更加丰富的经验的文化品质和进步。② 英国传统的教育是教会教育,教师在教育中具有绝对的权威,但是随着资本主义的发展,个人权利意识的增强,人们开始意识到教育中学生自主性的重要性,因此在教学中开始不再单纯强调教师的教,而是倾向于学生自主的学。约翰·密尔赞成学生具有自主选择方式的学,这有利于培养学生的个性发展。按照功利主义的观点,现实中的人都具有自私性,在教育中也会为了自己的利益产生冲突,有时候还会诉诸暴力,那么,如何调节教育中人与人之间的关系,就需要权威和纪律来维持人与人之间的和谐。

---

① ［印度］阿玛蒂亚·森、［英］伯纳德·威廉姆斯主编:《超越功利主义》,梁婕等译,复旦大学出版社,2011 年,第 281 页。

② 参见 Francis W. Garforth, *Educative democracy：John Stuart Mill on education in society*, Oxford University Press,1980,p. 104。

没有无自由的纪律,也没有无纪律的自由。虽然约翰·密尔坚持人的个性和自由的重要性,但是他并不否认权威和纪律在塑造人的性格形成中的作用,认为纪律在把人性的本能塑造成一种文明人类的性格中是至关重要的。① "在人类追求卓越的时候人性中的本能部分只具有很小的价值,它作为无限善和智慧中的一部分非常明显。(有一种观点)让一切都作为人曾经认可的一种本能,另一种也是确信的,几乎人类值得尊敬的特性其结果都不是本能的,但是能战胜本能;一个自然人除了能力外几乎没有任何价值——这是一种充满可能性的世界,所有的人都依赖于突出的人为纪律的作用去实现自我。"②约翰·密尔把人性中的本能作为人成为一个社会人或者理性人的一种可能,或者说是一种能力,人的教育是在人的本能基础上,通过纪律的约束去向社会人或理性人的方向去实现自我。纪律的作用是巨大的,不论是在战争时期还是在建设时期,在战争中,铁的纪律是保持军队战斗力的基础,也是取得战争胜利的主要保障,在建设时期,纪律也是保证建设效率的重要保证。在国家中,纪律、法律、道德,以及行政机关共同存在,以此保证社会的稳定、有序、充满活力。在教育过程中,纪律对人的塑造也起着不可替代的作用,"一种教育制度,从婴儿开始并贯穿人的一生,在这之中,一种主要的和从不间断的部分就是严格的纪律,其目的就是训练人服从于他自己的冲动和目标的习惯,并把这种力量当作是社会的目的"③。在《自传》中,密尔也强调纪律在学习中的重要性,"孩子们有很多功课要做,有很多东西要学,为此严格的纪律和

---

① 参见 Francis W. Garforth, *Educative democracy:John Stuart Mill on education in society*, Oxford University Press,1980,p. 104。

② John Stuart Mill,Three Essays on Ethics, Religion and Society,J. M. Robson(eds.),*Collected Works of John Stuart Mill*(Vol. 10),University of Toronto Press,1969,p. 393.

③ Ibid.,p. 133.

使他们知道可能受到的惩罚是不可缺少的教育手段"①。可见,在约翰·密尔的心目中,不但需要纪律,而且还需要适当的惩罚。自由主义并不总是自由放任,也强调纪律的作用,在教育中就体现为学生的自由和纪律的约束之间的关系,在社会中就是个人自由和社会秩序之间保持和谐,保持一种张力,所以我们要批判地继承自由主义教育思想,不能一味地否定。

自由不但与纪律相联系,同时也与权威相联系。不论在智力、艺术,还是在道德中都需要权威的存在。

首先是智力权威。在《在圣安德鲁斯大学的就职演讲》中,约翰·密尔认为大学是用来"培养有能力和有教养的人"②,并认为大学的功用是"塑造伟大心灵的地方"③,"头脑简单的人,具有需要灌输他们真理的明显理由,应该相信他人的权威"④,因为这些人不具有知识和才能去解决新出现的比较复杂的问题,所以他们只能依靠权威作为原则去解决实际问题。权威可以使平庸之人或者头脑简单的人看到智力的标准,并通过学习得到知识。但是权威也会阻碍有个性的天才的智力发展,因此要用辩证的观点正确对待权威与智力发展之间的关系。

其次是艺术权威。艺术是主体见之于客体的一种感觉,既带有人的主观因素,又带有艺术品的客观实在性,它需要一种客观的权威性的东西作为标准。在艺术方面,有很多伟人的杰作,其中展现出的理想美的例证就是艺术的权威。约翰·密尔认为美要高于善,"美要比善更伟大",而

---

① [英]约翰·穆勒著:《约翰·穆勒自传》,郑晓岚、陈宝国译,华夏出版社,2007 年,第40 页。

② Francis W. Garforth, *John Stuart Mill on Education*, Teachers College Press,1971, p. 155.

③ John Stuart Mill, Three Essays on Ethics, Religion and Society, J. M. Robson (eds.), *Collected Works of John Stuart Mill* (Vol. 10), University of Toronto Press,1969, p. 33.

④ John Stuart Mill, Essays on Politics and Society, J. M. Robson (eds.), *Collected Works of John Stuart Mill* (Vol,18), University of Toronto Press,1977. p. 246.

这种完美的感觉需要艺术来培养,"完美的感觉……是艺术培育的一种结果,任何其他人类的产品都不能达到通过纯艺术所获得的完美性"。既然要通过艺术来培养人对美的向往,那么就需要在艺术培养中寻找一种可以作为权威的东西,作为我们所要追寻的目的,"在艺术中完美的对象就是它本身",也就是说完美所追求的目标就是完美,如果非要给艺术加以限定的话,密尔认为艺术"是在执行中对完美的追寻(the endeavor after perfection in execution)"①。完美是一个理想概念,但是它在现实中有很多模型,如伟大的音乐、诗歌、建筑、绘画、雕刻等。甚至是普通工人机械加工的作品,假如他是尽最大努力去做的最好作品,也是对完美的一种渴求,并且在这一角度可以将他称为一名艺术家。总之,艺术就是让我们在追寻完美的过程中完善我们的性格和丰富我们的生活。

再次是道德权威。约翰·密尔认为,"艺术有第一哲学原则……不但知识有第一原理,而且行为也有第一原理"②。这是对艺术和智力标准第一原则的再次论述,这个第一原则实际上就是一种权威。接着他认为也会存在"一些决定善恶的标准",但是这个标准不一定是一个,对于一个行为有的认为是善的,有的则认为是恶的,因此就需要一些普遍原则作为它们的仲裁者。最终,他把"人类的幸福或者是一切众生的幸福"作为道德行为的最终原则,这也是道德的权威,也就是说,"促进幸福是目的论的最终原则"③。除此之外,还有一些从属原则是基于权威的,主要有诚实、公平教育、公正、宽容等。在第二章第三节中我们已经论述了约翰·密尔

---

① Francis W. Garforth, *John Stuart Mill on Education*, Teachers College Press, 1971, p. 226.

② 参见 Francis W. Garforth, *Educative democracy*: *John Stuart Mill on education in society*, Oxford University Press, 1980, p. 106。

③ John Stuart Mill, A System of Logic Ratiocinative and Inductive, J. M. Robson(eds.), *Collected Works of John Stuart Mill*(Vol. 8), University of Toronto Press, 1974, p. 951.

的最终原则要通过从属原则来运行。个性要服从权威的例子在历史和小说中比较常见，通过对理想之人的沉思或者对拥有完美性的神性存在(Divine Being)沉思来获得。① 其中古代杰出人物柏拉图、德摩斯梯尼、塔西佗的作品，也可以作为培养人的个性的材料，而且具有权威性。在谈论宗教的本质的时候，约翰·密尔认为"宗教的本质朝着理想对象最强烈和真诚的情感和渴望的指导，这个理想对象被看作是最卓越的，并且理所当然地被看作是超越所有自私的欲望对象的至高无上"②。约翰·密尔所说的这种宗教是一种"人本宗教"，他不信仰宗教，但也并不否认人本宗教的作用，人本宗教是信仰这种宗教的教徒的一种精神支柱，可以起到教人向善的功能，其作用具有权威性。因此，道德问题上，他承认权威的存在是作为人的道德行为的一种参考。约翰·密尔承认权威的作用，但是权威不同于畏惧，他认为"畏惧不应成为教育的要素"③。假如畏惧过多，会导致孩子失去对导师的信任和爱，从而会阻碍孩子坦率的天性和能说会道的本能，减少教育给予道德和智力发展的好处。

在约翰·密尔对个性的论述中，虽然非常强调个性对个人自由和社会发展的重要性，但是并不否认纪律和权威的存在，他的个性理论是有限的个性理论，并不是无限制的个性，具有确定的价值导向。个性首先是要符合个人发展和社会进步的规律，即权威和纪律的存在可以保持社会的稳定有序，个性的发展可以促进人的首创性，促进社会的进步，主张在个人自由和社会控制之间保持一种良性的张力。

---

① 参见 Francis W. Garforth, John Stuart Mill on Education, Teachers College Press, 1971, p. 223。

② John Stuart Mill, Three Essays on Ethics, Religion and Society, J. M. Robson(eds.), *Collected Works of John Stuart Mill*(Vol. 10), University of Toronto Press, 1969, p. 422.

③ [英]约翰·穆勒著:《约翰·穆勒自传》，郑晓岚、陈宝国译，华夏出版社，2007 年，第40 页。

个性并不是一个纯粹抽象的概念。约翰·密尔在论述中通过诚实、自由、幸福、纪律、权威等来论述,使之显得比较丰满,有血有肉。他的个性理论告诉我们人应该有价值取向才能去追求选择自己的生活,选择自己所要的、适合自己的生活,这对我们今天孩子们的个性教育具有很多的启发。在约翰·密尔的著作中,对个性是作为人的目的还是手段的论述并不清楚,他有时把个性作为目的来看待,有时候把个性作为实现幸福的手段来看,有时候把个性作为一种价值性的目的来看,因此可以把个性看作目的与手段的统一。对于个性形成的理论是自我决定论还是环境决定论的问题,他没有给予明确的论述,黄伟合先生通过他的性格形成学说,推断认为其为"温和的决定论"[1],因为他的理论既承认环境对人的影响,又承认个人的自我发展。密尔是儿童中心教育的先驱,自由主义教育中的儿童中心主义思想与其不无关系,现代的教育证明了其思想的重要性。

密尔的个性理论对伯特兰·罗素的影响很大。罗素认为:"艺术上的、道德上的、和思想上的"所有进步都取决于有个性的个体,"他们一直是人类从野蛮状态向文明状态转变的一个决定因素"。[2] 所以说,社会进步需要有个性的人,高度组织化的社会里对个体行为有过度限制的倾向,但是如果不加以限制"有价值的创新者",那么就既会存在造就主动性的可能,也会存在造就罪犯的可能,因此个人和权威之间需要一个张力,"自由过少带来停滞,过多则导致混乱"[3]。

约翰·密尔看到了机器化大生产给人类带来巨大的经济利益,同时也使人产生了同化,把人变成了机器,抹杀了人的积极性和创造性,导致

---

① 黄伟合著:《英国近代自由主义研究:从洛克、边沁到密尔》,北京大学出版社,2005年,第125页。

②③ [英]伯兰特·罗素著:《权威与个人》,褚智勇译,商务印书馆,2010年,第38页。

人的个性丧失，从而阻碍了个人自由和社会发展。国家干涉教育，对教学计划和教育内容进行统一管理的模式，不能适应人性多样化的发展模式，也会导致个性的丧失。这是约翰·密尔对人类社会发展的一种深刻的反思。

综上所述，约翰·密尔的个性理论在其教育理论中具有至关重要的地位，虽然其中存在不合理或者模糊之处，但是无论如何也不能否认其个性理论的伟大，其个性理论能够引起我们对教育的深思，也能够丰富教育理论的思想宝库。

第四章

功利主义教育的困境、限度与启示

理论的提出都是时代精神的体现,印着时代的烙印。任何事物都体现着两面性,功利主义教育有进步的一面,也有局限的一面。前面已经讨论了功利主义教育产生的社会背景、功利主义的理论基础和功利主义教育的实践,本章将主要讨论功利主义教育的理论困境,了解其思想中的弱点所在,进而探寻功利主义教育的合理限度,使其为我国的教育改革提供启示。

第一节　功利主义教育的困境

我们要从历史的角度来看待功利主义教育,不能完全以现代人的思维方式,运用现代人的思想进行批判。应该把功利主义教育思想还原到当时的社会背景中去,看是否促进了当时生产方式的改变,是否促进了当时社会生产力的发展,是否提高了人民的生活水平,是否提高了人们的智力水平。本节将从"最大多数人的最大幸福"原则、目的论、个人主义、自私的人性论等角度探讨功利主义教育的困境。

　　功利主义教育的目的是为了最大多数人的最大幸福,这里的最大多数人的最大幸福指的是最大多数人的幸福总量,还是包括所有人的幸福总量,功利主义者在这里没有说清楚,很明显最大多数可以无限地接近全部,但不一定是全部。另外,在教育中,幸福的总量和幸福的平均量关系如何,边沁在论证幸福的时候是通过对快乐总量与痛苦的总量的绝对值的大小进行比较从而得出结论,这里将会为了实现最大的幸福总量而忽视了部分人的幸福。罗尔斯在《正义论》中引用了西季威克对古典功利主义的界定,"如果一个社会的主要制度被安排得能够达到所有社会成员满足总量的最大净余额,那么这个社会就是被正确地组织的,因而也是正义的"①。

　　每个人都会用自己的利益来衡量最大幸福原则,这是一种自利的原则。作为有理性的人会为了未来的较大利益而牺牲眼前的一些利益,这就为社会中个人利益和社会利益之间的协调提供了一种好的解决方式。最大幸福原则运用到教育中也是如此,不同的阶级会为了自己的利益而辩证地对待教育。例如在资本主义社会中,资产阶级一方面不愿意为无产阶级提供教育,他们恐怕无产阶级得到更多的教育之后由于思想觉悟提高而为了自己的利益去进行革命;另一方面资产阶级为了自己的利益,也会为无产阶级,尤其是工人阶级提供教育,因为对他们的教育可以为工业的发展提供智力支持,同时知识的获得从某种程度上可以使他们更好地遵守法律,从而保护了资产阶级的私有财产。就是让统治阶级意识到教育这把双刃剑的作用,"当上流富有阶级掌握政权时,教育群众和改善群众生活是与那些阶级的自身利益背道而驰,因为教育群众和改善群众生活将增加群众挣脱枷锁的力量。但是如果在统治权力中民主政治能占

　　①　[美]罗尔斯著:《正义论》,何怀宏等译,中国社会科学出版社,2009年,第18页。

大部和主要比重,推动民众教育将符合富裕阶级的利益,因为提高教育水平可以防止有害的谬误思想,尤其是防止由此引起侵犯财产的不义行为……而是为了使上流阶级能够懂得,对他们来说无教育的穷人比有教育的穷人更为可怕"①。如果为了统治而一味地愚昧民众,可能对于社会的稳定是有好处的,但是绝对不利于社会发展和个人进步,而且在很大程度上愚昧群众也不利于实现最大多数人的最大幸福。19世纪英国功利主义者生活在资本主义快速发展的时期,其思想为资本主义的发展服务,教育思想也是如此。功利主义者的教育思想目的既有维护资产阶级利益的意图,也有为群众呼唤教育的想法,客观上适应和促进了资本主义的发展要求,成为19世纪英国的主要教育思潮之一。

功利主义教育没有照顾到最少受惠者的利益。教育为了所有人,人是生而平等,这里的平等讲的是人格的平等,为了个人发展的公平这就需要提供公平的机会,尤其是接受教育的机会平等。功利主义教育考虑到了教育功利的最大化,但是没有考虑教育资源的公平分配问题,没有提出具有可行性的教育资源分配制度。罗尔斯批评功利主义把个人原则放大到社会,"一个人类社会的选择原则就被解释为是个人选择原则的扩大"②,最大多数人的最大幸福不是全体,不能把个人原则放大到社会,不同的利益群体或个人追求不同的利益,集体的幸福不能简单地等于个人幸福的总和。总之,功利主义把功利最大化或最大多数人的最大幸福作为追求的目标,这种思想要比单纯为了资产阶级利益服务为目的的思想似乎是具有进步性的,但是它还不是为了全体人类服务的一种学说。

---

① [英]约翰·穆勒著:《约翰·穆勒自传》,吴良健、吴衡康译,商务印书馆,1987年,第103~104页。

② [美]罗尔斯著:《正义论》,何怀宏等译,中国社会科学出版社,2009年,第19页。

　　功利主义教育的目的是为了最大多数人的最大幸福,这是一种目的论的思想,这种思想有其局限性。我们可以从伦理学中的"善"与"正当"这两个主要概念来讨论他的局限性,如何定义这两者之间的关系是认识伦理学的一个重要的工具。目的论"首先把善定义为独立于正当的东西,然后再把正当定义为使善最大化的东西"①,可见,目的论把"善"独立于"正当",并把自己认为的"善"的最大化的增加看作是"正当"的事物,罗尔斯把古典功利主义的"善"定义为"欲望的满足"或"理性欲望的满足",目的是最大限度地增加这种善,而无须参照什么是"正当"来判断这种善。

　　作为功利主义的目的论,关心的是功利的最大化,即满足的总量,而没有关心总量的分配问题。"它不关心——除了间接的——满足的总量怎样在个人之间进行分配,就像他除了间接的之外,不怎么关心一个人怎样在不同的时间里分配他的满足一样"②。这个原则如果反映到教育上就会成为一种虚幻的抽象,即只考虑如果办好教育,如何把教育量扩大到极致。当然约翰·密尔已经看到了教育的质量问题,但是"功利主义并不认真地对待人与人之间的差别"③。一切都被对功利的追求给掩盖了,人人为了功利的目的而努力的方式,实际上也会把人降低为一种手段,教育的目的不是为了人自身,而是为了功利的最大化。事实上也是如此,功利主义教育谈到了教育的目的和教育的手段等问题,但是其中很少谈到教育资源的分配问题,这与功利主义的总原则的缺陷是一致的。

　　目的论的前提不具有确定性,"有关目的论原则的论证是建立在靠不住的计算和有争议的、不确定的前提上的"④。哲学从某种意义上说就是

---

① ［美］罗尔斯著:《正义论》,何怀宏等译,中国社会科学出版社,2009 年,第 19～20 页。
② 同上,第 21 页。
③ 同上,第 22 页。
④ 同上,第 165～166 页。

一种前提的批判，如果前提不正确，也许这套理论就会存在着很大的局限。功利主义的目的论就是如此，它把善作为独立于正当的东西，会导致人类只看重结果而不重视过程，过程和结果是相对的，没有过程就没有结果，反之亦然。如何才能寻求一种明确的善观念？如何才能比较不同的善，以便获得更多的善？这是功利主义道德教育中急需解决的问题，罗尔斯认为功利主义颠倒了善和正当的关系，"目的论学说的结构是根本错误的：它们从一开始就以一种错误的方式把正当和善联系起来、我们在试图赋予我们的生活以某种形式时，不会首先关心被独立地规定的善、从根本上揭示我们的本性的，不是我们的目标，而是这样一些原则……因此，我们应当把目的论学说提出的正当和善之间的关系翻转过来，把正当看作是优先的"[1]，这是罗尔斯用义务论对功利主义的目的论进行的反驳。

康德提出了人是目的、而不仅仅是手段的口号。"你要这样行动，永远都把你的人格中的人性以及每个他人的人格中的人性同时用作目的，而绝不只是用作手段"[2]，人要为自然立法，这提高了人在自然界中的主体地位。马克思继承并发展了康德的人是目的的思想，认为人是目的和手段的统一，提出了全人类解放（包括所有人，不分阶级、种族、国别）的口号，把人的工具价值和目的价值统一起来，把为他和为己有机地联系起来。"每个人为另一个人服务，目的是为自己服务；每一个人都把另一个人当作自己的手段互相利用。这两种情况在两个人的意识中是这样出现的：①每个人只有作为另一个人的手段才能达到自己的目的；②每个人只有作为自我目的（自为的存在）才能成为另一个人的手段（为他的存在）；③每个人是手段同时又是目的，而且只有成为手段才能达到自己的目的，

① ［美］罗尔斯著：《正义论》，何恢宏等译，中国社会科学出版社，2009年，第443页。
② ［德］康德著：《道德形而上学原理》，苗力田译，上海人民出版社，2002年，第47页。

只有把自己当作自我目的才能成为手段"①。人在追求自己的利益的同时要从整体出发去考虑他者的利益,包括自然、社会、和他人的利益,去追求一种和谐发展的状态。

教育是过程与结果的辩证统一,人的发展是一个过程,而不仅仅是一个结果,如果运用功利主义注重结果的原则,而忽视了教育过程,这违反了教育的基本规律。因此我们要用动态和静态相结合的原则看待教育,既不能把教育完全动态化,也不能把教育完全静态化。从某种程度上看,后果论注重后果,有否定过程和否定动机的明显倾向,实际上人、社会、自然、思维是一个发展的过程,后果论否定了过程的重要性而过于强调结果。后果论承认发展的重要性,但是割裂了过程与结果,否认过去发生的事件的价值性,否认过程意味着否定历史。

功利主义道德教育中非常强调同情心的作用,功利原则并不能保证每个人都能得到实惠,允许部分人为了功利最大化牺牲掉自己的利益。"对社会体系的忠诚可能要求某些人、尤其是那些处于不利地位的人们为了整体的较大利益而放弃自己的利益"②。为了共同体的利益而牺牲自己利益的人除非是这种制度非常认同,否则,这些人就会感觉到非常的不公平,导致社会的不稳定。罗尔斯认为,在一个社会中,"一些公民竟被期望(根据政治的原则)为了别人而接受自己生活的较差前景"③,功利主义在道德教育中一直强调同情心的作用,其中部分目的就在于让一部分人具有同情他人、同情社会的心,把慈善看作维护社会稳定的主要方式之一。但是当人们成为社会中的最少受惠者的时候,就会危及到他的自尊心,在社会中处于不利地位的人无法获得社会中的很多资源,例如教育权

---

① 《马克思恩格斯全集》(第46卷上),人民出版社,1995年,第196页。
②③ [美]罗尔斯著:《正义论》,何怀宏等译,中国社会科学出版社,2009年,第138页。

利就是,在资本主义社会中,人们由于无法获得教育的权利而失去很多就业的机会,这不但会影响到一代人,而且极有可能会影响到几代人,这对他们极不公平。

功利主义把抽象的资产阶级的个人作为活动的主体。马克思认为,边沁是一种英国现象,并指出,边沁研究的是人的一般本性,"他幼稚而乏味地把现代的市侩,特别是英国的市侩说成是标准的人。凡是对这种标准的人和他的世界有用的东西,本身就是有用的。他还用这种尺度来评价过去、现在和将来"①,边沁的人性具有阶级性,代表的是资产阶级的利益,其目的不是为了人类的解放,而是为了资产阶级的统治,所以具有阶级局限性。

功利主义是一种个人主义,个人优先于国家。"国家的价值,从长远看来,归根结底还在组成它的全体个人的价值"②,原子式的个人主义不同于黑格尔的国家整体主义,把个人凌驾于国家之上,强调的是个人的自由。功利主义虽然是一种以个人主义为主的学说,但也具有一定的平等主义倾向。"个人主义原理所逻辑推导出的思想是平等主义;而且,尽管边沁主义者的平等主义是非常温和的,但也许可以断言,就如同他们是个人主义者那样,所有的功利主义者都有一种平等主义的倾向。"③在功利主义教育中虽然是以个人主义为原则,但是边沁和詹姆斯·密尔也非常强调教育的量的增加的大众教育,他们两人"都是坚定的平等主义者和民主主义者"④。到约翰·密尔那里,教育发展成为一种强调质的精英主义

①　《马克思恩格斯全集》(第23卷),人民出版社,1995年,第669页注63。
②　[英]约翰·密尔著:《论自由》,许宝骙译,商务印书馆,2012年,第137页。
③　[法]埃利·哈列维著:《哲学激进主义的兴起》,曹海军等译,吉林人民出版社,2006年,第551页。
④　[英]肖恩·塞耶斯著:《马克思主义与人性》,冯颜利译,东方出版社,2008年,第28页。

教育。他们在思想中却始终没有放弃大众教育或普及教育的理想,精英教育和普及教育实际上就是个人主义和平等主义思想在教育中的反映。

作为功利主义者的约翰·密尔持精英主义观点,看不起劳动人民,重智力轻劳动。"可以肯定的是,在密尔的思想中,其精英主义的观点是根深蒂固的。对他来说,受过教育的、文明的人并不只是社会中更幸福、更幸运的人,而是在道德方面和社会地位方面都更优越的上层人。与此相反,他害怕、恐惧未受过教育的劳动人民,他把劳动人民看成'不文明的百姓'"①。实际上道德与人的知识获得的多少不一定成正比,并不是知识获得的多,道德就一定高尚,在资本主义社会中,有知识的资本家的本性要比没有文化知识的工人阶级的本性贪婪得多。应该从当时的社会历史背景去看待道德,"一切以往的道德归根到底都是当时的社会经济状况的产物"②,我们不能抽象地谈道德,道德是一种价值观,是主观见之于客观的反映,是历史中形成和积淀下来的对世界和人生的看法,与人所处的社会地位和时代密不可分。

恩格斯在分析18世纪英国的工人阶级状况的时候就谈到了英国人重视经验问题和个人利益问题。英国经验主义产生的原因是不相信消除矛盾而求助于经验,"英国人的民族特性在本质上和德国人、法国人的都不相同;不相信自己能消除对立因而完全听从经验,这是英国人的民族性所固有的特点"③。作为经验主义的功利主义无法消除经验主义的局限性,如重视经验,轻视理论,重视归纳作用而忽视演绎方法,无法获得普遍必然知识等,从经验出发获得的人的本质无法解决自由与必然的关系。

①　[英]肖恩·塞耶斯著:《马克思主义与人性》,冯颜利译,东方出版社,2008年,第28页。
②　刁培萼、丁沅编著:《马克思主义教育哲学》,华东师范大学出版社,1987年,第46页。
③　中国社会科学院民族研究所编:《马克思恩格斯论民族问题》(上册),民族出版社,1987年,第23页。

人的本质不能用抽象的方法来对待,要一切从现实出发,把人看作一个社会的人。无论是从生产的角度还是从消费的角度来看,人的发展都需要人与人之间的交往,人与人之间的交往会产生很多不同的关系,如生产关系、同学关系、同事关系、领导与被领导关系等,同时,人在不同的环境中表现出的人性也是不同的。马克思不是用人性来解释社会问题,而是通过社会来解释人性。功利主义预先设定人是自私自利的,用人性来解释社会,而不是用社会来解释人性,致使人性与社会的关系本末倒置。肖恩·塞耶斯从生产与需求的角度来分析约翰·密尔的人性问题,认为约翰·密尔的人性是从功利主义和享乐主义的角度来发展道德哲学,不是把生产活动看作人的本质,而是把消费和需求看作人的本质。肖恩·塞耶斯认为:"马克思哲学最明显的特征之一就是把人看成本质上的生产性存在物,并且把工作看成是一种解放和自我实现的活动,至少是这样一种可能性的活动"①。

功利主义承认人性的多样性,人性是自私的,具有自我完善的能力,趋乐避苦是它的特性。功利主义把人的自然属性看成人的主要属性,这种人性论是一种抽象的人性论,并没有把人的社会性作为人的主要属性。一般来说,性善论者会给予人性先验的假设,而性恶者会侧重于人的自然属性,功利主义人性是一种预设,是从经验主义出发,把从人的感觉经验得来的东西看成是人性,缺乏社会历史的维度。而现实的人性是随着社会历史的发展而变化的,自然的人性观不能解决现实中存在的问题,也不能作为处理现实问题的根据。

我们要用历史的眼光来看待人性问题,人性"随着社会历史的发展变

---

① [英]肖恩·塞耶斯著:《马克思主义与人性》,冯颜利译,东方出版社,2008 年,序言第 1 页。

化而发展变化"①,"我们既是历史的存在又是具体的存在,而且我们都是以他者的存在为基础的,单独一方是不可能存在的"②。具体的历史的方法是探析人性的方法,要以过程或动态的视角探讨人性。约翰·密尔把教育看作人类自我实现的一个途径,人性中就存在着这种倾向,智力是推动社会发展的主要力量。"马克思主义主张把生产力的增长看作是人类自我发展与自我实现的途径"③,当然马克思主义没有否认教育对人类自我发展和自我实现的作用。一个看重智力在社会和人的发展中的作用,一个看重生产力在社会和人的发展中的作用。前者注重的是脑力劳动,而后者则是既注重脑力又注重体力劳动,因为人与自然的关系包含着体力劳动和脑力劳动两个部分。

马克思把生产劳动作为人的本质,实际上修正了人是自私的抽象人性观,从现实的个人出发,运用辩证的交往理论来谈论人的本质,说明了人既是生物人同时也是社会人,这从某种程度上解决了利己和利他的问题。从现实的个人出发克服了从抽象的总体出发的唯心主义社会观和从生物性的个人出发的旧唯物主义社会观,这为人类教育的认识和实践提供了理论支点。

19 世纪英国功利主义教育所面向的是最大多数人,而不是全人类的解放,因此具有阶级局限性。其目的论的思想过于注重结果而忽视过程的重要性,没有把过程和结果辩证地统一起来。其经验主义原则把感觉经验作为人的认识来源和范围,不能解决知识的普遍必然性问题,无法准确地探寻事物发展的普遍规律。功利主义教育倾向就是一种以精英主义

①② 　[英]肖恩·塞耶斯著:《马克思主义与人性》,冯颜利译,东方出版社,2008 年,序言第2 页。

③ 　同上,第217 页。

为主导的普及教育思想。

第二节　功利主义教育的限度

社会差别导致功利性的产生,教育差别的存在会造成功利教育的产生。世界是普遍联系的,每种事物的产生都有其原因,功利的产生也不例外,在原始社会,人们之间由于差别性比较小,那时的功利性比较小,但是随着社会的发展,人们在社会中出现了差别,这种社会差别造成功利的产生,例如社会地位、政治地位、经济地位、文化地位所存在的差别等,在这种状态下,就有人会为了获得权力、荣誉或者金钱等去努力。而在人的功利获得之中,受教育程度的不同或受教育类别的不同往往会造成政治、经济、社会地位的不同,这时人们就会为了自己的功利性的目标而去寻求教育,教育往往就带有功利的性质。

在具有差异性的社会,社会不公平是一种常态,社会决定公平是一种理想。教育功利性的长期存在有其原因,而且无法避免,我们所需要的就是利用好教育的功利性,探索合理的功利教育。因此,下面来阐释谈功利教育的个人价值和社会价值的关系,以及功利教育的近期发展目标和长远目标的关系,即从功利教育的个人、社会和国家的角度来探讨分析。

教育是人的教育,社会是人的社会,教育的发展和社会的发展最终都是以人的发展为目的。人的发展有两个方面,一方面,个人的发展是纵向的过程,人是未完成物,教育使人成为人,教育就是从未完成状态向完成状态无限趋近,但是永远不能完成,如果说一个人已经达到了教育的完成状态,那么从某种程度上意味着它的生命已经终止了;另一方面,个人教育的发展与社会的发展是横向关系,个人教育的发展会促进社会的发展,社会的进步同时也会促进个人教育的进步,两者是相互促进相互发展的关系。在现有的条件下,教育不可能完全消除其功利性,相反,合理的教育功利性可以促进教育的发展,我们要运用好教育的功利性思想,为教育的发展服务。

功利性的目标有长远和眼前之分,合理的功利教育的长远目标是为实现人的自由全面发展,而近期的功利教育目标是实现这一目的的手段,因此,合理的教育功利性可以引导人朝向既定的目标发展。教育的功利性要协调好个人长远发展的目标和近期发展目标的关系,要协调好人的素质发展和职业发展的关系。长远发展目标为人的自由全面发展,近期发展目标是在提升自身修养的同时,要根据个人自身的条件,如能力、兴趣、性格等,选择适合自己的职业。人的职业没有什么高低贵贱之分,俗话说得好,三百六十行,行行出状元,但是人的品质却是有好有坏,这就需要适当的道德培养和教育。

功利主义教育不能忽视人是目的和手段的辩证统一的思想,不能为了实现某一特定的目标而牺牲了受教育者个人的兴趣和爱好,要把受教育者的自主选择和教育者为之提供的教育目标两者之间形成一种动态的契合,这种契合既能满足个人的自主选择又能满足客观发展的需要。

人是目的和手段的有机统一,主要表现在三个方面,即人与自然、人与社会、人与人之间的关系。首先,在人与自然的关系中,自然为人类提供必要的物质生活资料,人类可以合理地开发和利用大自然,这两者之中,人是目的,大自然是人类社会的手段,但是这里需要避免绝对的人类中心主义,因为它会忽视大自然的规律,人为造成了人与自然关系的恶化,我们应该明白自然环境对人类具有重要的陶冶心灵的作用。其次,在人与社会的关系中,人是社会中的人,交往是人类发展的一种模式,人不能脱离社会而单独存在,人是社会发展的最终目的,同时人为了更好地发展则需要共同创造更好的社会环境,让好的社会环境来影响人、教育人。

再次,在人与人的交往中,人既是客体又是主体,我在为他人服务的时候,我就成了他人的手段和客体,他人为我服务的时候,我便成为他人的目的和主体,所以说社会中的人的交往既是主体价值和客体价值的辩证统一,也是目的和手段的辩证统一,"人类既是他们自己社会生产活动的主体,又是他们自己生产活动的客体,人类的历史就是人类自我创造过程的故事"①。

　　合理的功利教育要符合社会进步的客观需要,教育要符合人类生活的社会价值,人是社会的人,人的主要属性是社会属性。交往在人类社会中具有重要的地位,人类的交往需要具有基本的社会价值,到底有没有一种普世价值可供我们进行选择,不是我们这里讨论的问题,因为只有人们之间具有了基本相同或者说是类似的价值取向,才能更有利于个人和社会的发展和进步。如果在同一个社会之内的人们在价值取向上存在不同或者完全对立,那么将会造成灾难性的后果,重则会导致这个社会的毁灭,轻则会造成社会发展的缓慢或倒退,这里讨论的是社会的基本价值,而并不是要求社会价值取向的完全一致。现代社会是一个多元化的社会,在同一个社会中,不同的人会有不同的价值取向,这是社会自由的一种表象,也是社会思想进步的一种动力,但是在所有的价值取向中需要有一种基本的价值取向作为前提,例如西方国家的自由、平等、博爱就是一种被大多数人所认可的价值取向。所以,在教育中为受教育者树立基本的社会价值观是教育的一个主要任务,这是合理的功利主义教育的一种体现。教育的功利性要符合个人价值和社会价值的有机统一。自由主义者认为,教育的发展要以个人为本位;保守主义者认为,教育的发展要以社会为本位。前者认为,个人的权利要优先于国家或社会,国家或社会是

---

① ［英］肖恩·塞耶斯著:《马克思主义与人性》,冯颜利译,东方出版社,2008年,第4页。

由不同个体构成,国家社会的价值是个人的价值的一种集合;后者把集体的价值看成是高于个人的价值。实际上,这两种思想都有其偏颇之处,自由主义通常过于强调原子式的个人的教育功利,在教育中会把学生作为教育的中心,即儿童中心主义,强调的是教育价值"根植于人的日常活动"①,不承认存在任何绝对的价值,强调价值的社会根源和社会本质。有的自由主义者把个体选择和个体需要作为价值观的最终评价标准,但是大多数自由主义者都认可把经验而非权威作为价值判断标准②。而保守主义则把理性作为教育的最终价值,他们认为,"人必须利用他的理性来确立指导日常生活的永恒价值"③。自由主义和保守主义的教育价值实际上都具有自己的功利性,一个注重个体,一个注重整体,一个立足于经验,一个立足于理性。

教育的功利性必须既能满足个人的需要,又能满足社会的需要,因为个体价值和社会价值的本质是一致的。"个体的自我价值,本质上是一种社会价值;个体自我价值实现的过程,实际上是一个社会的生活过程;个体的自我评价,归根结底要以自己的社会价值为根据。"④一个人的社会地位、经济地位等都是通过社会来实现的,这是因为人的本质由其社会属性所决定的,"个人怎样表现自己的生活,他们自己就是怎样的"⑤,个人表现出的价值就是社会价值。人的教育的功利性不能完全由个人的兴趣和爱好决定,通过教育培养出来的人才必须适应社会的发展才能实现自

---

① [美]杜普伊斯、高尔顿著:《历史视野中的西方教育哲学》,彭正梅、朱承译,北京师范大学出版社,2008 年,第 17 页。

② 参见[美]杜普伊斯、高尔顿著:《历史视野中的西方教育哲学》,彭正梅、朱承译,北京师范大学出版社,2008 年,第 18 页。

③ [美]杜普伊斯、高尔顿著:《历史视野中的西方教育哲学》,彭正梅、朱承译,北京师范大学出版社,2008 年,第 16 页。

④ 李德顺著:《价值论》,中国人民大学出版社,2007 年,第 161 页。

⑤ 《马克思恩格斯选集》(第 1 卷),人民出版社,1995 年,第 67~68 页。

己的自我价值。因此,合理的教育功利性不但能实现个体价值也能实现了其自身的社会价值。

　　教育的功利性要与个人价值和社会价值保持合理的限度,从个人的角度来看,合理的教育功利性最终实现的是人的自由全面发展,以实现人自身的价值为目的,这是教育的最终目标。事物本身并没有什么价值,所有的价值都是指人的价值,人是价值的主体,当然教育的价值也是人的教育价值,即教育的功利性也是指人的教育的功利性。人是教育的主体,人的品质的培养要优先于作为谋生手段的职业的培养,就像约翰·密尔在《圣安德鲁斯大学的就职演讲》中所指出的,"人首先是人,才能成为律师、医生、商人、制造者"①,做人要优先于做事,人做事能力的大小与人的品质高低不成正比。

　　个人一方面要为社会做贡献,另一方面又要从社会中获取自己所需要的资源。这里就存在着一种个人与社会之间的贡献和满足的关系,在社会教育中大多数人都希望能够形成一种和谐的关系,人与人、人与社会之间按照自己的意愿进行合理的交换,各自都能够通过人与人之间的交往获得自己所需,这里既包括物质需求,也包括精神需求。通过社会教育,人能够明白个人价值的实现就是社会价值的实现,社会价值的实现也就实现了个人价值。

　　功利是社会发展的动力,人一旦拥有功利心,就会运用自身的能力去为实现自己的功利目标而努力,从某种意义上说,功利促进了他的能力的发展,同时也创造了社会价值。与此对应,合理的功利教育是教育发展的动力之一,在 19 世纪英国的功利主义教育中,为了适应工业发展而对学

---

　　① John Stuart Mill, *Essays on Equality, Law, and Education*, J. M. Robson (eds.) , *Collected Works of John Stuart Mill* (Vol. 21) , University of Toronto Press, 1984, p. 218.

生提供科学教育,这为工业的发展提供了科技支持,而在提高工业生产力的同时也提高了人民生活水平,既促进了社会的发展也为个人的发展提供了物质基础,可见合理的功利教育是可取的。在当前的社会背景下,消灭功利教育或者是完全超越功利教育的思想是不现实的,这些思想并没有考虑到现实中人的实践活动就带有功利性质的现状。在具有阶层的社会中,希望消灭社会差别存在的思想促进了公平、正义的产生,推动了社会的发展。

功利也是一种价值取向,它是一种效用或功用,它的主体价值在人,是客体满足于主体的一种需要,它能够促进人们去实现自己的想法,引导人们去参与行动。功利控制在一个合理的范围之内可以激发行动者的行动,在很大程度上还会为社会的发展做出贡献。约翰·密尔在《代议制政府》中尤其强调积极性格的培养,强调积极的性格对个人和社会发展的作用,而功利则可以促进这种积极性格的培养。与此相对应,教育中的功利可以促进人的积极性格的形成,这对于学习来说是有益的。

功利教育具有其普遍价值,从广义上说,每个人在教育中都具有一定程度的功利心,为的是实现自己所需的东西,但是如果能够把个人的功利和社会的功利,或者说为己之功利和为他之功利统一起来,则是可取的。功利在某种程度上能够反映社会现实,"功利论至少有一个优点,即表明了社会的一切现存关系和经济基础之间的联系"①。

我们要用历史主义的眼光看待教育思想,19 世纪英国的功利教育是为了适应工业商业发展的需要,尤其是科技发展和工业革命的需要,继续培养实用性的人才,因此功利主义教育是适应了当时的社会需要。功利主义教育虽然适应了社会的发展,但是并没有起到引领社会发展的作用,

---

① 《马克思恩格斯选集》(第 3 卷),人民出版社,1995 年,第 484 页。

主要原因有如下几个方面:从立场上看,功利主义者是站在资产阶级立场看待教育,目的是为了英国资本主义的发展,为了最大多数人的最大幸福,而不是全人类的解放,具有阶级局限性。从哲学基础上看,功利主义教育是以经验主义为基础,无法超越感觉经验的限制,不懂得现实的人的生产实践活动是认识的起点,未能形成具有普遍必然性的知识。从教育的逻辑起点看,功利主义教育的逻辑起点是人性,但是其人性并未把人的社会性作为本质,而是把人的自然属性作为人的本质,有把人的地位降低之嫌。虽然约翰·密尔已经意识到了人的社会属性,但是终究未能作出合理的论证,因此其教育思想理论根基不牢。我们评判一种教育思想不能一味地用现代的眼光来看待以前的思想,而是要把它放到当时的社会历史背景中去进行考察。19世纪英国的功利主义教育思想的评价就是如此,如果以现代教育的标准来看,它已经落后于时代,但是在当时却是具有改革性的进步影响,即便是到了现在,其中有些思想对我们当今的教育仍具有很大的借鉴意义。因此,我们应该正确地看待功利主义教育,并合理加以利用。

功利主义者认为,人人为己会促进社会功利的最大化,能够增加幸福的总量,进而增加他人的幸福,实现了为己和为他的统一。这种思想是资本主义发展时期为个人奋斗提供的一种理论辩护,资本家拥有资本可以为了自己的功利而奋斗,能够实现自己的利益,从而可以扩大整个社会的利益总和。但是以私有制为基础的资本主义社会在个人奋斗时会导致贫富差距的急剧扩大,因此政府干涉进行二次分配,社会福利便是其手段之一。在教育中,不同社会阶层的人由于家庭背景、个人能力以及制度等原因也会造成教育的不平等,实行免费义务教育则是解决教育不公平的一项措施。

在教育中,合理的功利教育需要政府的干预,为了提高整体国民的素质,普及教育势在必行。国家需要在公立教育和私立教育中保持一定的限度,公立教育为的是满足大多数人的需要,私立教育可以满足不同的社会阶层的教育需要。国家教育肩负着素质教育、科学教育、意识形态教育等功能,培养对社会和国家有用的人才是国家教育的初衷,德才兼备是国家教育培养人才的目标。

国家会带有一定的功利性目的干涉教育,意识形态是其显著标志之一。意识形态有贬义和褒义之分,马克思把意识形态看作一种虚假的意识,俞吾金先生把马克思的意识形态总结为,"在阶级社会中,适合一定的经济基础以及竖立在这一基础之上的法律的和政治的上层建筑而形成起来的,代表统治阶级根本利益的情感、表象和观念的总和,其根本的特征是自觉地或不自觉地用幻想的联系来取代并掩蔽现实的联系"[1]。在哲学词典中,意识形态"是一组指导社会和政治行动但没有得到理性检验的相互联系的价值判断"[2],列宁把马克思主义看作是科学的意识形态,拉雷恩在《意识形态概论》中赋予意识形态以正面的含义,认为意识形态"是严谨的观念的科学。由于克服了宗教和形而上学的偏见,它可以作为公共教育的新的基础"[3],这里的意识形态是从正面的角度来探讨。

意识形态教育要控制在合理范围,不能把意识形态斗争扩大化,但是也不能忽视意识形态教育的重要性,盲目地追求所谓的思想自由,认为意识形态教育已经过时了,合理的意识形态教育在当今社会是有必要的。在阶级社会中,合理的意识形态教育有利于形成共同的价值观,促使人们遵守已经建立起来的公共秩序,有利于统治阶级的统治。

---

① 俞吾金著:《意识形态论》,人民出版社,2009年,第131页。
②③ [英]尼古拉斯·布宁、余纪元编著:《西方哲学英汉对照词典》,人民出版社,2001年,第470页。

在中国，马克思主义是合理的意识形态，也是我们行动的指导思想。进行思想道德的意识形态教育有利于对社会主义核心价值的认可，并形成社会主义核心价值观，引导人们形成自己的世界观、人生观和价值观，从而去指导人们现实的行动。意识形态的教育有利于人们形成相同的价值观，团结一切可以团结的力量，为建设中国特色社会主义而共同奋斗。我们所处的社会是一个信息急速增长的社会，迅速传播的形形色色的思想正在影响着人们的世界观和价值观。西方文化传播会对我们的思维方式形成很大的影响；国内的一些敌对势力也会散布一些不利于社会主义建设的言论，企图破坏中国特色社会主义建设或分裂国家；随着改革开放进程的加快，国内贫富差距在个别地区逐渐扩大会引起社会不满情绪。这些问题都会影响中国特色社会主义建设的进程，这些问题的解决迫在眉睫。积极推进意识形态教育是件利党、利国、利民的大事，它能够加强党的执政能力、提高人民的思想水平、发展社会主义市场经济和构建和谐社会。

意识形态教育要分清思想教育的主次。要保持马克思主义的主流意识形态，同时繁荣社会主义的各种先进的文化。当今是全球化的时代，不同民族、不同国家具有不同的意识形态，价值多元化是一个发展的趋势，马克思主义、自由主义、保守主义等等思潮同时存在。一个国家的意识形态教育要结合本国的实际国情制定政策，并贯彻实行，不能不顾实际情况而盲目的追求抽象的自由、平等、博爱。实事求是，一切从实际出发，理论联系实际是马克思主义的灵魂，我们在意识形态教育方面要坚持这个原则，

意识形态的教育是一种广义的教育，"作为群体信仰系统的意识形

态,对于社会舆论、态度和价值观的形成来说是一种潜在力量"①,意识形态教育不能仅仅局限于学校,社会舆论、媒体、网络、电影、报纸等都是意识形态教育的方式,我们要力求形成一种以马克思主义作为主流意识形态,其他思想文化并存的价值多元化的百花齐放、百家争鸣的状态。

合理的教育功利应当以现实的个人的实践活动为基础,以个人的自由全面发展为长远教育目标,并根据当前的社会条件对眼前教育目标进行适当调整。把人文与社科的协调发展作为实现的途径,以改革为发展动力,调整好教育的个人功利和社会功利关系,考虑好个人以及社会的眼前和长远功利,兼顾到功利教育的可能性和可接受性。在具有层次性或差别性社会中,无法避免教育的功利性,合理利用教育的功利作用可以作为促进教育发展的动力。总之,在差别社会中,无法避免教育功利性的存在,我们要采用历史的、辩证的方式来看待功利教育,并合理地利用好教育的功利性。

第三节　功利主义教育与我国的教育改革

通过前面我们对功利主义教育困境和限度的探讨,我们知道了功利主义教育在现存的社会中无法避免,它是在有差别的社会中一直存在的现象。功利主义教育中存在着很多的缺点,但同时也具有其很多优点,我们应用辩证的态度来看待它,因为它能给予我国的教育带来很多启示。本节将从教育的起点、目标、实现途径和动力四个方面来探讨功利主义教育对我国教育改革的启示。

---

① [美]杰拉尔德·古特克著:《哲学与意识形态视野中的教育》,陈晓端译,北京师范大学出版社,2008年,第174页。

一、教育改革要以现实的个人的实践为起点

功利主义从经验主义出发,不能正确认识体力劳动和脑力劳动在社会发展中的作用,功利主义者注意到脑力劳动在人类社会发展中的巨大作用,而忽视了体力劳动对人类社会发展中的巨大功绩,导致在教育中过于强调脑力劳动,而忽视了体力劳动,这体现为重视具有文化知识的精英,忽视进行体力劳作的劳动人民。在社会发展的动力问题上,功利主义教育强调的是智力作用,认为智力是促进社会发展的根本原因,而马克思强调的是生产力在社会发展中的作用。功利主义过于强调智力的作用导致忽视了体力劳动在人的发展中的作用,约翰·密尔认为"宁愿成为不满足的苏格拉底,也不愿成为一个满足的白痴"①,人有更高层次的需要,在追求更高层次时会得到更高层次的满足。功利主义从人的自然属性出发,把快乐看成是人性追求的一个目标,约翰·密尔已经看到了从自然属性出发来探讨快乐有把人降低到动物的危险,所以他强调人具有更高层次的追求,这就是他在《论自由》中探讨的对自由的追求,所以说在他的思想中自由是比快乐更高一个等级的追求。

功利主义从经验出发,认为资产阶级的利益具有普遍性,把资产阶级的利益看成为全社会利益。"我们第一次在边沁的学说里看到:一切现存的关系都完全从属于功利关系,而这种功利关系被无条件地推崇为其他一切关系的唯一内容;边沁认为,在法国革命和大工业发展以后,资产阶级已经不是一个特殊的阶级,而已成为这样一个阶级,即它的生存条件就

---

① ［英］约翰·斯图亚特·穆勒著:《功利主义》,叶建新译,九州出版社,2007年,第25页。

是整个社会的生存条件。"①因此功利主义教育是从资产阶级的利益出发，而没有考察社会中现实的个人的实际状况，不能把现实的个人作为教育理论的出发点，因此，这种教育理论具有片面性。

由于把经验主义看作是认识论的基础，注重个人的感官感觉，所以英国人推崇个人原子主义，把个人利益放到集体利益之前，无法达成一种普遍利益。"但英国人没有普遍利益，他们要谈普遍利益就不能不触及矛盾这一痛处；他们不相信普遍利益，他们只有私人利益。……英国的活动则是一群独立的、彼此无干的个人的活动，是一堆毫无联系并很少作为一个整体行动的原子的运动，而且即使作为整体行动的时候也是为个人利益所驱使。目前的普遍贫困和极端分散就是这些个人之间缺乏统一的表现。"②英国人重视个人利益，功利主义者认为每个人为了自己的利益实现最大化去发挥个人能力，实现了社会利益最大化，总量做大了，个人自然就会获得更多的幸福，人人为己就是人人为社会，这是一种个人原子主义。与此相对的是黑格尔的国家整体主义，黑格尔认为国家这个伦理高于个人，个人只有在国家这个伦理中才能实现自己，他反对自由主义个人先于国家的个人原子主义思想。在这里，恩格斯谈到了法国人把国家当作人类普遍利益的形式，把唯物主义当作绝对正确的东西来对待，所以法国的经验主义与英国的经验主义是不同的。法国的活动与民族的活动是统一的，所以没有矛盾，而英国的经验主义与怀疑论导致了矛盾，他们不相信普遍利益，英国的这种思想会导致个人利益和普遍利益之间无法调和的矛盾。在教育中体现出绅士教育和功利教育、科学教育的矛盾，绅士

---

① 《马克思恩格斯全集》(第3卷)，人民出版社，1995年，第483页。
② 中国社会科学院民族研究所编：《马克思格斯论民族问题》，民族出版社，1987年，第23～24页。

教育为的是一种荣誉精神、绅士风度，体现的是传统的教育培养模式，功利教育和科学教育在 19 世纪的英国体现的是现代性的教育思维模式，为的是适应社会的发展需要，以个人原子主义为原则的英国思想都会为了自己的利益而争取权利，这导致矛盾凸显，当然经验主义的思维模式只是其中的主要原因之一，其他因素还有私有制、自由竞争等因素。

经验主义的感觉经验不能作为我们教育的起点。理性主义站在经验主义的对立面对经验主义进行了批判。从认识的来源上看，理性主义认为知识的来源不是作为个别性的感觉经验，人的感觉因人而异，而且有时候还具有欺骗性，所以不是真实可靠的，而是具有一般性的天赋观念或者是人的理性。从知识的确定性问题上看，理性主义者认为经验主义把个别或者是特殊的事物的感觉经验认识看成是确定的知识，经验主义的命题是一种特殊命题而不是普遍命题，而这种知识不具有普遍必然性和确定性。从知识的获得方法上看，经验主义获得知识的方法主要是归纳法，而归纳法是从众多的个别中去获得知识，无法达到具有普遍必然性的一般知识，而正确的方法则是通过人类大脑中的天赋观念，运用演绎的方法去获得知识。从人类认识的范围上看，经验主义认识的范围局限于人的感觉经验，无法正确地认识经验范围以外的知识。同时理性主义还批评经验主义在认识中只是一种被动的反映，缺乏主观能动性。理性主义看到了经验主义从感觉经验出发的弱点，他们相信天启和不证自明知识的重要性。经验主义的纯粹感觉经验和理性主义的天赋观念出发都无法正确解决自由与必然的关系。

马克思主义从现实的个人的实践出发对经验主义进行了批判，认为经验主义把经验看作是知识的唯一来源，通过归纳的方式对经验进行总结，但是并没有把事物之间和事物内部固有的联系和规律揭示出来。同时对社会发展的规律习惯于通过实证的手段去论述和讨论，崇尚个人主义或自由主义,并未形成正确的社会历史观,而易于形成一种英雄史观,未能真正理解人民群众在历史发展中的作用。经验主义由于研究的是经验事实,未能合理的或者是没有运用辩证法进行指导实践,所以不能正确的解释现象后面的本质和科学规律。

经验主义"只是把生活中外部表现出来的东西,按照它表现出来的样子加以描写、分类、叙述并归于简单概括的概念规定之中"①,这是马克思对英国古典政治经济学的经验主义思想的批判。经验主义注重量的变化,而没有看到从量变到质变的过程,如在边沁和詹姆斯·密尔那里就只注重幸福的量的积累,而不注重不同质的幸福的不同层次,有人就批评边沁的快乐主义幸福观是一种自然主义。后来约翰·密尔注意到了质的不同对人的作用,进而强调质的提升对幸福的作用。

马克思吸取了经验主义中的合理成分,同时吸收了辩证法和理性主义中的一些思想,创造性的形成了自己的理论体系。从现实的经验事实出发进行研究才是科学认识的出发点,后来马克思的以现实的个人的实践活动为基点的思想蕴含着经验主义思想。

马克思在谈论培根的现代实验科学时说:"科学是实验的科学,科学就在于用理性方法去整理感性材料。归纳、分析、比较、观察和实验是理性方法的主要条件"②,马克思认为经验可以作为实验科学的基础。R. 赫德尔森认为"按当代分析科学哲学所使用的'经验主义'的含义来说,马克思的社会科学与马克思的科学哲学都是经验主义的"③,但是这种经验主义并不是单纯的传统的经验主义,而是经过理性的、辩证的改造经验主

① 《马克思恩格斯全集》(第26卷,第2册),人民出版社,1973年,第182页。
② 《马克思恩格斯全集》(第2卷),人民出版社,1995年,第163页。
③ [澳]R.赫德尔森:《马克思的经验主义》,《国外社会科学》,1983年第3期。

义,马克思是在批判继承经验主义的基础上超越了经验主义。

经验主义并不是完全错误的一种认识论方式,经验可以作为科学的基础,但是需要理性和辩证法的加入方能打破它自身的局限性。马克思以现实的个人的实践作为教育的出发点,是由于他从社会现实出发来讨论人性,"人的本质不是单个人所固有的抽象物,在其现实性上,它是一切社会关系的总和"①。

马克思在《资本论》中写道:"要改变一般人的本性,使它获得一定劳动部门的技能和技巧,成为发达的和专门的劳动力,就要有一定的教育和训练",马克思以现实的个人为主体,认为人性是随着社会的发展而改变,其中教育和训练是人性改变的必要条件,在这里马克思强调教育和生产劳动实践相结合的原则。

马克思主义哲学从现实的个人出发这一观点经历了一个过程。在《1844 年经济学哲学手稿》中,他是以人的类本质出发讨论问题,在《神圣家族》中是以利己主义的人出发探讨问题,到了《德意志意识形态》则转变为从现实的个人出发去论述其思想,把人从抽象的类出发转变为从现实出发。"现实的个人作为主体,其活动的目的亦是对于从抽象的个体出发和从抽象的总体、类出发的目的的扬弃与综合"②,"以'现实的个人'为出发点,把实践理解为这种主体在一定的物质条件制约下和在一定的交往关系形式中的能动的活动,马克思就最终既辩证又唯物地解决了思维与存在、自由与必然的关系问题"③。"文革"中我们没有坚持好"实践是检验真理的唯一标准"这个指导思想,没有坚持好从实践出发看待问题,

---

① 《马克思恩格斯选集》(第 1 卷),人民出版社,1995 年,第 60 页。
② 陈晏清、王南湜、李淑梅著:《马克思主义哲学高级教程》,南开大学出版社,2012 年,第75 页。
③ 同上,第 76 页。

导致了很多错误的产生,"文革"结束之后,进行了一场真理标准问题大讨论,经过讨论之后,又把"实践是检验真理的唯一标准"作为我们行动的指南,这是对马克思主义思想的一种运用和发展,事实证明把实践作为真理的标准是正确的。人类的活动都是以现实的个人为主体的实践活动,教育也不例外,教育活动要以现实的个人的实践为出发点。

以经验主义为基础的功利主义教育有其局限性,但是其中的内容却并不一定都是不好的东西,功利主义教育思想中的很多内容却是具有极大的启发性。教育离不开人类自身的教育经验,但是不能完全依靠经验来指导教育,要以现实的个人的实践为出发点研究教育,探寻教育规律,寻求教育中自由和必然的关系,形成科学的教育理论,以此来指导教育实践,这就是实践—认识—再实践—再认识的过程。

二、教育改革要以人的自由全面发展为目标

前面是对教育起点的讨论,认为经验主义的感官经验虽然具有其可取之处,但是不能把教育的起点建立在其基础之上,教育的起点是现实的个人的实践。接下来将讨论教育目标,即人的自由全面发展,我们要用发展的眼光看待教育,探求教育中共性与个性的关系,力求达到真、善、美的统一。

教育的最终目的是促进人的发展,达到个人发展与社会发展的和谐统一。"教育具有促进社会发展的工具价值与促进人的发展的内在价值,这两方面以促进人的发展为出发点和归宿,达到两者的统一,因为人的发展一刻也离不开社会。"①马克思对人的自由全面发展做出过论述,要培

---

① 刁培萼、丁沅编著:《马克思主义教育哲学》,华东师范大学出版社,1987年,第9页。

养人的一切属性,"培养社会的人的一切属性,并且把他作为具有尽可能丰富的属性和联系的人,因而具有尽可能广泛需要的人生产出来——把他作为尽可能完整的和全面的社会产品生产出来(因为要多方面享受,他就必须有享受的能力,因此他必须是具有高度文明的人)"①。马克思认为教育要促进人的全面发展,人是一切社会关系的总和,教育培养的是社会的人的一切属性,既包括人的体力方面的发展又包括脑力劳动的发展,既包括人的物质需要的满足,也包括人的精神需要的满足。

人类具有自我发展的能力。马克思认为"人不是在某一种规定性上再生产自己,而是生产出他的全面性;不是力求停留在某种已经变成的东西上,而是处在变异的绝对运动之中"②。人是历史的产物,人是在生产劳动实践过程中不断实现自己并发展自己,不同的社会历史阶段对人的要求是不同的,人的自由全面发展始终是一个过程,没有终点或结束,人的教育只不过是在历史过程中的一个点,在历史中产生,在历史中消失。个人的教育发展对自身来说是全部,但是对于社会历史的长河来说显得又是那么短暂。李德顺先生认为"个人的全面发展,实质是要每个人按照自然界和社会前进发展的客观规律全面地提升自己,丰富自己的需要,提高自己的能力,抛弃过去造成的一切鄙俗的享受趣味,而成为面向未来的全面发展的人"③。

功利主义者则偏重于脑力劳动,在边沁的主要教育著作《优秀文摘选集》中很少提到劳动教育,在《詹姆斯·密尔论教育》中,詹姆斯·密尔已经看到了劳动对人的影响,他把劳动看作是影响未来的一种环境,可以通

---

① 《马克思恩格斯全集》(第46卷上),人民出版社,1979年,第392页。
② 同上,第486页。
③ 李德顺著:《价值论》,中国人民大学出版社,2007年,第432页。

过对身体上的肌肉的运用来获得面包。劳动容易被它的质量和数量所伤害,劳动质量的好坏会影响到人的心灵,在文明和艺术的发展进程中,受雇佣的人们越来越不喜欢劳动,劳动的分工或细分是其主要原因,这限制了劳动者关注的对象十分少,思想的范围非常狭窄,以至于心灵得不到各种各样的训练,而几乎所有的卓越的精神都依靠于这种训练给予养料①。

劳动为人类提供食物,并且从劳动中可以获得智力的提升。詹姆斯·密尔赞成数量最多的阶级应该尽可能的获得更多的知识,他们不能孤苦伶仃,如果他们孤苦伶仃,那么所有的阶级将是邪恶、所有阶级是可恨的,而且所有的阶级都不会幸福。如果被绑定到劳动上,他们将没有时间去获得知识和进行智力的练习,例如小马如果进行劳动则会失去它的价值,人类在 15 或 16 岁之前不能进行劳动,而应该主要进行智力教育,以便去获得更多的知识。② 他从最大幸福原则出发,看到了劳动阶级的教育的重要性。他认为劳动环境能够促进智力发展,但是没有看到体力和智力相互促进的辩证关系,认为孩子过早地进行劳动会影响到人的智力的发展,因此他割裂了体力和脑力发展之间的关系。

詹姆斯·密尔只是看到了劳动对人的生理和心灵的影响作用,以及对工业发展的作用,只是把劳动质量和数量看作为人的教育中所需要的物理环境来看待,并没有把劳动作为独立发展的一部分去发展,劳动只是作为人的智力发展的一个工具,但没有看到劳动对人的发展所起到的决定性作用。在他对儿子约翰·密尔的教育中,几乎没有劳动教育,这一点在约翰·密尔写的《自传》中可以看到。

约翰·密尔在教育中重视脑力劳动轻视体力劳动方面走得更远,在

---

① Burston. W. H., *James Mill on Education*, Cambridge University Press, 1969, p. 89.
② Ibid., p. 107.

著作《代议制政府》中,他把智力的发展看作是政府好坏的主要因素,并建议复数投票制,拥有文化的人可以投复数票,而没有文化的人没有投票的权利;在《论自由》中把智力的发展看作是人类实现自由最重要的因素之一;在《功利主义》中希望宁愿做痛苦的苏格拉底,也不愿意做快乐的猪。这种重视脑力轻视体力的倾向在其他著作皆有体现,如在《政治经济学原理》《自传》等作品中经常看到,这实际上是约翰·密尔的精英主义思想的一种反映。他对待历史持一种英雄史观,把英雄或者是天才人物看作是社会发展的主要因素,从某种程度上忽视了劳动阶级在社会历史发展中的作用。

劳动创造了人,促进劳动工具的产生,并创造了自身的历史。"整个所谓世界历史不外是人通过人的劳动而诞生的过程"①,自从能够制造和使用工具开始,人类就产生了,人从自然界分化出来,交往促使个体成为群体,社会化的交往促进了人类语言的产生,并产生了文化和促进了人类思维的发展,文化的传承则又促使教育的产生。

科学的发展和机器的大规模运用导致了对教育的大量需求,为了促使工人能够适应工业的快速发展,不同的思想家提出了不同的想法,功利主义者以最大幸福为原则要求,提出了教育要为了这个目标而努力的方案,马克思则是从工人阶级的立场出发,以现实的人的实践活动为基础,提出了教育为了实现人类解放而奋斗的目标。

我们可以从自然、社会和思维的角度来探讨人的自由全面发展,自然教育是通过人与自然的交往而形成的一种关系,他需要劳动这个中介,"从唯物辩证法的观点看,在自然界与人类社会中普遍存在着联系,而普遍联系又总是通过各种特殊联系表现出来,这种特殊联系的手段(或环

---

① 《马克思恩格斯全集》(第 42 卷),人民出版社,1979 年,第 131 页。

节)可以称之为'中介现象'"①。这说明具有普遍联系的万事万物并不总是具有直接的联想,而是具有条件性,需要通过中介来起作用,教育中尤其需要注意中介理论。在人与自然的联系中,人类通过劳动来改造和利用自然,当然也包括通过劳动来保护大自然,例如通过植树劳动来改变植被状况,培养人的环境保护意识,其中劳动就是联系人与自然的中介。马克思所讲的自然不是自在自然,而是人化自然,我们在改变自然环境的同时,人化自然也在改造着我们。劳动是人与自然的中介,通过自然教育,促使人们提高自己的体力和智力水平,提高人的科学文化水平,促进生产力的发展。

社会教育是处理人与人之间关系的一种教育,个体社会化,达到德智体美的和谐统一。"就单个人而言,个体社会化过程就是接受和选择社会价值并把文化上得到公认的思想、感情和行为内化的过程。"②交往是道德教育的主要方式,在交往中实现自己和他人的价值。"社会是理解人本身、理解人的一般本性的出发点"③,社会也要通过劳动实践来进行教育,人与自然之间通过劳动关系促进生产力的发展,在社会中人与人之间的关系所体现的是一种生产关系,生产力决定生产关系,生产力和生产关系之间的矛盾促进人类社会的发展。

在詹姆斯·密尔对儿子的教育中,对社会教育就不太重视,把约翰·密尔局限于通过功利主义原则进行的家庭式教育。如果把约翰·密尔去法国的旅行看作是自然教育的话,那么詹姆斯·密尔几乎就没有给予约翰·密尔多大的社会教育的空间。当然,在后来约翰·密尔踏入社会之

① 刁培萼、丁沅编著:《马克思主义教育哲学》,华东师范大学出版社,1987年,第76页。
② 同上,第10页。
③ 同上,第55页。

后,自己从社会中获得教育,补上了这一方面的遗憾。约翰·密尔则十分看重社会教育,把社会制度看作是培养人的道德的一个熔炉,人们在社会交往中学会了人与人之间的和谐相处。他把代议制民主看作是当前最好的社会制度,在这种制度下,个人和社会都拥有良好的发展空间,他在《文明》中提出了自己对文明社会发展的担忧,担心过度的商业化会导致道德的沦丧,以及个人活力的减少导致个性的丧失等问题。约翰·密尔推崇的民主社会是资产阶级的民主,并把没有文化的劳动阶级排除在民主的体系之外,没有文化的穷人甚至没有投票的权利,所以他所说的教育环境的社会背景是有限的代议制民主,而不具有普遍民主的性质,这是他的局限性。

思维教育的目标是培养具有创新精神和创造能力的人才,从教育的价值角度来说是传承知识,更高的价值在于促进人的创造力的发展,培养人的个性。功利主义者也非常强调人的首创精神和首创能力,强调个性培养的重要性,约翰·密尔在《论自由》中多次谈到首创性对个人进步和社会进步的作用,认为具有首创精神的天才在社会发展中起到决定性作用。功利主义培养的具有首创性的人才主要指具有一定文化知识的资产阶级,这一点与马克思的个性理论不同,马克思的个性理论所涉及的范围要广,不仅仅局限于天才或者是拥有良好的知识的人,而是包括所有的无产阶级乃至全人类。思维教育要培养具有创新性的人才,不但应当懂得什么是创新性思维,而且要懂得如何思维。

谈人的自由全面发展就会涉及教育的共性与个性的关系问题,全面发展不是什么都要学习、什么都要懂,而是要用重点论的态度来看待和把握人的发展规律和方向,在适应人的发展规律的同时也要强调人的社会性。约翰·密尔在《精神科学的逻辑》中认为,人没有普遍性格,但可以研究性格形成的普遍规律。在《论自由》的第三章"论个性为人类福祉的因素之一"中,他探讨了个性在个人进步和社会进步中的作用,并提高了个性在人类发展中的作用,认为个性和发展乃是一回事,个性的发展需要自由环境才能产生,并且个性需要经常的运用才能发展。拥有个性的人则会具有不同的看待世界的观点,将具有个人自动性和首创性的有个性的天才看作是社会发展的主要动力(这与他把智力看作是社会发展的动力的思想一致)。他更加关注个性的发展而轻视共性的发展,他认为具有个性的首创性才是社会发展的根本动力,没有个性教育的社会就是一潭死水,"现有的一切美好事物都是首创性所结的果实"①。这看到了天才的作用,但是又夸大了天才的作用,这是由于受到古希腊英雄史的影响而持一种英雄史观,没有看到群众或者是忽视了群众在历史中发展中的作用。这种思想看到了人的主观能动性的作用,但是从某种程度上忽视了事物发展的客观必然性。对个性的推崇与约翰·密尔所处的时代密切相关,他处在资本主义快速发展的时期,为了促进经济的快速发展,人们极力推崇个人主义方式的个人奋斗,主张思想自由和行动自由,坚持一种无政府状态的自由放任主义,而具有这种个人奋斗资格的往往是资本家,穷人是没有什么资本去进行个人奋斗的,所以他强调的个性只是部分人的个性,具有历史局限性。

我们要辩证地看待教育中个性和共性的关系,不要偏废一方,而重视另一方。共性寓于个性之中,个性要比共性丰富多彩。在教育中,共性培养的主要是一种团结合作的精神,个性培养的主要是一种创造性的精神,当然个性并不是一种天马行空、特立独行的性格。共性教育是以社会的稳定为目标的教育,而个性教育则是以社会发展为目标的教育。为了保持社会的秩序和发展之间的平衡,在教育中要保持个性教育和共性教育

---

① [英]约翰·密尔著:《论自由》,许宝骙译,商务印书馆,2012年,第77页。

的张力。共性保持人与人之间的交往具有共同的领域,利于沟通,这是基础;个性保持人与人之间差异性,差异性导致人与人之间会出现一些矛盾,在解决矛盾的过程中促进了事物的发展,因为矛盾是事物发展的动力。

教育要为人类的自由服务,自由是真、善、美的统一,马克思的真、善、美和功利主义的真、善、美是不同的。真是一种对真理的追求,马克思的"真"是通过人的现实劳动实践活动中得出来的,而功利主义的"真"则是通过所谓的思想自由和讨论自由中获得的;善是把人的价值尺度运用到客观事物上去,马克思的"善"是站在无产阶级的立场上,目标是为了全人类的解放而提出的,而功利主义的"善"是站在资产阶级的立场,以同情心为基础,把人的情感看作善的主要来源;在马克思那里,"美"是真和善的统一,"美是对真和善的有限性的一种补偿"[1],在功利主义者那里,美是一种类似于善的东西,如约翰·密尔就认为:"只要美的修养是真正的修养,不是一种盲目的本能,善与美的修养之间就有某种亲近的性质"[2]。他同意歌德的说法,"所谓美,是完成了的善;是把善作为其整体中次要的、使之达到完整的东西"[3],并没有看到美是真和善的统一,但是已经认识到美是比善更高的一种状态。总之,马克思对真、善、美的问题进行了很好的研究,"只有马克思才在实践的现实基础上,对真、善、美诸范畴作出合理的规定,建构起真、善、美统一的哲学大厦,以真、善、美统一的原则导引人类生活,使人类不断扩大自由"[4]。

① 陈晏清、王南湜、李淑梅著:《马克思主义哲学高级教程》,南开大学出版社,2012年,第350页。
②③ [英]约翰·密尔著:《密尔论大学》,孙传钊、王晨译,商务印书馆,2013年,第84页。
④ 陈晏清、王南湜、李淑梅著:《马克思主义哲学高级教程》,南开大学出版社,2012年,第349页。

人的自由全面发展不是漫无目的地在所有领域都有所发展,人的精力是有限的,自由全面发展要遵循具体问题具体分析的方法,针对不同的人采取不同的教育方式,传授不同的教育内容。自由全面发展不能对所有的科目内容一概而论,而是要用重点论和两点论的思想来指导教育。自由全面发展就是要平等重视体力劳动和脑力劳动,使体力劳动和脑力劳动完美地结合在一起,正确处理教育中共性和个性的关系。我们要用发展的眼光看待人的自由全面发展,解决最终目标和阶段目标之间的关系,最终实现的是教育的真、善、美的统一。

三、人文与科学协调发展是理想的教育途径

前面我们已经讨论了教育的起点和目标,接下来将要讨论的是教育的实现途径,首先探讨人文与科学的含义,再从科学知识与人文知识的统一、科学知识与科学精神的统一、人文精神与科学精神的统一三个角度来探讨人文与科学的协调发展。

人文与科学经历了融合—分离—再融合的过程。古代教育是人文与科学融合在一起的,如中国古代讲求学习的六艺,礼、乐、射、御、书、数,就是让人既懂得科学又懂得人文。古希腊的哲学家不但哲学思想比较丰富,而且懂得很多自然科学的知识,罗马课程有"七艺",即逻辑、语法、修辞、数学、几何、天文、音乐,既注重人的人文教育,又注重人的科学教育。近代由于自然科学的发展和工业革命的发生,人文教育在课程中的地位被科学教育所代替。当今,人们已经意识到人文教育与科学教育协调发展的重要性,人文与科学教育出现了融合的趋势。因此,人文与科学教育经历了融合—分离—再融合的发展过程,这种发展过程并不是简单的合分合,而是一种辩证的、历史的发展过程,可以预测,现今的再融合会在前

面的基础之上更上一个台阶。

英国 19 世纪以前的教育主要注重人文教育,且未忽视科学的发展,但是之后科学发展和工业革命等因素造成了科学与人文的分离。这种改变已经反映到功利主义对科学和人文的态度之中,在边沁和詹姆斯·密尔的教育中主要强调实用教育,看到了科学的作用,以功利性为原则,忽视了人文教育,约翰·密尔从自身的教育中看到了人文教育缺失对人的影响,他在《圣安德鲁斯大学的就职演讲》中提出了人文与科学协调发展的思想,其实质是博雅教育为主兼顾科学教育的自由教育,在文中他呼吁大学是培养真善美的地方。总之,19 世纪英国人文与科学之争便是科学发展与人文传统的一种体现。

知识量愈来愈大与分科越来越细化也是人文与科学教育不平衡的一大原因。在知识爆炸的今天,人们无法去获取更多的知识,因为人的能力是有限的,所以人们只能有选择地进行学习。对于受教育者的眼前功利来说,科学教育更能获得良好的经济效益,而且见效快,因此有些人出于急功近利的考虑就片面地强调科学的作用,而忽视了人文的作用。

当今重视科学教育,轻视或忽视人文教育的现象还相当普遍。市场经济发展的不健全,导致人们对经济的盲目崇拜,这是因为科学能够给人类快速地带来利益,尤其是物质利益,而人文对人的经济效用显现得相对要慢些。有部分人甚至认为人文教育对人的发展作用不大或者是根本没有,认为学习科学知识就足以够用,在一段时期内我国把科学作为教育重点,而忽视了人文教育,如"学好数理化,走遍天下都不怕","不懂 a、b、c,一样建设社会主义",这就基本上把人文教育排除在教育的内容之外。实际上,人文教育是形成人生观、世界观和价值观的教育,如果没有人文教育,作为主体的人将会失去其价值理性,而把自己降低到工具理性的层面,导致人自身成为一个工具而非目的,只知道我在活着,而不知道活着的真正目的和价值,容易造成精神危机或精神现象的迷失。很多教育家和科学家已经看到人文教育和科学教育分离所导致的严重后果,正在呼吁和探索人文与科学教育协调发展的理论和实践。我国著名科学家钱学森先生就说过,一个大写的人必须由两个支柱来支撑,即科学和人文。

人文主要指的是"社会制度、文化教育等社会现象"①,是人类在长期的实践活动中创造积累而形成的具有价值倾向的知识,科学是"关于自然、社会和思维领域的各种具体规律性知识的理论体系"②,我们探讨的人文与科学的协调发展主要是从这个意义上进行探讨。如今,很多教育家和学者已经看到人文教育和科学教育分离所导致的严重后果,正在呼吁和探索人文与科学教育协调发展的理论和实践。杨桂华教授把人的教育分三个层次,第一层次为人文知识和科学知识教育,第二层次为价值理性和工具理性教育,第三层次为人文精神和科学精神教育。③ 第一层次为基础,第二层次为发展,第三层次为最终目的,并认为在实践中会产生科学知识与人文知识分离,科学知识与科学精神分离,科学精神与人文精神分离,这三个分离导致无法培养成创新性人才。④ 受杨教授的启发,本书主要从以下方面进行探讨,即科学知识与人文知识的统一、科学知识与科学精神的统一、人文精神与科学精神的统一。

教育要促进科学知识与人文知识教育的统一,人文知识主要是关于社会制度、文化教育等社会现象的知识,是人类人文领域的知识,主要指的是人的精神领域的知识,包括哲学、文学、历史、宗教、道德、艺术、政治、

---

① 朱自强、高占祥等主编:《中国文化大百科全书》(哲学宗教卷),长春出版社,1993年,第125页。

② 刘炳瑛等主编:《马克思主义原理辞典》,浙江人民出版社,1988年,第603页。

③ 杨桂华:《科学教育和人文教育的分化与融合》,《中国高教研究》,2010年第9期。

④ 杨桂华:《"三个分离"回答"钱学森之问"》,《天津日报》,2010年8月2日。

法律等方面的知识,人文知识是人类文化积累的结晶,具有价值倾向,能够指导人们的行动。科学知识则是发现客观事物规律的一门学问,一般的科学知识具有确定性、实证性等特点,包括化学、物理、生物等知识,科学知识是中性的,不具有价值倾向。人文知识与科学知识既有联系又有区别,从联系的角度来看,两者都是在历史中不断发展的,而且都属于开放的体系;从区别的角度来看,人文知识的思维方式是发散性的,而科学知识的思维方式则主要是定向思维,一个是价值的选择,一个是事实的描述,科学知识回答的是世界是什么的问题,人文知识回答的是世界应当是什么的问题。人文知识为科学知识提供了理解的工具,科学知识为人文知识提供了一种事实证明,例如科学可以祛除迷信和愚昧。没有人文知识的科学知识是盲目的,没有科学知识作为基础的人文知识则是轻浮的。科学知识培养我们实事求是的科研方法和缜密的思维能力,人文知识培养我们的人文情怀和价值塑造,两者的结合才能培养出德才兼备的人才。因此,人文知识和科学知识都应该成为我们学习的知识,一个都不能偏废。

教育要求科学知识与科学精神的统一。我们已经讨论了科学知识与人文知识的关系,那么接下来要讨论科学知识与科学精神的关系。科学知识前面我们已经大体进行了论述,知道它是一种对事实的实事求是的描述,寻求的是一种确定性,而科学精神则并不如此。科学精神是一种追求真理、勇于创新的精神,对前人的成果具有追根问底、怀疑批判的精神,科学精神能够不断发现新的问题,解决新的问题,并形成科学知识,即揭示矛盾解决矛盾的过程,科学精神是贯穿于科学中的思想和灵魂。江泽民同志认为科学的本质是"创新",科学精神的基本要求是"求真务实,开拓创新",创新是科学精神的灵魂,也是民族进步的动力。胡锦涛于2010年6月7日在中国科学院中国工程院院士大会上的讲话中指出,"科学精神是科学技术的灵魂……必须大力弘扬求真务实、勇于创新的科学精神";习近平在 2008 年 5 月 4 召开的青年科技创新创业人才座谈会上要求青年科技工作者恪守科学精神,"要把普及科学知识、弘扬科学精神、传播科学思想、倡导科学方法作为义不容辞的社会责任"①。在科学的教育中不能只是灌输学生科学知识,传授学生科学研究的方法,更重要的还在于培养学生的科学精神。我们要用科学精神指导在现有的科学知识基础上进行的科学研究,去探求新的科学知识,没有科学精神的研究是盲目的,没有以科学知识为基础的科学精神则无根基。科学教育不仅要让学生知其然,还要让学生知其所以然,让学生懂得科学知识获得的方法,以及未解决或将要解决的问题,培养学生科学的思维方式和创新精神。

教育需要人文精神与科学精神的统一。人文精神是人类在利用自然、改造社会和发展自我的过程中形成的一种自我关怀,它重视人的价值和尊严,为人类的生存和发展提供价值支撑和终极关怀,通过人文精神的培养可以塑造理想的人格,人文精神追求的是一种自由的精神,追求的是善和美。科学精神是一种怀疑和创新的精神,寻求一种客观的知识,并且把握事物发展的规律性,以此来指导人们的生产实践,它追求的是真,它是一代又一代科学人在科学实践中总结出来的集体智慧的结晶。

唯科学主义与唯人文主义的倾向都不利于个人和社会的发展。前者看到了科学对于推动社会发展的巨大作用,忽视了人文在人格塑造中的作用,这种思想实际上是反科学的;后者则重视人文在人格塑造中的作用,忽视了科学对人类智力塑造和社会发展中的作用。

人文具有价值理性,科学具有工具理性,教育中人文和科学协调发展

---

① 中国科协党组:《新时期推动科技创新的行动指南——深入学习贯彻习近平同志关于科技创新的重要论述》,《人民日报》,2014 年 8 月 11 日。

实际上就是试图寻求价值理性与工具理性的统一。科学精神是工具理性的精髓,而人文精神则是价值理性的精髓,科学精神和人文精神的协调发展本质上是工具理性和价值理性的协调发展。工具理性和价值理性统一于人的实践活动,工具理性是改造人的外部世界,价值理性则能够改造人的内心世界,"工具理性,是指基于改造外部世界的合理性……价值理性,是指一种信念与理想的合理性"①。工具理性是为了人类的生存,尤其是对物质方面的追求,近代科学的发展导致了工具理性的张扬,对物质的过度追求导致人被物化,或者说人的主体性被对象化,从而导致了价值理性的迷失。工具理性是我们认识和改造世界时,追求去实现人自身目的的一种手段,为的是实现效益的最大化。价值理性则是我们追求人生目的的最终目标,或者说是终极目标。前者是我们生存的基础和手段,后者是我们的理想和信仰,两者共同体现着对真、善、美的追求。工具理性和价值理性的统一也要求作为它们的精髓的科学精神和人文精神的统一。

科学具有研究和经济价值,能够促进人类智力的发展,它正在改变着人类的生活方式,人类从蒸汽时代、电器时代、信息时代,现在正在迈入太空时代,科学的发展也正在改变着人类的思维方式,世界变得越来越小,地球已成为一个地球村,从思维上我们把地球看的也越来越小。19世纪英国的功利主义就看到了科学对工业发展的强大推动力,他们从功利的角度出发,强调科学对人类智力的锻炼。初始边沁和詹姆斯·密尔忽视了对人文教育的重视,而约翰·密尔在看到了科学对人类智力塑造的价值的同时,也开始寻求科学的人文精神,这在19世纪的英国不能不说是一种进步。

科学精神具有普遍性,适用于人类的大多数,这是因为求真务实、开

---

① 卞敏著:《哲学与终极关怀》,光明日报出版社,2011年,第154页。

拓创新的科学精神基本上不具有鲜明的价值取向性,从某种程度上甚至是超越了价值取向。不同的社会则具有不同的价值诉求和信仰,因而也就具有不同的人文精神。当今是一个开放的时代,全球化趋势是一个不可阻挡的潮流,我们要以开放的心态看待科学精神和人文精神,批判地利用吸收各种文化成果,为造福人类做出积极的贡献。相对来说,科学精神具有世界性,而人文精神则具有民族性,它是不同的民族在社会历史中形成的一种具有民族特质的精神,不同的民族具有不同的人文精神。当今的世界是价值多元化的世界,不同的民族和国家可以通过交流去汲取不同人文精神中的精髓,促进人文精神的发展。

科学精神和人文精神具有互补性,不可分割。两者都是人类在历史的发展过程中形成的人类精神,它们之间是一种互动、互补、辩证发展的历史过程。科学精神是对"世界是什么"的一种追问,而人文精神则是对世界"应当是什么"的一种追问,一个是对事实判断的考察,一个是对价值判断的考察,科学精神不能回答作为应当的价值问题,因此需要人文精神进行价值引导,人文精神则需要科学精神的基础性作用。在某一段时间科学精神会占据优势,而在另一段时间可能人文精神会占据优势,这是对当时社会现实的一种反映,但是人文精神与科学精神的协调发展则是历史发展的必然趋势。

科学精神和人文精神的统一就是工具理性和价值理性的统一,这是人类的终极关怀,价值是相对于人来说的,科学精神与人文精神从某种意义上说是不可分割的,它们的最终目的都是追求真善美的统一。

我们重建人文精神需要确立合理的价值取向与价值导向,强化道德修养教育,主张大众文化的发展与引导,提高全民文化水平,加强制度建设。① 塑造有利于个人发展和社会进步的人文精神。两次世界大战显示了工具理性和价值理性分离的苦果,如果工具理性超越了价值理性,人们就会被科学的力量所迷惑,认为科学可以解决一切问题,但是事实证明科学是一把双刃剑,科学给人类带来幸福的同时也给人类带来灾难,科学需要人文进行价值引导才能发挥其合理的作用,因此人文与科学的协调发展是历史的必然。

科学知识与人文知识,科学知识与科学精神,科学精神与人文精神对人类均具有同等的价值,不能顾此失彼,而应该使它们成为有机的统一。人类将更加关注人类自身、关注社会、关注自然,教育将更加关注科学与人文的协调发展,充分发挥两者的作用,培养既有个性,又有创造力的人才。人的自由全面发展是人类教育所要实现的目标,"新世纪的教育将更加注重科学精神与人文精神的和谐,更加注重伦理道德的培育"②。科学精神与人文精神协调是教育发展的内在要求,也是教育发展的必然趋势。

人文与科学不是相互对立的关系,而是一种辩证统一的关系。人文为科学提供了价值导向和思考的前提,不懂人文人类将无法思考,科学为人文的发展提供了事实的判断,没有价值导向的科学会危害人类,科学的发展必须有人文价值作为指导。例如作为一种科学的克隆人技术,从人文的角度来看它会危及人类的伦理道德,所以世界上多个国家禁止了此项研究。所以说人文可以促使人们更好地理解科学,科学也会促使人们更好地理解人文,两者是人类发展的一体两翼,不可分割。马克思说:"自然科学往后将包括关于人的科学,正像关于人的科学包括自然科学一样:

---

① 丰子义著:《发展的呼唤与回应》,北京师范大学出版社,2009 年,第 221～225 页。

② 朱永新著:《朱永新教育作品》(第 6 卷),中国人民大学出版社,2012 年,第 320 页。

这将是一门科学"①,科学教育与人文教育协调发展才是教育发展的理想途径。

四、教育改革是教育发展的动力

当今是一个和平的时代,改革是社会发展的动力,教育改革是教育发展的动力。下面将从改革和教育改革的基本含义入手,以19世纪英国功利主义教育改革为例,探讨教育改革对我国教育发展的启示。

改革是解放生产力和发展生产力,改掉不合理的事物,完善不合理的制度,调整不合理的生产关系,使生产关系适应生产力的发展。改革的目的是为了社会发展的需要和人民的幸福所进行的,自觉地以从上而下、主动的方式对社会制度进行的局部调整。改革是社会发展的动力,在某种程度上,改革也是二次革命,但是改革的动荡程度要小于革命,它是在不触动社会根本制度的情况下,去解决不合理的现象和矛盾。改革的方式是一种和平渐进的方式,在不发生流血冲突的情况下实现的一种变革,因此不会对生产力造成极大的破坏,也不会危及人民的生命。改革成为当今社会发展所采取的较好的方式。总之,改革是为了解放和发展生产力,为人民谋幸福。

教育改革就是解决教育中的不合理现象,解决教育中存在的矛盾,使教育符合个人和社会发展的需要。著名的改革理论家哈维洛克曾对教育改革下过定义,认为"教育改革就是教育现状所发生的任何有意义的转变"②。

---

① 《马克思恩格斯全集》(第42卷),人民出版社,1979年,第128页。
② 冯文金主编:《现代教育学》,北京师范大学出版社,2012年,第399页。

人类的发展是一个过程,是从一个不完善的状态向完善的状态发展的过程,这个过程只是无限地接近目标,但是永远也不会达到完善状态。教育制度的发展也是一个过程,也会从不完善状态向完善状态发展,教育制度的最完善状态是能实现人的自由全面发展的状态。我们改革的目标是向着这个目标一步一步地迈进,人类社会也会随之不断发展和进步。教育改革包含制度调整和创新,"教育改革过程就是教育制度安排方面的创新与变迁的过程"[①],调整教育制度中不合理的因素,通过创新的方式使教育制度适应教育发展的规律。

教育改革要用历史的眼光来看待,教育改革要从现实出发,根据我国现实教育状况来制定政策,"有意义的改变"是教育一个判定标准。教育改革的出发点是好的,为的是人类的进步和发展,在教育改革的过程中有很多不可控的因素在起作用,所以教育改革的结果并不总是按照改革者所设想的目标迈进,有时是发展,有时是倒退,但是总的趋向是进步的。所以我们在教育改革中要以现实的教育实践为基础,不断地摸索教育规律,从实际出发,理论联系实际,争取教育有更大的发展。

19 世纪的英国是一个改革的时代,政治改革、经济改革、教育改革等都成绩显著,英国教育改革促进了教育的发展,促进了社会发展,教育改革是教育发展的动力。1828 年至 1842 年阿诺德领导的拉格比公学改革,强调道德和宗教思想、绅士风度和智力发展[②];导生制的实施在一定程度上解决了师资缺乏的现状;1833 年开始对教育进行资助,开始了对教育的干预;大力发展职业技术教育,为社会提供了很多拥有技术的人才;对大学教育进行了改革,建立了伦敦大学,推广大学运动,1850 年成

---

① 马建生著:《教育改革论》,安徽教育出版社,2007 年,第 33 页。
② 参见王承绪主编:《英国教育》,吉林教育出版社,2000 年,第 155 页。

立了皇家牛津和剑桥委员会,并对这两所大学进行调查和建议改革;大力发展师范教育事业,为教育提供了大量的师资。与此相对的是教育思潮的碰撞,科学教育、古典人文教育和功利主义教育思潮成为 19 世纪英国的主要教育思潮,这些思潮的碰撞与融合有力地促进了社会的发展和进步,并涌现出阿诺德、纽曼、赫胥黎、斯宾塞、詹姆斯·密尔、约翰·密尔等教育思想家,使英国的教育走在了世界的前列。英国在 19 世纪进行的改革措施适应了社会的发展,大学改革、教师培养、大众教育等改革措施起到了功不可没的作用。从某种程度上说,教育改革促进了教育的发展,而教育的发展又促进了社会的进步和发展。因此,教育改革成为教育发展的动力。

　　教育改革是一种利益格局的调整,"教育改革就是要改变人们之间在教育资源上的利益分配格局和关系"①。19 世纪英国的教育改革在很大程度上适应了各种利益群体的需要,从教育的数量上来说,教育的普及面扩大了,工人在很大程度上获得了更多的教育,资产阶级为了自身的利益,虽然从内心不愿意提高工人的素质,担心工人权利意识的提高会导致对自己的不利,但是为了经济利益就必须提高劳动者的科技文化素质。这也许符合功利主义者所说的当资产阶级在社会中为自己的利益而努力的时候,促进了社会总体功利的增长,客观上也促进了他人的幸福。从教育质量上来说,19 世纪英国的教育改革促进了民众素质的提高,尤其是大学教育改革和国家进行的普及教育促进了民众教育的提高。教育要调整好教育者与受教育者之间的关系,协调好个人、社会和国家的关系,教育改革的目的是注重效率又要注重公平,教育在追求效率最大化的同时,也要兼顾公平,要保持教育中效率和公平之间的张力。

---

　　① 　马建生著:《教育改革论》,安徽教育出版社,2007 年,第 43 页。

教育改革是教育资源的重新分配,即利益的重新分配,绅士教育的目的主要是为上层阶级服务,普通的民众很难得到教育,这阻碍了个人发展和社会进步,普通教育迫在眉睫,边沁和他的追随者赞成人民教育,提倡教育改革。① 资产阶级为了获得更大的利益也要求教育改革,通过提高工人的文化知识水平更好进行工厂劳动,提高劳动生产效率,获得更多的经济利益。教育改革适应了生产力发展的要求,缓解或解决了社会中存在的矛盾,满足了社会中大多数人的要求,所以说教育改革为的是适应社会的发展,它是时代的要求和呼唤。

功利主义者非常强调社会改革,他们非常看重教育改革,认为通过教育可以改变国民的知识水平和国民性,实现幸福最大化。边沁、詹姆斯·密尔、约翰·密尔都提倡大学改革,如宗派教学对大学的影响,实现大学的学术自由。边沁和詹姆斯·密尔对伦敦大学的创建出谋划策,他们还赞成导生制,以此来进行教育改革。约翰·密尔作为圣安德鲁斯大学的名誉校长,在《圣安德鲁斯大学的就职演讲》中系统论述了大学的功能、自由教育、课程改革等思想。可以说,教育改革一直是功利主义教育所贯穿的一个主题。

功利主义者的教育改革经历了从激进方式到折中方式的转变。边沁和詹姆斯·密尔的教育改革属于激进式的,他们为了实现教育的最大功利化,而过于重视科学教育忽视了人文教育。约翰·密尔通过自己的精神危机的经历体悟到了纯粹功利化的科学教育并不能使人类幸福,所以他的教育改革则是在重视人文教育的基础上进行以科学教育为主的实用教育,以力求达到人文与科学的和谐统一。在《圣安德鲁斯大学的就职演

① 参见[法]埃利·哈列维著:《哲学激进主义的兴起》,曹海军等译,吉林人民出版社,2006年,第303页。

讲》中,他还表达了将博雅教育与实用教育相结合的观点。总之,教育改革促进了教育的发展,推动了社会的进步,同时,教育改革也满足了大多数人的利益,改革是教育发展的动力。

改革开放以来,我国的教育事业取得了长足的进步,现已全面实现普及九年义务教育和扫除青少年文盲;职业教育也发展迅速,为国家培养了大批的人才;高等教育大众化的程度不断提高;教育公平成为衡量教育发展的一项重要指标,要求教育的起点、过程、质量和结果的平等,现正在为促进教育公平而努力。"中国教育发展的历史就是教育改革的历史,改革成为教育最大的红利,改革成为教育事业发展的强大动力,改革是教育迅速发展的成功经验"①,改革为教育的发展提供了机遇和挑战。

在看到教育可喜的发展成果的同时,我们也应当看到教育中存在的问题,如教育资源分配东部与西部差距大,城市与农村差距大;初级教育覆盖面有待提高;教育中应试教育严重,素质教育缺乏;大学学术自由与行政化的矛盾,教授治校与行政治校的矛盾;课程设置不合理,人文与科学不能协调统一;教育不公平现象还存在。教育改革是一种创新,其结果并不能完全按照我们的意愿去实现,改革是需要通过实践摸索的行动,没有什么固定的或者是确定的模式,我们一方面要吸收国外的先进经验,另一方面还必须要根据我国的国情进行有序的改革,既不能冒进也不能保守,我们要以开放的心态,实事求是的态度,通过教育实践探索出适合自己的一条教育改革之路。

马克思在《关于费尔巴哈的提纲》中指出:"哲学家们只是用不同的方式解释世界,而问题在于改变世界",因此一种理论只有转化为行动才

---

① 曾天山:《深化改革是推动教育事业科学发展的强大动力》(上),《人民教育》,2013 第5 期。

能发挥出它的力量,解释世界属于理论领域,而改造世界才是行动、是目的。改革是解放生产力和发展生产力,在现有的基础上,进行教育改革是迫在眉睫的事情,教育就是要适应或引领社会发展的潮流,满足社会发展的需要。"百年大计,教育为本",我们要把教育看作一个长期的重要的任务来抓,这不仅利于个人的发展,也利于社会的长远进步。

总之,教育改革是教育发展的动力,教育改革要以现实的人的实践活动为依据,以人的全面发展为目标,以科学和人文的协调发展作为改革之路,对待教育改革要注重其可行性和可接受性,要通过改革去营造良好的教育环境,用历史的、辩证的眼光看待教育改革,把教育改革看作是教育发展的良好动力。

参考文献

一、中文文献

（一）中文译著

1.［英］阿·莱·莫尔顿著:《人民的英国史》,谢琏造等译,生活·读书·新知三联书店,1976 年。

2.［英］阿拉斯代尔·麦金太尔著:《伦理学简史》,商务印书馆,2003 年。

3.［印度］阿玛蒂亚·森、［英］伯纳德·威廉姆斯主编:《超越功利主义》,梁婕等译,复旦人学出版社,2011 年。

4.［法］埃利·哈列维著:《哲学激进主义的兴起》,曹海军等译,吉林人民出版社,2006 年。

5.［英］安东尼·阿巴拉斯特著:《西方自由主义的兴衰》,曹海军译,吉林人民出版社,2004 年。

6.［英］安东尼·肯尼著:《牛津西方哲学史》(1—4 册),王柯平等译,吉林出版集团有限责任公司,2010 年。

7.［英］奥尔德里奇著:《简明英国教育史》,诸惠芳、李洪绪、尹斌苗译,人民教育出版社,1987 年。

8. [英]邦雅曼·贡斯当著:《古代人的自由和现代人的自由》,阎克文、刘满贵译,上海人民出版社,2005 年 。

9. [英]贝克莱著:《人类知识原理》,关文运译,商务印书馆,1973 年。

10. [英]边沁著:《道德与立法原理导论》,时殷弘译,商务印书馆,2012 年。

11. [英]边沁著:《政府片论》,沈叔平等译,商务印书馆,1995 年。

12. [古希腊]柏拉图著:《理想国》,郭斌和、张竹明译,商务印书馆,2009 年。

13. [英]伯兰特·罗素著:《权威与个人》,褚智勇译,商务印书馆,2010 年。

14. [英]蒂姆·摩尔根著:《理解功利主义》,谭志福译,唐冉校,山东人民出版社,2012 年。

15. [美]杜普伊斯、高尔顿著:《历史视野中的西方教育哲学》,彭正梅、朱承译,北京师范大学出版社,2008 年。

16. [美]杜威著:《我们如何思维》,伍中友译,新华出版社,2010 年。

17. [美]佛罗斯特著:《西方教育的历史和哲学基础》,吴元训等译,华夏出版社,1987 年。

18. [美]G. 墨菲、J. 科瓦奇著:《近代心理学历史导引》(上册),林方、王景和译,商务印书馆,2009 年。

19. [意]圭多·德·拉吉罗著:《欧洲自由主义史》,R. G. 科林伍德英译、杨军译,吉林人民出版社,2011 年。

20. [英]赫胥黎著:《科学与教育》,单中惠、平波译,人民教育出版社,1990 年。

21. [德]黑格尔著:《精神现象学》(上下卷),贺麟译,商务印书馆,

1997年。

22.［德］黑格尔著:《小逻辑》,贺麟译,商务印书馆,2011年。

23.［德］黑格尔著:《法哲学原理》,范扬、张企泰译,商务印书馆,2010年。

24.［澳］J. J. C. 斯马特、［英］B. 威廉斯著:《功利主义:赞成与反对》,牟斌译,中国社会科学出版社,1992年。

25.［英］J. S. 密尔著:《代议制政府》,汪瑄译,商务印书馆,2010年。

26.［美］吉拉尔德·古特克著:《教育学的历史与哲学基础——传记式介绍》,缪莹译,湖南教育出版社,2008年。

27.［美］杰拉尔德·古特克著:《哲学与意识形态视野中的教育》,陈晓端译,北京师范大学出版社,2008年。

28.［英］杰里米·边沁著:《论道德与立法的原则》,程立显、宇文利译,陕西人民出版社,2009年。

29.［英］金里卡著:《当代政治哲学》,刘莘译,上海译文出版社,2011年。

30.［德］康德著:《论教育学》,赵鹏等译,上海人民出版社,2005年。

31.［德］康德著:《道德形而上学原理》,苗力田译,上海人民出版社,2002年。

32.［英］肯尼斯·O. 摩根主编:《牛津英国通史》,王觉非等译,商务印书馆,1999年。

33.［德］卡西尔著:《人论》,甘阳译,上海译文出版社,2003年。

34.［英］理查德·普林著:《教育研究的哲学》,李伟译,北京师范大学出版社,2008年。

35.［英］列奥·施特劳斯·约瑟夫·克罗波西主编:《政治哲学史》,李洪润等译,河北人民出版社,1993年。

36.《列宁选集》(第 4 卷),人民出版社,1972 年。

37.[法]卢梭著:《爱弥尔》,李平沤译,商务印书馆,1978 年。

38.[美]罗尔斯著:《正义论》,何怀宏等译,中国社会科学出版社,2009 年。

39.[英]洛克著:《教育漫话》,傅任敢译,人民教育出版社,1985 年。

40.[英]洛克著:《政府论》,叶启芳等译,商务印书馆,1997 年。

41.[英]洛克著:《人类理解论》,关文运译,商务印书馆,1983 年。

42.[英]罗素著:《西方哲学史》(下),马元德译,商务印书馆,1981 年。

43.[美]玛莎·努斯鲍姆著:《告别功利——人文教育忧思录》,肖聿译,新华出版社,2010 年。

44.[英]迈尔森著:《密尔与论自由》,王静译,大连理工大学出版社,2008 年。

45.[加]迈克尔·富兰著:《变革的力量——透视教育改革》,教育科学出版社,2006 年。

46.[德]马克思、恩格斯著:《马克思恩格斯论教育》,马克思恩格斯论教育编译组编译,人民教育出版社,1985 年。

47.《马克思恩格斯论民族问题》(上册),民族出版社,1987 年,第 23 页。

48.《马克思恩格斯全集》(第 1 卷),人民出版社,1995 年。

49.《马克思恩格斯全集》(第 2 卷),人民出版社,1995 年。

50.《马克思恩格斯全集》(第 3 卷),人民出版社,1995 年。

51.《马克思恩格斯全集》(第 22 卷),人民出版社,1995 年。

52.《马克思恩格斯全集》(第 23 卷),人民出版社,1972 年。

53.《马克思恩格斯全集》(第 42 卷),人民出版社,1995 年。

54.［英］纳希著:《道德领域中的教育》,刘春琼等译,黑龙江人民出版社,2003 年。

55.［美］奈尔・诺丁斯著:《教育哲学》,许立新译,北京师范大学出版社,2008 年。

56.［英］尼古拉斯・布宁、余纪元编著:《西方哲学英汉对照词典》,人民出版社,2001 年。

57.［英］《欧文选集》(第 1 ~ 3 卷),商务印书馆,2011 年。

58.［英］乔治・摩尔著:《伦理学原理》,长河译,商务印书馆,1983 年。

59.［英］乔治・萨拜因著:《政治学说史》,邓正来译,上海人民出版社,2009 年。

60.［英］斯宾塞著:《教育论》,胡毅译,人民教育出版社,1962 年。

61.［美］斯普林格著:《脑中之轮:教育哲学导论》,贾晨阳译,北京大学出版社,2005 年。

62.［美］苏珊・李・安德森著:《密尔》,崔庆杰、陈慧颖译,中华书局,2003 年。

63.［英］索利著:《英国哲学史》,段德智译,山东人民出版社,1996 年。

64.［美］汤姆・L. 比切姆著:《哲学的伦理学——道德哲学引论》,中国社会科学出版社,1990 年。

65.［英］梯利著:《西方哲学史》,葛力译,商务印书馆,1995 年。

66.［英］W. C. 丹皮尔著:《科学史及其与哲学和宗教的关系》,李珩译,张今校,广西师范大学出版社,2001 年。

67.［英］瓦伊尼(Winey, W.)著:《心理学史:观念与背景》,世界图书出版公司北京公司,2008 年。

68. ［英］威廉·托马斯著:《穆勒》,李河译,中国社会科学出版社,1992 年。

69. ［美］威廉·V.斯潘诺斯著:《教育的终结》,殷杲译,江苏人民出版社,2006 年。

70. ［英］肖恩·塞耶斯著:《马克思主义与人性》,冯颜利译,东方出版社,2008 年。

71. ［英］休谟著:《人性论》,商务印书馆,1980 年。

72. ［英］休·塞西尔著:《保守主义》,杜汝楫译,马清槐校,1986 年。

73. ［德］雅斯贝尔斯著:《什么是教育》,邹进译,生活·读书·新知三联书店,1991 年。

74. ［英］伊·勒·伍德沃德:《英国简史》,上海外语教育出版社,1990。

75. ［英］以赛亚·伯林著:《自由论》,胡传胜译,译林出版社,2003 年。

76. ［美］约翰·杜威著:《民主主义与教育》,王承绪译,人民教育出版社,1990 年。

77. ［英］约翰·格雷、G.W.史密斯著:《密尔论自由》,樊凡、董存胜译,吉林人民出版社,2011 年。

78. ［英］约翰·格雷著:《自由主义》,曹海军、刘训练译,吉林人民出版社,2005 年。

79. ［英］约翰·格雷著:《自由主义的两张面孔》,顾爱彬、李瑞华译,江苏人民出版社,2002 年。

80. ［英］约翰·亨利·纽曼著:《大学的理想》,徐辉、顾建新、何曙荣译,浙江教育出版社,2001 年。

81. ［英］约翰·怀特著:《再论教育目的》,李永宏等译,教育科学出版社,1992年。

82. [英]约翰·K.沃尔顿著:《宪章运动》,上海译文出版社,2003年。

83. [英]约翰·马丁·费舍、马克·拉维扎著:《责任与控制:一种道德责任理论》,杨韶刚译,华夏出版社,2002年。

84. [英]约翰·密尔著:《精神科学的逻辑》,李涤非译,浙江大学出版社,2009年。

85. [英]约翰·密尔著:《论自由》,许宝骙译,商务印书馆,2012年。

86. [英]约翰·密尔著:《密尔论大学》,孙传钊、王晨译,商务印书馆,2013年。

87. [英]约翰·密尔著:《密尔论民主与社会主义》胡勇译,吉林出版集团有限责任公司,2008年。

88. [英]约翰·穆勒著:《妇女的屈从地位》,汪溪译,商务印书馆,1996年。

89. [英]约翰·穆勒著:《功用主义》,唐钺译,商务印书馆,1957年。

90. [英]约翰·穆勒著:《功利主义》,叶建新译,九州出版社,2007年。

91. [英]约翰·穆勒著:《论边沁和柯勒律治》,白利兵译,上海人民出版社,2009年。

92. [英]约翰·穆勒著:《约翰·穆勒自传》,吴良健、吴衡康译,商务印书馆,1987年。

93. [英]约翰·穆勒著:《约翰·穆勒自传》,郑晓岚、陈宝国译,华夏出版社,2007年。

94. [英]约翰·穆勒著:《政治经济学原理》(上),赵荣潜等译,商务印书馆,2005年。

95. [英]约翰·穆勒著:《政治经济学原理》(下),胡企林等译,商务印书馆,2005年。

96. [美]约翰·S.布鲁贝克著:《高等教育哲学》,王承绪、郑继伟、张维平译,浙江教育出版社,2001年。

97. [美]约翰·S.布鲁巴克著:《教育问题史》,单中惠、王强译,山东教育出版社,2012年。

98. [英]詹姆斯·密尔著:《论出版自由》,吴小坤译,上海交通大学出版社,2008年。

99. [英]詹姆斯·穆勒著:《政治经济学要义》,吴良健译,商务印书馆,2011年。

100. [英]詹姆斯·斯蒂芬著:《自由·平等·博爱:一位法学家对约翰·密尔的批判》,冯克利译,广西师范大学,2007年。

(二)中文著作

1. 卞敏著:《哲学与终极关怀》,光明日报出版社,2011年。

2. 车文博主编:《西方心理学思想史》,湖南教育出版社,2007年。

3. 陈超群著:《中国教育哲学史》(第1卷),山东教育出版社,2000年。

4. 陈晏清等著:《哲学的当代复兴》,中国社会科学出版社,2011年。

5. 陈晏清、王南湜、李淑梅著:《马克思主义哲学高级教程》,南开大学出版社,2012年。

6. 陈友松著:《当代西方教育哲学》,教育科学出版社,1982年。

7. 程炼编:《伦理学关键词》,北京师范大学出版社,2007年。

8. 刁培萼、丁沅编著:《马克思主义教育哲学》,华东师范大学出版社,1987年。

9. 丁证霖、瞿葆奎选编:《教育目的》,人民教育出版社,1989年。

10. 丰子义著:《发展的呼唤与回应》,北京师范大学出版社,2009 年。

11. 丰子义著:《走向现实的社会历史哲学:马克思社会历史理论的当代价值》,武汉大学出版社,2010 年。

12. 傅维利著:《教育功能论》,辽宁教育出版社,1990 年。

13. 冯文金主编:《现代教育学》,北京师范大学出版社,2012 年。

14. 龚群著:《当代西方道义论与功利主义研究》,中国人民大学出版社,2002 年。

15. 顾明远主编:《民族文化传统与教育现代化》,北京师范大学出版社,1998 年。

16. 顾肃著:《自由主义基本理念》,中央编译出版社,2003 年。

17. 郝清杰著:《马克思主义功利观及其当代价值》,安徽人民出版社,2010 年。

18. 胡贤鑫著:《人性及其根据》,湖北人民出版社,2000 年。

19. 华东师范大学教育系、杭州大学教育系选编:《现代西方资产阶级教育思想流派论著选》,人民教育出版社,1980 年。

20. 黄济著:《教育哲学通论》,山西教育出版社,2011 年。

21. 黄济著:《雪泥鸿爪——新中国教育哲学重建的探索》,北京师范大学出版社,2010 年。

22. 黄伟合著:《英国近代自由主义研究:从洛克、边沁到密尔》,北京大学出版社,2005 年。

23. 蒋孟引主编:《英国史》,中国社会科学出版社,1988 年。

24. 江晓原著:《科学史十五讲》,北京大学出版社,2006 年。

25. 金生鈜著:《德性与教化——从苏格拉底到尼采:西方道德教育哲学思想研究》,湖南大学出版社,2003 年。

26. 金生鈜著:《理解与教育——走向哲学解释学的教育哲学导论》,

教育科学出版社,1997 年。

27. 孔凡保著:《折衷主义大师:约翰·穆勒》,江西人民出版社,2007 年。

28. 李德顺著:《价值论》,中国人民大学出版社,2007 年。

29. 李明德著:《西方教育思想史——人文主义教育之演进》,人民教育出版社,2008 年。

30. 李强著:《自由主义》,中国社会科学出版社,1998 年。

31. 李淑梅著:《社会转型与人的现代重塑》,山西教育出版社,1998 年。

32. 梁景明:《约翰·密尔功利主义教育思想研究》,上海师范大学,2010 年硕士毕业论文。

33. 林玉体著:《西方教育思想史》,九州出版社,2006 年。

34. 刘兵、杨舰、戴吾三主编:《科学技术史二十一讲》,清华大学出版社,2006 年。

35. 刘炳瑛等主编:《马克思主义原理辞典》,浙江人民出版社,1988 年。

36. 刘放桐等编著:《新编现代西方哲学》,人民出版社,2000 年。

37. 李宏图著:《密尔〈论自由〉精读》,复旦大学出版社,2009 年。

38. 刘建军著:《马克思主义信仰论》,中国人民大学出版社,1998 年。

39. 刘敬鲁著:《海德格尔人学思想研究》,中国人民大学出版社,2001 年。

40. 马建生著:《教育改革论》,安徽教育出版社,2007 年。

41. 牛京辉著:《英国功用主义伦理思想研究》,人民出版社,2002 年。

42. 欧阳谦著:《20 世纪西方人学思想导论》,中国人民大学出版社,2002 年。

43. 彭正梅著:《现代西方教育哲学的历史考察》,上海教育出版社,2010 年。

44. 浦薛凤著:《西洋近代政治思潮》,北京大学出版社,2007 年。

45. 钱乘旦、陈晓律著:《在传统文化与变革之间——英国文化模式溯源》,浙江人民出版社,1995 年。

46. 钱乘旦、许洁明著:《英国通史》,上海社会科学院出版社,2007 年。

47. 钱穆著:《文化与教育》,生活·读书·新知三联书店,2009 年。

48. 任钟印主编:《世界教育名著通览》,湖北教育出版社,1994 年。

49. 沈文钦:《近代英国博雅教育及其古典渊源》,北京大学,2008 年博士研究生毕业论文。

50. 沈益洪:《罗素谈中国》,浙江文艺出版社,2001 年。

51. 舒远招、朱俊林著:《系统功利主义的奠基人——杰里米·边沁》,河北大学出版社,2005 年。

52. 孙正聿著:《哲学通论》,人民出版社,2010 年。

53. 唐凯麟主编:《西方伦理学经典命题》,江西人民出版社,2009 年。

54. 汤燕:《教育是谋求最大多数人最大幸福的通途——19 世纪英国功利主义伦理学家教育思想研究》,河北大学,2008 年硕士毕业论文。

55. 滕大春、吴式颖主编:《外国近代教育史》,人民教育出版社,1989 年。

56. 王承绪著:《伦敦大学》,湖南教育出版社,1995 年。

57. 王承绪主编:《英国教育》,吉林教育出版社,2000 年。

58. 王连伟著:《密尔政治思想研究》,黑龙江大学出版社,2007 年。

59. 王南湜著:《追寻哲学的精神》,北京师范大学出版社,2006 年。

60. 王润生著:《西方功利主义伦理学》,中国社会科学出版社,

1986 年。

61. 王新生著:《市民社会论》,广西人民出版社,2003 年。

62. 吴春华主编:《当代西方自由主义》,社会科学出版社,2004 年。

63. 吴国盛著:《科学的历程》,湖南科学技术出版社,1997 年。

64. 吴海燕:《19 世纪英国功利主义教育思想研究》,福建师范大学,2006 年硕士毕业论文。

65. 吴俊升著:《教育哲学大纲》,福建教育出版社,2011 年。

66. 吴式颖、任钟印编:《外国教育思想通史》(第八卷),湖南教育出版社,2000 年。

67. 吴式颖、任钟印编:《外国教育思想通史》(第七卷),湖南教育出版社,2000 年。

68. 吴式颖、任钟印编:《外国教育史教程》,人民教育出版社,1999 年。

69. 夏基松著:《现代西方哲学教程》,上海人民出版社,1985 年。

70. 许步曾著:《西方思想家论教育》,人民教育出版社,1985 年。

71. 徐大同主编:《西方政治思想史》,天津教育出版社,2000 年。

72. 徐辉、郑继伟著:《英国教育史》,吉林人民出版社,1993 年。

73. 阎孟伟著:《在马克思实践哲学的视野中》,武汉大学出版社,2011 年。

74. 阎宗临著:《欧洲文化史论》,广西师范大学出版社,2007 年。

75. 杨桂华著:《哲学视域中的社会与教育》,北京师范大学出版社,2009 年。

76. 杨桂华著:《转型社会控制论》,北京师范大学出版社,2009 年。

77. 杨桂华主编:《社会转型期精神迷失现象分析》,南开大学出版社,2009 年。

78. 杨鑫辉主编:《心理学通史》(第 3 卷),山东教育出版社,2000 年。

79. 杨自伍著:《教育:让人成为人——西方大思想家论人文与科学》,北京大学出版社,2010 年。

80. 叶秀山、王树人总主编,周晓亮主编:《西方哲学史》(第 4 卷),江苏人民出版社,2004 年。

81. 易红郡著:《英国教育的文化阐释》,华东师范大学出版社,2009 年。

82. 于钦波、刘民著:《外国德育思想史》,四川教育出版社,2000 年。

83. 俞吾金著:《意识形态论》,人民出版社,2009 年。

84. 袁柏顺:《寻求权威与自由的平衡》,天津师范大学,2002 年博士研究生毕业论文。

85. 张斌贤主编:《外国教育思想史》,高等教育出版社,2007 年。

86. 章海山著:《西方伦理思想史》,辽宁人民出版社,1984 年。

87. 张文喜著:《马克思论"大写的人"》,社会科学文献出版社,2004 年。

88. 张一兵、夏凡著:《人的解放》,河南人民出版社,2011 年。

89. 赵敦华著:《现代西方哲学新编》,北京大学出版社,2001 年。

90. 赵敦华著:《人性和伦理的跨文化研究》,黑龙江人民出版社,2004 年。

91. 赵敦华主编:《西方人学观念史》,北京出版社,2004 年。

92. 赵祥麟主编:《外国教育家评传》(第 2、3 卷),上海教育出版社,2003 年。

93. 中国英国史研究会编:《英国史论文集》,生活·读书·新知三联书店,1982 年。

94. 周辅成编:《从文艺复兴到十九世纪资产阶级哲学家政治思想家有关人道主义人性论言论选辑》(第三部分),商务印书馆,1966 年。

95. 周辅成著:《西方伦理学名著选辑》(下卷),商务印书馆,1987 年。

96. 周辅成著:《西方著名伦理学家评传》,上海人民出版社,1987 年。

97. 周敏凯著:《"改革时代"的思想家们:边沁、詹姆斯·密尔和约·密尔》,华东师范大学历史系,1988 年。

98. 周敏凯著:《十九世纪英国功利主义思想比较研究》,华东师范大学出版社,1991 年。

99. 朱永新著:《朱永新教育作品》(第 6 卷),中国人民大学出版社,2012 年。

100. 朱自强、高占祥等主编:《中国文化大百科全书》(哲学宗教卷),长春出版社,1993 年。

(三)期刊文章

1. 陈佳:《公民教育与代议制民主——对 J. S. 密尔〈代议制政府〉的另种解读》,《福建教育学院学报》,2010 年第 6 期。

2. 陈晏清、王新生:《当前我国马克思主义政治哲学研究的几个问题》,《哲学研究》,2010 年第 7 期。

3. 陈晏清、王新生:《政治哲学的当代复兴及其意义》,《哲学研究》,2005 年第 6 期。

4. 方光罗:《高职教育中的功利主义倾向及解决对策》,《教育研究》,2008 年第 9 期。

5. 龚群:《功利与功利主义思潮》,《人民论坛》,2011 年第 1 期。

6. 关勋夏:《十九世纪英国的三次议会改革》,《历史教学》,1985 年第 2 期。

7. [加拿大]J. 纳维森、姚大志:《罗尔斯与功利主义》,《世界哲学》,2011 年第 1 期。

8. 晋运锋:《契约论、功利主义与正义原则》,《马克思主义与现实》,

2011 年第 1 期。

9. 柯佑祥:《理性主义、功利主义对现代高等教育发展的影响》,《高等教育研究》,2008 年第 3 期。

10. 刘宝存:《理性主义与功利主义大学理念的冲突与融合》,《北京师范大学学报》(社会科学版),2006 第 3 期。

11. 李长伟、徐莹晖:《功利主义教育目的与人的工具化》,《内蒙古师范大学学报》(教育科学版),2004 年第 9 期。

12. 李俊:《分歧与一致:自由主义与保守主义的流变及启迪》,《学术论坛》,2009 年第 5 期。

13. 李淑梅:《历史唯物主义与政治哲学的变革》,《哲学研究》,2011 年第 4 期。

14. 李淑梅:《探讨人性问题的思维方式及其变革》,《江海学刊》,1998 年第 5 期。

15. 李淑梅:《马克思主义以实践为基础的自由观》,《江汉论坛》,1993 年第 5 期。

16. 李淑梅:《意识形态与人的社会认同》,《学习与探索》,2005 年第 5 期。

17. 李淑梅:《人的需要结构及其历史发展》,《教学与研究》,1999 年第 8 期。

18. 李涛、陈玉玲:《功利主义教育研究批判——兼论教育研究的功利性与超功利性》,《长春工业大学学报》(高教研究版),2008 年第 2 期。

19. 李忠林:《西方改革时代的功利主义思潮》,《历史教学》,2005 年第 6 期。

20. 马忠东:《试析约翰·穆勒的教育思想及其现实意义》,《经济师》,2002 年第 1 期。

21. 毛兴贵:《功利主义与政治义务》,《哲学动态》,2011 年第 12 期。

22. 孟建伟、张略:《大学理念:功利主义和理想主义的张力》,《新视野》,2011 年第 3 期。

23. 齐平、吴金昌:《从冲突到融合——西方高等教育理性主义与功利主义关系演变的启示》,《江苏高教》,1994 年第 5 期。

24. 齐学红:《市场经济条件下道德的合理性与道德教育——功利主义教育思潮述评》,《烟台大学学报》(哲学社会科学版),1998 年第 4 期。

25. [澳]R. 赫德尔森:《马克思的经验主义》,《国外社会科学》,1983 年第 3 期。

26. 苏振芳:《论青年马克思对道德功利主义的超越》,《马克思主义研究》,2007 年第 10 期。

27. 汤燕、朱镜人:《约翰·穆勒功利主义教育观探微》,《合肥师范学院学报》,2008 年第 2 期。

28. 田广兰:《古典功利主义的幸福目的论批判》,《北方论丛》,2007 年第 2 期。

29. [美]W. 斯坦福:《密尔百年研究概览》,李小科译,《世界哲学》,2005 年第 4 期。

30. 王俊翔:《理性主义与功利主义的冲突与融合——西方高等教育思想发展探略》,《高教发展与评估》,2006 年第 1 期。

31. 王南湜:《辩证法与实践智慧》,《哲学动态》,2005 年第 4 期。

32. 王南湜:《马克思人的发展理论的内在张力》,《江海学刊》,2005 年第 5 期。

33. 王新生:《马克思哲学的历史主义根基:遗忘与重建》,《吉林大学社会科学学报》,2009 年第 2 期。

34. 韦立君:《约翰·穆勒功利主义教育思想概述》,《安徽教育学院学报》,2007 第 2 期。

35. 韦永琼:《论功利主义教育幸福观的终结》,《高教探索》,2008 年第 2 期。

36. 邬大光:《理性主义与功利主义的冲突与选择——西方高等教育思想演变的理论反思》,《高等教育研究》,1989 年第 4 期。

37. 肖丹:《我们需要怎样的功利主义教育观——J·S·密尔的应答》,《清华大学教育研究》,2010 年第 4 期。

38. 熊家学:《对立位移趋同——西方自由主义与保守主义关系的演变》,《湖南师范大学社会科学学报》,1997 年第 4 期。

39. 徐生:《教育的功利主义与终极价值追求》,《理论前沿》,2009 年第 4 期。

40. 徐兆武:《让文学教育回到文学本身——基于功利主义教育背景下文学教育的反思》,《文学界》(理论版),2010 年第 12 期。

41. 阎孟伟:《西方人文精神演进的历史脉络》,《天津社会科学》,2003 年第 1 期。

42. 杨桂华:《对"钱学森之问"的思考》,《求是》,2011 年第 6 期。

43. 杨桂华:《论道德社会化》,《道德与文明》,1990 年第 6 期。

44. 杨桂华:《科学教育和人文教育的分化与融合》,《中国高教研究》,2010 年第 9 期。

45. 杨桂华:《"三个分离"回答"钱学森之问"》,《天津日报》,2010 年 8 月 2 日。

46. 杨桂华:《道德社会学浅说》,《理论与现代化》,1995 年第 4 期。

47. 杨桂华:《体育运动中的真、善、美》,《天津体育学院学报》,1996 年第 4 期。

48. 杨桂华:《大学理念与大学发展战略》,《中国高教研究》,2010 年第 11 期。

49. 杨伟清:《古典功利主义与道德理论的建构》,《道德与文明》,2007 年第 3 期。

50. 姚大志:《当代功利主义哲学》,《世界哲学》,2012 年第 2 期。

51. 袁小鹏:《论建立教育功利主义的矫正机制》,《高等教育研究》,2002 年第 5 期。

52. 曾天山:《深化改革是推动教育事业科学发展的强大动力》(上),《人民教育》,2013 第 5 期。

53. 张传开:《历史唯物主义及其人文关怀》,《哲学研究》,2008 年第 10 期。

54. 张宏喜、徐士强:《教育:跨越功利主义复归人性关怀》,《当代教育论坛》,2003 年第 3 期。

55. 张继明、邓岳敏:《功利主义大众教育思想及其对中国高等教育大众化的影响》《中国地质大学学报》(社会科学版),2006 年第 3 期。

56. 张云霞:《论功利主义的当代价值》《中南民族大学学报》(人文社会科学版),2008 年第 4 期。

57. 周仲飞:《谈功利主义对目前中国教育之影响》,《当代教育论坛》(综合研究),2011 年第 2 期。

58. 周师:《约翰·密尔论民主的教育功能》,《内蒙古农业大学学报》(社会科学版),2012 年第 1 期。

59. 朱镜人、汤燕:《边沁功利主义教育思想述评》,《河北师范大学学报》(教育科学版),2007 年第 1 期。

60. 朱镜人、汤燕,《詹姆斯·穆勒功利主义教育思想研究》,《河北大学学报》(哲学社会科学版),2007 年第 5 期。

61. 庄晓平:《密尔功利主义对我国当今道德教育的启示》,《广东行政学院学报》,2001 年第 3 期。

二、外文文献

（一）著作

1. Brian Simon, *Studies in the history of education 1780 - 1870*, Printed in Great Braitain by the Camelot Press Ltd., 1960.

2. Burston. W. H., *James Mill on Education*, Cambridge University Press, 1969.

3. Burston. W. H., *James Mill on Philosophy and Education*, Athlonne Press, 1973.

4. Charles Warren Everett, *The Education of Jeremy Bentham*, Columbia University Press, 1931.

5. Colin M. Heydt, *The ethics of character : John Stuart Mill on aesthetic education*, Boston University Press, 2003.

6. Finn Aage Ekelund, Property and Education: Rationality and Autonomy, John Stuart Mill's Social Theory. Co - operation, University of Toronto, 1993.

7. Francis W. Garforth, *Educative democracy : John Stuart Mill on education in society*, Oxford University Press, 1980.

8. Francis W. Garforth, *John Stuart Mill on Education*, Teachers College Press, 1971.

9. Francis W. Garforth, *John Stuart Mill's Theory of Education*, Martin Robison & company. Ltd., 1979.

10. Henry R. West, *An Introduction to Mill's Utilitarian Ethics*, Cam-

bridge University Press, 2004.

11. James Mill, *Analysis of the Phenomena of Human Mind* (Vol. 1), Routledge/Thoemmes Press, 2001.

12. James Mill, *Political writings*, Cambridge University Press, 1992.

13. Jeremy Bentham. Chrestomathia, M. J. Smith and W. H. Burston, *The Collected works of Jeremy Bentham*, Clarendon press, 1983.

14. John Henry Newman, *The Idea of a University*, Yale University Press, 1965.

15. John Stuart Mill, A System of Logic Ratiocinative and Inductive, J. M. Robson(eds.) , *Collected Works of John Stuart Mill* (Vol. 7) , University of Toronto Press, 1974.

16. John Stuart Mill, A System of Logic Ratiocinative and Inductive, J. M. Robson(eds.) , *Collected Works of John Stuart Mill* (Vol. 8) , University of Toronto Press, 1974.

17. John Stuart Mill, An Examination of Sir William Hamilton's Philosophy, J. M. Robson(eds.) , *The Collected Works of John Stuart Mill* (Vol. 9) , University of Toronto Press. 1979.

18. John Stuart Mill, Autobiography and Literary Essays, J. M. Robson (eds.) , *Collected Works of John Stuart Mill* (Vol. 1) , University of Toronto Press, 1981.

19. John Stuart Mill, Essays on Economics and Society (No. 1) , J. M. Robson(eds.) , *Collected Works of John Stuart Mill* (Vol. 4) , University of Toronto Press, 1967.

20. John Stuart Mill, Essays on Economics and Society (No. 2) , J. M. Robson(eds.) , *Collected Works of John Stuart Mill* (Vol. 5) , University of To-

ronto Press,1967.

21. John Stuart Mill, Essays on Equality, Law, and Education, J. M. Robson(eds.) , *Collected Works of John Stuart Mill*(Vol. 21) , University of Toronto Press,1984.

22. John Stuart Mill, Essays on Politics and Society, J. M. Robson (eds.) , *Collected Works of John Stuart Mill*(Vol. 18) , University of Toronto Press,1977.

23. John Stuart Mill, The Earlier Letters of John Stuart Mill, Francis E. Mineka(eds.) , *Collected Works of John Stuart Mill* (Vol. 13) . University of Toronto Press,1963.

24. John Stuart Mill, The Later Letters of John Stuart Mill 1849 – 1873 (No. 1) , Francis E. Mineka(eds.) , *Collected Works of John Stuart Mill*(Vol. 15) , University of Toronto Press,1972.

25. John Stuart Mill, The Later Letters of John Stuart Mill 1849 – 1873 (No. 2) , Francis E. Mineka(eds.) , *Collected Works of John Stuart Mill*(Vol. 16) , University of Toronto Press,1972.

26. John Stuart Mill, The Later Letters of John Stuart Mill 1849 – 1873 (No. 3) , Francis E. Mineka(eds.) , *Collected Works of John Stuart Mill* (Vol. 17) , University of Toronto Press,1972.

27. John Stuart Mill, Three Essays on Ethics, Religion and Society, J. M. Robson(eds.) , *Collected Works of John Stuart Mill*(Vol. 10) , University of Toronto Press,1969.

（二）期刊文章

1. A. W. Beck, Reviews——Educative democracy: John Stuart Mill on education in society by F. W. Garforth, *British Journal of Educational Stud-*

ies, No. 2,1981.

2. Alan Ryan, J. S. Mill on education, *Oxford Review of Education*, No. 5, 2011.

3. Albert G. A. Balz, Harold A. Larrabee, Philosophy and the Philosophy of Education, *The Journal of Philosophy*, No. 8,1942.

4. Brenda Cohen, Plato, Utilitarianism and Education by Robin Barrow, *New Series*, No. 341,1977.

5. Brian Simon, Education: Owen, Mill, Arnold, and the Woodard Schools, *Victorian Studies*, No. 4,1970.

6. Brian Taylor, A Note in Response to Itzkin's "Bentham's Chrestomathia: Utilitarian Legacy to English Education", *Journal of the History of Ideas*, No. 2,1982.

7. Brian Taylor, Jeremy Bentham and Church of England Education, *British Journal of Educational Studies*, No. 2,1979.

8. Brian W. Taylor, Jeremy Bentham and the Education of the Irish People, *The Irish Journal of Education / Iris Eireannach an Oideachais*, No. 1,1980.

9. Bruce Baum, J. S. Mill on Freedom and Power, *Polity*, No. 2,1998.

10. Bruce Baum, Millian Radical Democracy: Education for Freedom and Dilemmas of Liberal Equality, *Political studies*, Vol. 51,2003.

11. Bruce L. Kinzer, John Stuart Mill and the Irish University Question, *Victorian Studies*, No. 1,1987.

12. Eamonn Callan, Liberal Legitimacy, Justice, and Civic Education, *Ethics*, 2000, No. 1,111.

13. Elissa S. Itzkin, Bentham's Chrestomathia: Utilitarian Legacy to Eng-

lish Education, *Journal of the History of Ideas*, No. 2, 1978.

14. Eric Thomas Weber, Dewey and Rawls on Education, *Human Studies*, No. 4, 2008.

15. George F. Bartle, Benthamites and Lancasterians—The Relationship between the followers of Bentham and the British and Foreign School Society during the early years of Popular Education, *Utilitas*, No. 2, 1991.

16. Giancarlo de Vivo, John Stuart Mill on value, *Cambridge Journal of Economics*, No. 5, 1981.

17. Ian Cumming, The Scottish Education of James Mill. *History of Education Quarterly*, No. 3, 1962.

18. Iona Tarrant, James Tarrant, Satisfied Fools: Using J. S. Mill's notion of Utility to Analyze the Impact of Vocationalism in Education within a Democratic Society, *Journal of Philosophy of Education*, No. 1, 2004.

19. J. P. Tuck, James Mill on Philosophy and Education by W. H. Burston, British Journal of Educational Studies, No. 3, 1973.

20. J. P. Tuck, The Education of Jeremy Bentham by Charles Warren Everett, *The Yale Law Journal*, No. 4, 1932.

21. James E. Crimmins, Bentham on Religion: Atheism and the Secular Society, *Journal of the History of Ideas*, No. 1, 1986.

22. James Tarrant, Utilitarianism, Education and the Philosophy of Moral Insignificance, *Journal of Philosophy of Education*, No. 1, 1991.

23. John Angus Campbell, John Stuart Mill& Charles Darwin, The Culture Wars: Resolving a Crisis in Education, *The Intercollegiate Review—Spring*, 1996.

24. Johannes T. Pedersen, On the Educational Function of Political Par-

ticipation: a Comparative Analysis of John Stuart Mill's Theory and Contemporary Survey Research Findings, *Political Studies*, No. 4, 1982.

25. Julio Sharp – Wasserman, Happiness and Individuality in Mill, *Pharmakon Journal of Philosophy*: 3rd, Issue.

26. K. A. Ballhatchet, John Stuart Mill and Indian Education, *Cambridge Historical Journal*, No. 2, 1954.

27. Kathleen E. Welch, Logical Writing in the Education of John Stuart Mill: The Autobiography and the Privileging of Reason, *Browning Institute Studies*, Vol. 16, 1988.

28. Kevin McDonough, Moral Rules, Utilitarianism and Schizophrenic Moral Education, *Journal of Philosophy of Education*, No. 1, 1992.

29. Lynn Zastoupil, J. S. Mill and Indian Education, *Utilitas*, No. 1, 1991.

30. MacNaughton, Donald A. , Utilitarian Secondary Education, *Contemporary Review*, No. 87, 1905.

31. Miriam Williford, Bentham on the Rights of Women, *Journal of the History of Ideas*, No. 1, 1975.

32. R. M. Hare. Utilitarianism and Moral Education—Comment on Sanford Levy's Paper, *Studies in Philosophy and Education*, No. 11, 1992.

33. Richard Johnson, James Mill on Philosophy and Education by W. H. Burston, *The English Historical Review*, No. 354, 1975.

34. Richard Rieser, Equality or Utilitarianism? Developing Inclusive Education a contradiction in terms: the Education and Inspections Bill 2006, *FORUM*, No. 1, 2006.

35. T. G. Miles, Utilitarianism and Education: a reply to James Tarrant, *Journal of Philosophy of Education*, No. 2, 1992.

后 记

书临付梓,想说几句心里话。

本书是在我的博士论文基础上修改完成的,近期整理书稿,眼前的文字常常将我带回攻读博士学位期间那段痛并快乐着的日子。

感谢我的导师杨桂华教授,正是杨老师带我走进了教育哲学知识的殿堂,并从事教育哲学理论和实践的研究,我的博士论文从选题、框架的拟定、撰写乃至最后的修改和定稿都注入了老师大量的心血和汗水。感谢南开大学哲学院陈晏清教授、阎孟伟教授、王南湜教授、李淑梅教授、王新生教授在本书写作过程中给予我的很大的帮助。

我的工作单位中共天津市委党校是一个优秀的集体,校委关心年轻人的成长,重视青年学者的思想理论研究,为党校青年教师搭建了一个良好的平台。博士论文能够作为学术专著很快出版,首先归功于中共天津市委党校、天津行政学院学术著作出版专项经费资助。本书的出版既是对我学术研究的认可,又是激励我在此道路上继续努力的助推器。徐中教授、康之国教授、张维真教授、万希平副教授等领导和专家为本书的出版提供了大力支持,在此表示诚挚的谢意!

有人尝言,教育根植于爱。家是我心灵停泊的港湾,参加工作以来这段时间正值我的孩子从咿呀学语到蹒跚学步的时期,由于工作较忙,我无暇多照看她,感谢我的母亲,感谢我的妻子王翠竹,她们承担了几乎全部的家务,才使我能够安心工作。家人的关爱使我拥有一颗感恩的心,懂得如何勇敢地去面对未来。

借此机会,向精心编辑此书的林雨女士和出版此书的天津人民出版社表示诚挚的感谢。期待本书得到学界和读者的批评指正。

李荣亮

2016 年 6 月